执纪执法工作手册

纪检监察工作业务用书

中国法制出版社

编辑说明

2023年12月19日，中共中央发布了修订后的《中国共产党纪律处分条例》，并发出通知，要求各地区各部门认真遵照执行。通知要求，要坚持把纪律挺在前面，促进执纪执法贯通，准确运用"四种形态"，落实"三个区分开来"，把从严管理监督和鼓励担当作为高度统一起来。各级纪委（纪检组）要认真履行党章赋予的职责，强化监督执纪问责，敢于善于斗争，严格执纪、精准执纪，不断推动全面从严治党向纵深发展。

本书聚焦纪检监察机关执纪执法工作中的热点难点问题，本着规范、实用、易学、易懂的原则，结合相关规定和工作实际，分为纪检监察机关任务职责、管辖和权限、监督检查、线索处置、立案审查调查、审理处置、移送审查起诉、反腐败国际合作、监督管理九个方面，并且附录了相关规定，基本涵盖了纪检监察机关执纪执法的主要工作流程。本书既可以作为纪检监察干部快速了解和上手基础业务工作，为其履职尽责提供参考的工具书，又可以为党员干部和群众了解和监督纪检监察工作提供有益参考。

由于编写水平有限，书中的疏漏和不足之处，敬请读者批评指正！

目　录

一、纪检监察机关任务职责

二、管辖和权限

三、监督检查

四、线索处置

五、立案审查调查

附　录

一、纪检监察机关任务职责

1. 党的各级纪律检查委员会的领导体制是怎样的？

《中国共产党纪律检查委员会工作条例》第二章“领导体制”对党的各级纪委的领导体制作出明确规定。

(1) 中央纪委

党的中央纪律检查委员会（国家监察委员会）在党中央领导下进行工作，履行党的最高纪律检查机关（国家最高监察机关）职责。

党的中央纪律检查委员会严格执行加强和维护党中央集中统一领导的各项制度要求，及时向中央政治局、中央政治局常务委员会请示汇报工作，研究重大事项、重要问题以及作出立案审查决定、给予党纪处分等事项向党中央请示报告。执行党中央重要决定的情况应当专题报告。

(2) 地方各级纪委和基层纪委

党的地方各级纪律检查委员会和基层纪律检查委员会在同级党的委员会和上级纪律检查委员会双重领导下进行工作。

党的地方各级纪律检查委员会和基层纪律检查委员会应当落实同级党的委员会推进全面从严治党、加强党风廉政建设和反腐败工作的部署，执行同级党委作出的决定，及时向同级党委汇报工作，按照规定请示报告重大事项。

上级党的纪律检查委员会加强对下级纪律检查委员会的领导，

对下级纪委的工作作出部署、提出要求；督促指导和支持下级纪委开展同级监督，检查下级纪委的工作，定期听取工作汇报，开展政治和业务培训；坚持查办腐败案件以上级纪委领导为主，按照规定审议和批准下级纪委关于线索处置、立案审查、纪律处分等的请示报告，按照程序改变下级纪委作出的错误或者不当的决定，必要时直接审查或者组织、指挥审查下级纪委管辖范围内有重大影响或者复杂的案件。

2. 党的各级纪律检查委员会是如何产生的？

《中国共产党纪律检查委员会工作条例》第 8 条、第 16 条、第 20 条分别对中央纪委、地方各级纪委和基层纪委的产生方式、领导机构的选举及批准权限等作出明确规定。

（1）中央纪委

党的中央纪律检查委员会由党的全国代表大会选举产生，每届任期和党的中央委员会任期相同。党的中央纪律检查委员会全体会议，选举常务委员会和书记、副书记，并报党的中央委员会批准。

（2）地方各级纪委

党的地方各级纪律检查委员会由同级党的代表大会选举产生，每届任期和同级党的委员会任期相同。党的地方各级纪律检查委员会全体会议，选举常务委员会和书记、副书记，并由同级党的委员会通过，报上级党的委员会批准。上级党的委员会可以根据工作需要，在下级党的代表大会闭会期间，调动、任免下级纪律检查委员会书记、副书记。

（3）基层纪委

党的基层委员会是设立纪律检查委员会，还是设立纪律检查委员，由它的上一级党组织根据有关规定和具体情况决定。党的基层纪律检查委员会由党员大会或者党员代表大会选举产生，每届任期和同级党的委员会任期相同。党的基层纪律检查委员会选出的书记、副书记，经同级党的委员会通过后，报上级党组织批准。基层纪律检查委员会委员的任职条件、履职要求等事项，按照有关规定执行。

3. 党的各级纪律检查委员会的主要任务和职责是什么？

党的各级纪律检查委员会是党推进全面从严治党、开展党风廉政建设和反腐败斗争的专门力量。党章规定，党的各级纪律检查委员会的主要任务是：维护党的章程和其他党内法规，检查党的路线、方针、政策和决议的执行情况，协助党的委员会推进全面从严治党、加强党风建设和组织协调反腐败工作，推动完善党和国家监督体系。《中国共产党纪律检查委员会工作条例》在党章规定的各级纪委主要任务的基础上，进一步明确强调，党的各级纪律检查委员会要把坚决维护习近平总书记党中央的核心、全党的核心地位，维护党中央权威和集中统一领导作为最高政治原则和根本政治责任。

党的各级纪律检查委员会的职责是监督、执纪、问责，要经常对党员进行遵守纪律的教育，作出关于维护党纪的决定；对党的组织和党员领导干部履行职责、行使权力进行监督，受理处置党员群众检举举报，开展谈话提醒、约谈函询；检查和处理党的组织和党员违反党的章程和其他党内法规的比较重要或复杂的案件，决定或取消对这些案件中的党员的处分；进行问责或提出责任追究的建议；受理党员的控告和申诉；保障党员的权利。

4. 党的各级纪律检查委员会委员有哪些职责？

《中国共产党纪律检查委员会工作条例》第 9 条和第 19 条分别

对中央纪律检查委员会委员、地方各级纪律检查委员会委员的任职条件、履职要求等作出规定。

中央纪律检查委员会委员应当政治坚定、对党忠诚、敢于斗争、担当作为、清正廉洁，具备组织领导纪律检查工作、推进党风廉政建设和反腐败斗争的能力。中央纪律检查委员会委员应当认真履行以下职责：

（1）参加中央纪委全体会议，积极发表意见、提出建议。

（2）在纪律检查机关担负具体工作的委员，应当模范履行岗位职责，高质量完成所承担的纪律检查工作。

（3）未在纪律检查机关担负具体工作的委员，应当支持和帮助本地区、本部门、本单位纪律检查机关开展工作；了解所在地区、部门、单位党组织和党员领导干部遵守党章党规党纪、贯彻落实党中央决策部署等情况，提出意见建议，重要问题及时向中央纪委常委会反映。

（4）对中央纪委的工作，以及中央纪委常委、其他中央纪委委员进行监督。

（5）承担中央纪委安排的其他任务。

地方各级纪律检查委员会委员的任职条件、履职要求参照上述的规定执行。

5. 党的地方各级纪律检查委员会全会和常委会都有哪些职权？

《中国共产党纪律检查委员会工作条例》第 17 条和第 18 条分别对地方各级纪律检查委员会全会和常委会的职权作出了规定。

党的地方各级纪律检查委员会通过召开全体会议的方式行使以下职权：

（1）制定贯彻落实党中央决策部署以及中央纪委工作部署，同级党的代表大会和党委决议决定、上级纪委工作要求的重大措施。

（2）听取和审议常务委员会工作报告。

（3）选举常务委员会和书记、副书记。

（4）讨论和决定管辖范围内纪检监察工作的重大问题、重大事项。

（5）按照权限审议规范性文件。

（6）决定或者追认给予本级纪委委员撤销党内职务以上处分。

（7）研究决定常务委员会提请决定的事项，或者应当由全体会议决定的其他重要事项。

地方各级纪律检查委员会常务委员会贯彻落实党中央决策部署以及中央纪委工作部署，落实同级党委、上级纪委、本级纪委全体会议的工作部署，向全体会议报告工作，接受监督。在全体会议闭会期间，行使本级纪律检查委员会职权，主要包括：

（1）讨论向同级党的代表大会的工作报告，向同级党委和上级纪委请示报告工作。

（2）召集全体会议，对拟提交全体会议讨论和决定的事项先行审议、提出意见。

（3）讨论和决定管辖范围内纪检监察工作的重要问题、重要事项。

（4）按照权限审议规范性文件。

（5）听取以本级纪委名义立案审查的有关案件情况通报。

（6）按照权限讨论和决定对违犯党纪的党组织、党员处理、处分等事项。

（7）决定给予本级纪委委员撤销党内职务以上处分，并报同级党委批准后，按照规定报上一级纪委备案或者批准，待召开本级纪委全体会议时予以追认。

（8）按照干部管理权限审议干部任免事项。

（9）研究决定应当由常务委员会决定的其他重要事项。

6. 党的基层纪律检查委员会运行方式和议事规则是怎样的？

《中国共产党纪律检查委员会工作条例》第 21 条和第 22 条对基层纪律检查委员会的运行方式和议事规则作了具体规定。

第 21 条规定，党的基层纪律检查委员会根据需要及时召开全体会议，传达学习党中央决策部署以及中央纪委工作部署，传达学习同级党委和上级纪委的工作部署，提出贯彻落实的具体措施，研究讨论管辖范围内纪律检查工作的重要问题、重要事项，按照权限讨论或者决定对违犯党纪的党组织、党员处理、处分等事项。

第 22 条规定，乡镇和企业、机关、高校等单位中的党的基层纪律检查委员会应当按照党章、本条例和其他党内法规的有关规定，结合实际建立健全议事规则、工作制度，注重发挥纪委委员在监督执纪、议事决策方面的作用，根据工作需要可以组织纪委委员参与监督执纪有关事项。党的基层纪律检查委员会可以按照有关规定，设立必要的工作机构，配备专职工作人员。党的基层纪律检查委员会应当指导和督促同级党的委员会所属基层党组织纪律检查委员履行职责、发挥作用。

7. 党的各级纪律检查委员会如何协助同级党委会推进全面从严治党？

《中国共产党纪律检查委员会工作条例》第 26 条第 1 款规定，党的各级纪律检查委员会协助同级党的委员会推进全面从严治党：

（1）协助同级党委制定全面从严治党规划、计划，推动各项工作落实。

（2）推动全面从严治党主体责任制度执行，检查同级党委领导班子成员包括“一把手”管党治党责任落实情况，监督下级党组织落实主体责任情况。

（3）加强对同级党委领导班子监督，发现班子成员包括“一把手”履职尽责、廉洁自律等方面重要问题，按照规定如实报告。

（4）协助同级党委加强对本地区本单位政治生态、党风廉政等情况分析，有关问题向同级党委报告并提出意见建议。

（5）协助同级党委开展巡视巡察工作。

（6）对日常监督、巡视巡察、审计监督等发现问题整改情况开展检查，通过加强监督推动整改常态化。

（7）协助起草相关党内法规和规范性文件。

（8）参与党委组织的管党治党有关专项工作。

8. 党的各级纪律检查委员会的具体监督任务有哪些？

《中国共产党党内监督条例》（以下简称《党内监督条例》）第26条规定，党的各级纪律检查委员会是党内监督的专责机关，履行监督执纪问责职责，加强对所辖范围内党组织和领导干部遵守党章党规党纪、贯彻执行党的路线方针政策情况的监督检查，承担下列具体任务：

（1）加强对同级党委特别是常委会委员、党的工作部门和直接领导的党组织、党的领导干部履行职责、行使权力情况的监督。

（2）落实纪律检查工作双重领导体制，执纪审查工作以上级纪委领导为主，线索处置和执纪审查情况在向同级党委报告的同时向上级纪委报告，各级纪委书记、副书记的提名和考察以上级纪委会同组织部门为主。

（3）强化上级纪委对下级纪委的领导，纪委发现同级党委主要领导干部的问题，可以直接向上级纪委报告；下级纪委至少每半年向上级纪委报告1次工作，每年向上级纪委进行述职。

9. 党的各级纪律检查委员会如何精准有效运用监督执纪“四种形态”？

《中国共产党纪律处分条例》第5条规定，深化运用监督执纪“四种形态”，经常开展批评和自我批评，及时进行谈话提醒、批评教育、责令检查、诫勉，让“红红脸、出出汗”成为常态；党纪轻处分、组织调整成为违纪处理的大多数；党纪重处分、重大职务调整的成为少数；严重违纪涉嫌犯罪追究刑事责任的成为极少数。

根据《中国共产党纪律检查委员会工作条例》第31条第2款的规定可知，党的各级纪律检查委员会坚持把监督作为基本职责，抓早抓小、防微杜渐，综合考虑错误性质、情节后果、主观态度等因素，依规依纪依法、精准有效运用监督执纪“四种形态”：

（1）党员、干部有作风纪律方面的苗头性、倾向性问题或者轻微违纪问题，或者有一般违纪问题但具备免予处分情形的，运用监督执纪第一种形态，按照规定进行谈话提醒、批评教育、责令检查等，或者予以诫勉。

（2）党员、干部有一般违纪问题，或者违纪问题严重但具有主动交代等从轻减轻处分情形的，运用监督执纪第二种形态，按照规定给予警告、严重警告处分，或者建议单处、并处停职检查、调整职务、责令辞职、免职等处理。

（3）党员、干部有严重违纪问题，或者严重违纪并构成严重职务违法的，运用监督执纪第三种形态，按照规定给予撤销党内职务、留党察看、开除党籍处分，同时建议给予降职或者依法给予撤职、开除公职、调整其享受的待遇等处理。

（4）党员、干部严重违纪、涉嫌犯罪的，运用监督执纪第四种形态，按照规定给予开除党籍处分，同时依法给予开除公职、调整或者取消其享受的待遇等处理，再移送司法机关依法追究刑事责任。

10. 党的纪律检查委员会的具体职责都有哪些？

《中国共产党纪律检查委员会工作条例》第五章“工作职责”专章规定了党的纪律检查委员会的工作职责，将党章规定的监督、执纪、问责职责和各项经常性工作，细化为纪律教育、纪律监督、处理信访举报、纪律审查、纪律处分、开展问责、受理控告和申诉、保障党员权利、纪律检查建议9项具体职责。

11. 党的各级纪律检查委员会如何开展纪律教育？

《中国共产党纪律检查委员会工作条例》第32条规定，党的各级纪律检查委员会应当把自觉遵守纪律的教育作为基础性工作，经常开展党章党规教育，强化党的政治纪律、组织纪律、廉洁纪律、群众纪律、工作纪律、生活纪律教育，深入开展警示教育，以案明纪、以案说法。

开展廉政教育，加强全面从严治党、党风廉政建设和反腐败工作的形势任务以及家风家教等宣传教育，推进廉洁文化建设，营造崇廉拒腐氛围。

根据形势需要，着眼保障党的中心工作，作出维护党纪的决定，制定相关法规文件，严明纪律要求，教育、引导和规范党组织、党员行为。

12. 党的纪律检查委员会强化政治监督应重点监督党组织、党员哪些情况?

《中国共产党纪律检查委员会工作条例》第33条规定，党的纪律检查委员会应当强化政治监督，重点监督党组织、党员特别是领导干部以下情况：

（1）对党忠诚，坚持党的领导，贯彻落实党的理论和路线方针政策、党中央决策部署，践行“两个维护”的情况。

（2）坚定理想信念宗旨，牢记初心使命，践行入党誓词，坚持中国特色社会主义制度的情况。

（3）落实全面从严治党主体责任和监督责任的情况。

（4）贯彻执行民主集中制，公正用权、依法用权、廉洁用权、担当作为的情况。

政治监督应当突出“关键少数”，重点加强对“一把手”、同级党委特别是常委会委员的监督。

13. 监察委员会的领导体制是怎样的?

《监察法实施条例》第10条规定，国家监察委员会在党中央领导下开展工作。地方各级监察委员会在同级党委和上级监察委员会双重领导下工作，监督执法调查工作以上级监察委员会领导为主，线索处置和案件查办在向同级党委报告的同时应当一并向上一级监察委员会报告。

上级监察委员会应当加强对下级监察委员会的领导。下级监察委员会对上级监察委员会的决定必须执行，认为决定不当的，应当在执行的同时向上级监察委员会反映。上级监察委员会对下级监察委员会作出的错误决定，应当按程序予以纠正，或者要求下级监察委员会予以纠正。

14. 监察委员会的职责是什么？

根据《监察法》第11条的规定，监察委员会履行监督、调查、处置职责：

（1）对公职人员开展廉政教育，对其依法履职、秉公用权、廉洁从政从业以及道德操守情况进行监督检查。

（2）对涉嫌贪污贿赂、滥用职权、玩忽职守、权力寻租、利益输送、徇私舞弊以及浪费国家资财等职务违法和职务犯罪进行调查。

（3）对违法的公职人员依法作出政务处分决定；对履行职责不力、失职失责的领导人员进行问责；对涉嫌职务犯罪的，将调查结果移送人民检察院依法审查、提起公诉；向监察对象所在单位提出监察建议。

二、管辖和权限

15. 党的各级纪律检查委员会按照规定对哪些案件进行审查?

根据《中国共产党纪律检查委员会工作条例》第36条的规定，各级纪律检查委员会按照管理权限，审查违反党章和其他党内法规的比较重要或者复杂的案件，主要包括：

（1）同级党委委员、候补委员，同级纪委委员，同级党委管理的党员干部，以及同级党委工作部门，同级党委批准设立的党组（党委），下一级党委、纪委等涉嫌违纪案件。

（2）案情重大复杂，需要采取重要审查措施的案件。

（3）同级党委、上级纪委交办的其他案件。

需要注意的是，地方各级纪律检查委员会和基层纪律检查委员会对于处理涉及同级党委委员、候补委员，同级党委管理的正职领导干部，同级纪委常委、监委委员等人员的案件，以及涉及政治问题、国家安全等特别重要或者复杂案件中的问题和处理的结果，在向同级党委报告的同时，即向上级纪委一并报告。

16. 纪检监察机关派驻机构负责审查哪些案件?

《纪检监察机关派驻机构工作规则》第29条规定，派驻机构负责审查以下党组织和党员涉嫌违犯党纪的案件：

（1）驻在单位党组（党委）直接领导的党组织。

（2）驻在单位党组（党委）管理的领导班子成员。

（3）本规则第二十四条第四项规定的人员，即列入重点监督对象的驻在单位人员。

派驻机构必要时可以审查驻在单位党组（党委）管理的其他党组织和党员涉嫌违犯党纪的案件。

派驻机构根据派出机关授权，依法调查驻在单位监察对象涉嫌职务违法、职务犯罪案件。

17. 监察机关负责调查哪些职务违法行为?

《监察法实施条例》第23条规定，监察机关负责调查的职务违法是指公职人员实施的与其职务相关联，虽不构成犯罪但依法应当承担法律责任的下列违法行为：

（1）利用职权实施的违法行为。

（2）利用职务上的影响实施的违法行为。

（3）履行职责不力、失职失责的违法行为。

（4）其他违反与公职人员职务相关的特定义务的违法行为。

此外，监察机关发现公职人员存在其他违法行为，具有下列情形之一的，可以依法进行调查、处置：

（1）超过行政违法追究时效，或者超过犯罪追诉时效、未追究刑事责任，但需要依法给予政务处分的。

（2）被追究行政法律责任，需要依法给予政务处分的。

（3）监察机关调查职务违法或者职务犯罪时，对被调查人实施的事实简单、清楚，需要依法给予政务处分的其他违法行为一并查核的。

监察机关发现公职人员成为监察对象前有前述规定的违法行为的，依照前述规定办理。

18. 监察机关依法对哪些职务犯罪进行调查?

《监察法实施条例》以列举的方式对监察机关有权管辖的101个职务犯罪罪名作出了明确规定。这101个罪名既是监察机关调查职务犯罪的责任清单，也是对公职人员特别是领导干部履行职责的底线要求和负面清单，是公权力行使的制度笼子，有利于教育警示公职人员特别是领导干部敬畏纪法、尊崇纪法，做到依法用权、秉公用权、廉洁用权。

（1）监察机关依法调查涉嫌贪污贿赂犯罪，包括贪污罪，挪用公款罪，受贿罪，单位受贿罪，利用影响力受贿罪，行贿罪，对有影响力的人行贿罪，对单位行贿罪，介绍贿赂罪，单位行贿罪，巨额财产来源不明罪，隐瞒境外存款罪，私分国有资产罪，私分罚没财物罪，以及公职人员在行使公权力过程中实施的职务侵占罪，挪用资金罪，对外国公职人员、国际公共组织官员行贿罪，非国家工作人员受贿罪和相关联的对非国家工作人员行贿罪。

（2）监察机关依法调查公职人员涉嫌滥用职权犯罪，包括滥用职权罪，国有公司、企业、事业单位人员滥用职权罪，滥用管理公司、证券职权罪，食品、药品监管渎职罪，故意泄露国家秘密罪，报复陷害罪，阻碍解救被拐卖、绑架妇女、儿童罪，帮助犯罪分子逃避处罚罪，违法发放林木采伐许可证罪，办理偷越国（边）境人员出入境证件罪，放行偷越国（边）境人员罪，挪用特定款物罪，非法剥夺公民宗教信仰自由罪，侵犯少数民族风俗习惯罪，打击报复会计、统计人员罪，以及司法工作人员以外的公职人员利用职权实施的非法拘禁罪、虐待被监管人罪、非法搜查罪。

（3）监察机关依法调查公职人员涉嫌玩忽职守犯罪，包括玩忽职守罪，国有公司、企业、事业单位人员失职罪，签订、履行合同失职被骗罪，国家机关工作人员签订、履行合同失职被骗罪，环境监管失职罪，传染病防治失职罪，商检失职罪，动植物检疫失职罪，不解救被拐卖、绑架妇女、儿童罪，失职造成珍贵文物损毁、流失罪，过失泄露国家秘密罪。

（4）监察机关依法调查公职人员涉嫌徇私舞弊犯罪，包括徇私舞弊低价折股、出售公司、企业资产罪，非法批准征收、征用、占用土地罪，非法低价出让国有土地使用权罪，非法经营同类营业罪，为亲友非法牟利罪，枉法仲裁罪，徇私舞弊发售发票、抵扣税款、出口退税罪，商检徇私舞弊罪，动植物检疫徇私舞弊罪，放纵走私罪，放纵制售伪劣商品犯罪行为罪，招收公务员、学生徇私舞弊罪，徇私舞弊不移交刑事案件罪，违法提供出口退税凭证罪，徇私舞弊不征、少征税款罪。

（5）监察机关依法调查公职人员在行使公权力过程中涉及的重大责任事故犯罪，包括重大责任事故罪，教育设施重大安全事故罪，消防责任事故罪，重大劳动安全事故罪，强令、组织他人违章冒险作业罪，危险作业罪，不报、谎报安全事故罪，铁路运营安全事故罪，重大飞行事故罪，大型群众性活动重大安全事故罪，危险物品肇事罪，工程重大安全事故罪。

（6）监察机关依法调查公职人员在行使公权力过程中涉及的其他犯罪，包括破坏选举罪，背信损害上市公司利益罪，金融工作人员购买假币、以假币换取货币罪，利用未公开信息交易罪，诱骗投资者买卖证券、期货合约罪，背信运用受托财产罪，违法运用资金罪，违法发放贷款罪，吸收客户资金不入账罪，违规出具金融票证罪，对违法票据承兑、付款、保证罪，非法转让、倒卖土地使用权罪，私自开拆、隐匿、毁弃邮件、电报罪，故意延误投递邮件罪，泄露不应公开的案件信息罪，披露、报道不应公开的案件信息罪，接送不合格兵员罪。

19. 监察机关对哪些人员进行监察？

监察机关依法对所有行使公权力的公职人员进行监察，实现国家监察全面覆盖。《监察法》第15条规定，监察机关对下列公职人员和有关人员进行监察：

（1）中国共产党机关、人民代表大会及其常务委员会机关、人民政府、监察委员会、人民法院、人民检察院、中国人民政治协商会议各级委员会机关、民主党派机关和工商业联合会机关的公务员，以及参照《公务员法》管理的人员。

（2）法律、法规授权或者受国家机关依法委托管理公共事务的组织中从事公务的人员。

（3）国有企业管理人员。

（4）公办的教育、科研、文化、医疗卫生、体育等单位中从事管理的人员。

（5）基层群众性自治组织中从事管理的人员。

（6）其他依法履行公职的人员。

《监察法实施条例》第38条至第43条对上述六类监察对象范围作了逐一细化。

第一，公务员范围，依据《公务员法》规定是指依法履行公职、纳入国家行政编制、由国家财政负担工资福利的工作人员。参照公务员法管理的人员，是指有关单位中经批准参照公务员法进行管理的工作人员。

第二，法律、法规授权或者受国家机关依法委托管理公共事务的组织中从事公务的人员，是指在上述组织中，除参照公务员法管理的人员外，对公共事务履行组织、领导、管理、监督等职责的人员，包括具有公共事务管理职能的行业协会等组织中从事公务的人员，以及法定检验检测、检疫等机构中从事公务的人员。

第三，国有企业管理人员，是指国家出资企业中的下列人员：(1) 在国有独资、全资公司、企业中履行组织、领导、管理、监督等职责的人员；(2) 经党组织或者国家机关，国有独资、全资公司、企业，事业单位提名、推荐、任命、批准等，在国有控股、参股公司及其分支机构中履行组织、领导、管理、监督等职责的人员；(3) 经国家出资企业中负有管理、监督国有资产职责的组织批准或者研究决定，代表其在国有控股、参股公司及其分支机构中从事组织、领导、管理、监督等工作的人员。

第四，公办的教育、科研、文化、医疗卫生、体育等单位中从事管理的人员，是指国家为了社会公益目的，由国家机关举办或者其他组织利用国有资产举办的教育、科研、文化、医疗卫生、体育等事业单位中，从事组织、领导、管理、监督等工作的人员。

第五，基层群众性自治组织中从事管理的人员，是指该组织中的下列人员：(1) 从事集体事务和公益事业管理的人员；(2) 从事集体资金、资产、资源管理的人员；(3) 协助人民政府从事行政管理工作的人员，包括从事救灾、防疫、抢险、防汛、优抚、帮扶、移民、救济款物的管理，社会捐助公益事业款物的管理，国有土地的经营和管理，土地征收、征用补偿费用的管理，代征、代缴税款，有关计划生育、户籍、征兵工作，协助人民政府等国家机关在基层群众性自治组织中从事的其他管理工作。

第六，其他依法履行公职的人员，是指下列人员：(1) 履行人民代表大会职责的各级人民代表大会代表，履行公职的中国人民政治协商会议各级委员会委员、人民陪审员、人民监督员；(2) 虽未列入党政机关人员编制，但在党政机关中从事公务的人员；(3) 在集体经济组织等单位、组织中，由党组织或者国家机关，国有独资、全资公司、企业，国家出资企业中负有管理监督国有和集体资产职责的组织，事业单位提名、推荐、任命、批准等，从事组织、领导、管理、监督等工作的人员；(4) 在依法组建的评标、谈判、询价等组织中代表国家机关，国有独资、全资公司、企业，事业单位，人民团体临时履行公共事务组织、领导、管理、监督等职责的人员；(5) 其他依法行使公权力的人员。

20. 纪检监察机关监督执纪工作分级负责制是什么?

按照干部管理权限管辖本辖区内的监督执纪事项，有利于纪检监察机关做到各司其职、各尽其责，责任明确、界定清晰。《中国共产党纪律检查机关监督执纪工作规则》（以下简称《监督执纪工作规则》）第 7 条规定，监督执纪工作实行分级负责制：

(1) 中央纪委国家监委负责监督检查和审查调查中央委员、候补中央委员，中央纪委委员，中央管理的领导干部，党中央工作部门、党中央批准设立的党组（党委），各省、自治区、直辖市党委、纪委等党组织的涉嫌违纪或者职务违法、职务犯罪问题。

(2) 地方各级纪委监委负责监督检查和审查调查同级党委委员、候补委员，同级纪委委员，同级党委管理的党员、干部以及监察对象，同级党委工作部门、党委批准设立的党组（党委），下一级党委、纪委等党组织的涉嫌违纪或者职务违法、职务犯罪问题。

(3) 基层纪委负责监督检查和审查同级党委管理的党员，同级党委下属的各级党组织的涉嫌违纪问题；未设立纪律检查委员会的党的基层委员会，由该委员会负责监督执纪工作。地方各级纪委监委依照规定加强对同级党委履行职责、行使权力情况的监督。

21. 党的组织关系在地方、干部管理权限在主管部门的党员、干部以及监察对象违纪违法问题管辖权如何确定?

《监督执纪工作规则》第 8 条规定，对党的组织关系在地方、干部管理权限在主管部门的党员、干部以及监察对象涉嫌违纪违法问题，应当按照谁主管谁负责的原则进行监督执纪，由设在主管部门、有管辖权的纪检监察机关进行审查调查，主管部门认为有必要的，可以与地方纪检监察机关联合审查调查。地方纪检监察机关接到问题线索反映的，经与主管部门协调，可以对其进行审查调查，也可以与主管部门组成联合审查调查组，审查调查情况及时向对方通报。

2018 年 11 月，中共中央办公厅印发的《党组讨论和决定党员处分事项工作程序规定（试行）》，明确“对于党的组织关系在地方、干部管理权限在主管部门党组的党员干部违纪案件，凡由派驻纪检监察组查处的，由主管部门党组讨论决定，并向地方党组织通报处理结果”，“对于地方纪委首先发现并立案审查，接受上级纪委指定或者与派驻纪检监察组协商后由地方纪委立案审查的上述案件，应当由地方纪委按照程序作出党纪处分决定，并向主管部门党组通报处理结果”，还规定“地方纪委应当与主管部门党组和派驻纪检监察组加强沟通协调；经沟通不能形成一致意见的，报共同的上级党委或者纪委研究决定”等，这也是谁主管谁负责的原则细化具体化的体现，更加具有可操作性。

22. 关于纪检监察机关指定管辖、提级管辖有什么规定?

指定管辖是指根据上级纪检监察机关的指定而确定监督执纪事项的管辖机关，提级管辖是上级纪检监察机关必要时对下级纪检监察机关管辖的违纪违法问题直接进行审查调查。《监督执纪工作规则》第 9 条对纪检监察机关指定管辖、提级管辖和报请提级管辖作出了规定："上级纪检监察机关有权指定下级纪检监察机关对其他下级纪检监察机关管辖的党组织和党员、干部以及监察对象涉嫌违纪或者职务违法、职务犯罪问题进行审查调查，必要时也可以直接进行审查调查。上级纪检监察机关可以将其直接管辖的事项指定下级纪检监察机关进行审查调查。纪检监察机关之间对管辖事项有争议的，由其共同的上级纪检监察机关确定；认为所管辖的事项重大、复杂，需要由上级纪检监察机关管辖的，可以报请上级纪检监察机关管辖。"

23. 在哪些情形下，上级监察机关对于下一级监察机关管辖范围内的案件可以提级管辖？

根据《监察法实施条例》第 47 条的规定，上级监察机关对于下一级监察机关管辖范围内的职务违法和职务犯罪案件，具有下列情形之一的，可以依法提级管辖：

（1）在本辖区有重大影响的。

（2）涉及多个下级监察机关管辖的监察对象，调查难度大的。

（3）其他需要提级管辖的重大、复杂案件。

地方各级监察机关所管辖的职务违法和职务犯罪案件，具有上述规定情形的，可以依法报请上一级监察机关管辖。

上级监察机关对于所辖各级监察机关管辖范围内有重大影响的案件，必要时可以依法直接调查或者组织、指挥、参与调查。

24. 在哪些情形下，上级监察机关可以将其所管辖的案件指定下级监察机关管辖？

根据《监察法实施条例》第 48 条的规定，上级监察机关可以依法将其所管辖的案件指定下级监察机关管辖。

设区的市级监察委员会将同级党委管理的公职人员涉嫌职务违法或者职务犯罪案件指定下级监察委员会管辖的，应当报省级监察委员会批准；省级监察委员会将同级党委管理的公职人员涉嫌职务违法或者职务犯罪案件指定下级监察委员会管辖的，应当报国家监察委员会相关监督检查部门备案。

上级监察机关对于下级监察机关管辖的职务违法和职务犯罪案件，具有下列情形之一，认为由其他下级监察机关管辖更为适宜的，可以依法指定给其他下级监察机关管辖：

（1）管辖有争议的。

（2）指定管辖有利于案件公正处理的。

（3）下级监察机关报请指定管辖的。

（4）其他有必要指定管辖的。

被指定的下级监察机关未经指定管辖的监察机关批准，不得将案件再行指定管辖。发现新的职务违法或者职务犯罪线索，以及其他重要情况、重大问题，应当及时向指定管辖的监察机关请示报告。

25. 纪检监察机关如何严格执行请示报告制度？

请示报告制度是我们党的一项重要政治纪律、组织纪律、工作纪律，是执行民主集中制的有效工作机制，对于坚决维护习近平总书记党中央的核心、全党的核心地位，坚决维护党中央权威和集中统一领导，保证全党团结统一和行动一致，具有重要意义。

《监督执纪工作规则》第 10 条规定，纪检监察机关应当严格执行请示报告制度。中央纪委定期向党中央报告工作，研究涉及全局的重大事项、遇有重要问题以及作出立案审查调查决定、给予党纪政务处分等事项应当及时向党中央请示报告，既要报告结果也要报告过程。执行党中央重要决定的情况应当专题报告。

地方各级纪检监察机关对作出立案审查调查决定、给予党纪政务处分等重要事项，应当向同级党委请示汇报并向上级纪委监委报告，形成明确意见后再正式行文请示。遇有重要事项应当及时报告。

纪检监察机关应当坚持民主集中制，对于线索处置、谈话函询、初步核实、立案审查调查、案件审理、处置执行中的重要问题，经集体研究后，报纪检监察机关相关负责人、主要负责人审批。

26. 纪检监察机关审查调查措施有哪些?

《监督执纪工作规则》第 40 条规定，审查调查组可以依照党章党规和监察法，经审批进行谈话、讯问、询问、留置、查询、冻结、搜查、调取、查封、扣押（暂扣、封存）、勘验检查、鉴定，提请有关机关采取技术调查、通缉、限制出境等措施。

承办部门应当建立台账，记录使用措施情况，向案件监督管理部门定期备案。

案件监督管理部门应当核对检查，定期汇总重要措施使用情况并报告纪委监委领导和上一级纪检监察机关，发现违规违纪违法使用措施的，区分不同情况进行处理，防止擅自扩大范围、延长时限。

27. 哪些材料可以当作证据?

可以用于证明案件事实的材料都是证据。根据《监察法实施条例》第 59 条的规定，证据包括：（1）物证；（2）书证；（3）证人证言；（4）被害人陈述；（5）被调查人陈述、供述和辩解；（6）鉴定意见；（7）勘验检查、辨认、调查实验等笔录；（8）视听资料、电子数据。

28. 监察机关如何认定案件事实？

《监察法实施条例》第60条规定，监察机关认定案件事实应当以证据为根据，全面、客观地收集、固定被调查人有无违法犯罪以及情节轻重的各种证据，形成相互印证、完整稳定的证据链。

只有被调查人陈述或者供述，没有其他证据的，不能认定案件事实；没有被调查人陈述或者供述，证据符合法定标准的，可以认定案件事实。

29. 证据如何才能作为定案的根据？

《监察法实施条例》第61条规定，证据必须经过查证属实，才能作为定案的根据。审查认定证据，应当结合案件的具体情况，从证据与待证事实的关联程度、各证据之间的联系、是否依照法定程序收集等方面进行综合判断。

30. 证据确凿，应当符合哪些条件？

《监察法实施条例》第62条规定，监察机关调查终结的职务违法案件，应当事实清楚、证据确凿。证据确凿，应当符合下列条件：

（1）定性处置的事实都有证据证实。

（2）定案证据真实、合法。

（3）据以定案的证据之间不存在无法排除的矛盾。

（4）综合全案证据，所认定事实清晰且令人信服。

31. 证据确实、充分，应当符合哪些条件？

《监察法实施条例》第63条规定，监察机关调查终结的职务犯罪案件，应当事实清楚，证据确实、充分。证据确实、充分，应当符合下列条件：

（1）定罪量刑的事实都有证据证明。

（2）据以定案的证据均经法定程序查证属实。

（3）综合全案证据，对所认定事实已排除合理怀疑。

证据不足的，不得移送人民检察院审查起诉。

32. 监察机关讯问的程序是什么？

监察机关对涉嫌职务犯罪的被调查人，可以依法进行讯问，要求其如实供述涉嫌犯罪的情况。根据《监察法实施条例》第83条的规定，讯问应当个别进行，调查人员不得少于2人。

首次讯问时，应当向被讯问人出示《被调查人权利义务告知书》，由其签名、捺指印。被讯问人拒绝签名、捺指印的，调查人员应当在文书上记明。被讯问人未被限制人身自由的，应当在首次讯问时向其出具《讯问通知书》。

讯问一般按照下列顺序进行：

（1）核实被讯问人的基本情况，包括姓名、曾用名、出生年月日、户籍地、身份证件号码、民族、职业、政治面貌、文化程度、工作单位及职务、住所、家庭情况、社会经历，是否属于党代表大会代表、人大代表、政协委员，是否受到过党纪政务处分，是否受到过刑事处罚等。

（2）告知被讯问人如实供述自己罪行可以依法从宽处理和认罪认罚的法律规定。

(3) 讯问被讯问人是否有犯罪行为，让其陈述有罪的事实或者无罪的辩解，应当允许其连贯陈述。

调查人员的提问应当与调查的案件相关。被讯问人对调查人员的提问应当如实回答。调查人员对被讯问人的辩解，应当如实记录，认真查核。

讯问时，应当告知被讯问人将进行全程同步录音录像。告知情况应当在录音录像中予以反映，并在笔录中记明。

33. 监察机关询问的程序是什么？

监察机关按规定报批后，可以依法对证人、被害人等人员进行询问，了解核实有关问题或者案件情况。

《监察法实施条例》第 87 条规定，询问应当个别进行。负责询问的调查人员不得少于 2 人。

首次询问时，应当向证人出示《证人权利义务告知书》，由其签名、捺指印。证人拒绝签名、捺指印的，调查人员应当在文书上记明。证人未被限制人身自由的，应当在首次询问时向其出具《询问通知书》。

询问时，应当核实证人身份，问明证人的基本情况，告知证人应当如实提供证据、证言，以及作伪证或者隐匿证据应当承担的法律责任。不得向证人泄露案情，不得采用非法方法获取证言。

询问重大或者有社会影响案件的重要证人，应当对询问过程全程同步录音录像，并告知证人。告知情况应当在录音录像中予以反映，并在笔录中记明。

34. 询问未成年人和聋、哑人时有什么特殊要求？

《监察法实施条例》第 88 条规定，询问未成年人，应当通知其法定代理人到场。无法通知或者法定代理人不能到场的，应当通知未成年人的其他成年亲属或者所在学校、居住地基层组织的代表等有关人员到场。询问结束后，由法定代理人或者有关人员在笔录中签名。调查人员应当将到场情况记录在案。

询问聋、哑人，应当有通晓聋、哑手势的人员参加。调查人员应当在笔录中记明证人的聋、哑情况，以及翻译人员的姓名、工作单位和职业。询问不通晓当地通用语言、文字的证人，应当有翻译人员。询问结束后，由翻译人员在笔录中签名。

35. 监察机关在哪些情形下可以采取留置措施？

留置是监察机关调查严重职务违法和职务犯罪的重要手段。《监察法》第22条规定，被调查人涉嫌贪污贿赂、失职渎职等严重职务违法或者职务犯罪，监察机关已经掌握其部分违法犯罪事实及证据，仍有重要问题需要进一步调查，并有下列情形之一的，经监察机关依法审批，可以将其留置在特定场所：（1）涉及案情重大、复杂的；（2）可能逃跑、自杀的；（3）可能串供或者伪造、隐匿、毁灭证据的；（4）可能有其他妨碍调查行为的。对涉嫌行贿犯罪或者共同职务犯罪的涉案人员，监察机关可以依照上述规定采取留置措施。

需要注意的是，对下列人员不得采取留置措施：（1）患有严重疾病、生活不能自理的；（2）怀孕或者正在哺乳自己婴儿的妇女；（3）系生活不能自理的人的唯一扶养人。

36. 采取留置措施的程序是什么？

根据《监察法实施条例》第97条、第98条的规定，采取留置措施时，调查人员不得少于2人，应当向被留置人员宣布《留置决定书》，告知被留置人员权利义务，要求其在《留置决定书》上签名、捺指印。被留置人员拒绝签名、捺指印的，调查人员应当在文书上记明。

采取留置措施后，应当在 24 小时以内通知被留置人员所在单位和家属。当面通知的，由有关人员在《留置通知书》上签名。无法当面通知的，可以先以电话等方式通知，并通过邮寄、转交等方式送达《留置通知书》，要求有关人员在《留置通知书》上签名。

因可能毁灭、伪造证据，干扰证人作证或者串供等有碍调查情形而不宜通知的，应当按规定报批，记录在案。有碍调查的情形消失后，应当立即通知被留置人员所在单位和家属。

37. 哪些情形下可以延长留置时间？

《监察法实施条例》第 101 条规定，留置时间不得超过 3 个月，自向被留置人员宣布之日起算。具有下列情形之一的，经审批可以延长一次，延长时间不得超过 3 个月：

（1）案情重大，严重危害国家利益或者公共利益的。

（2）案情复杂，涉案人员多、金额巨大，涉及范围广的。

（3）重要证据尚未收集完成，或者重要涉案人员尚未到案，导致违法犯罪的主要事实仍须继续调查的。

（4）其他需要延长留置时间的情形。

省级以下监察机关采取留置措施的，延长留置时间应当报上一级监察机关批准。

延长留置时间的，应当在留置期满前向被留置人员宣布延长留置时间的决定，要求其在《延长留置时间决定书》上签名、捺指印。被留置人员拒绝签名、捺指印的，调查人员应当在文书上记明。

延长留置时间的，应当通知被留置人员家属。

38. 监察机关解除留置措施的程序是什么？

《监察法实施条例》第 102 条规定，对被留置人员不需要继续采取留置措施的，应当按规定报批，及时解除留置。

调查人员应当向被留置人员宣布解除留置措施的决定，由其在《解除留置决定书》上签名、捺指印。被留置人员拒绝签名、捺指印的，调查人员应当在文书上记明。

解除留置措施的，应当及时通知被留置人员所在单位或者家属。调查人员应当与交接人办理交接手续，并由其在《解除留置通知书》上签名。无法通知或者有关人员拒绝签名的，调查人员应当在文书上记明。

案件依法移送人民检察院审查起诉的，留置措施自犯罪嫌疑人被执行拘留时自动解除，不再办理解除法律手续。

39. 监察机关查询、冻结财产的程序是什么？

监察机关调查严重职务违法或者职务犯罪，根据工作需要，按规定报批后，可以依法查询、冻结涉案单位和个人的存款、汇款、债券、股票、基金份额等财产。

《监察法实施条例》第 105 条规定，查询、冻结财产时，调查人员不得少于 2 人。调查人员应当出具《协助查询财产通知书》或者《协助冻结财产通知书》，送交银行或者其他金融机构、邮政部门等单位执行。有关单位和个人应当予以配合，并严格保密。

查询财产应当在《协助查询财产通知书》中填写查询账号、查询内容等信息。没有具体账号的，应当填写足以确定账户或者权利人的自然人姓名、身份证件号码或者企业法人名称、统一社会信用代码等信息。

冻结财产应当在《协助冻结财产通知书》中填写冻结账户名称、冻结账号、冻结数额、冻结期限起止时间等信息。冻结数额应当具体、明确，暂时无法确定具体数额的，应当在《协助冻结财产通知书》上明确写明“只收不付”。冻结证券和交易结算资金时，应当明确冻结的范围是否及于孳息。

冻结财产，应当为被调查人及其所扶养的亲属保留必需的生活费用。

40. 监察机关运用搜查措施时程序和要求是什么？

监察机关调查职务犯罪案件，为了收集犯罪证据、查获被调查人，按规定报批后，可以依法对被调查人以及可能隐藏被调查人或者犯罪证据的人的身体、物品、住处、工作地点和其他有关地方进行搜查。

根据《监察法》和《监察法实施条例》，搜查应当在调查人员主持下进行，调查人员不得少于2人。搜查女性的身体，由女性工作人员进行。

搜查时，应当有被搜查人或者其家属、其所在单位工作人员或者其他见证人在场。监察人员不得作为见证人。调查人员应当向被搜查人或者其家属、见证人出示《搜查证》，要求其签名。被搜查人或者其家属不在场，或者拒绝签名的，调查人员应当在文书上记明。

需要注意的是，对搜查取证工作，应当全程同步录音录像。对搜查情况应当制作《搜查笔录》，由调查人员和被搜查人或者其家属、见证人签名。被搜查人或者其家属不在场，或者拒绝签名的，调查人员应当在笔录中记明。对于查获的重要物证、书证、视听资料、电子数据及其放置、存储位置应当拍照，并在《搜查笔录》中作出文字说明。

搜查时，还应当避免未成年人或者其他不适宜在搜查现场的人在场。搜查人员应当服从指挥、文明执法，不得擅自变更搜查对象和扩大搜查范围。搜查的具体时间、方法，在实施前应当严格保密。

41. 监察机关调取、查封、扣押的范围和程序是什么?

调取、查封、扣押是监察机关调查职务违法犯罪案件时收集、固定证据的一项重要措施。根据《监察法》和《监察法实施条例》，监察机关在调查过程中，可以调取、查封、扣押用以证明被调查人涉嫌违法犯罪的财物、文件和电子数据等信息。采取调取、查封、扣押措施，应当收集原物原件，会同持有人或者保管人、见证人，当面逐一拍照、登记、编号，开列清单，由在场人员当场核对、签名，并将清单副本交财物、文件的持有人或者保管人。

其中，调取证据材料时，调查人员不得少于2人。调查人员应当依法出具《调取证据通知书》，必要时附《调取证据清单》。有关单位和个人配合监察机关调取证据，应当严格保密。查封、扣押时，应当出具《查封/扣押通知书》，调查人员不得少于2人。持有人拒绝交出应当查封、扣押的财物和文件的，可以依法强制查封、扣押。调查人员对于查封、扣押的财物和文件，应当会同在场见证人和被查封、扣押财物持有人进行清点核对，开列《查封/扣押财物、文件清单》，由调查人员、见证人和持有人签名或者盖章。持有人不在场或者拒绝签名、盖章的，调查人员应当在清单上记明。查封、扣押财物，应当为被调查人及其所扶养的亲属保留必需的生活费用和物品。

42. 查封、扣押的物品，应当如何处理？

《监察法实施条例》第128条规定，查封、扣押下列物品，应当依法进行相应的处理：

（1）查封、扣押外币、金银珠宝、文物、名贵字画以及其他不易辨别真伪的贵重物品，具备当场密封条件的，应当当场密封，由2名以上调查人员在密封材料上签名并记明密封时间。不具备当场密封条件的，应当在笔录中记明，以拍照、录像等方法加以保全后进行封存。查封、扣押的贵重物品需要鉴定的，应当及时鉴定。

（2）查封、扣押存折、银行卡、有价证券等支付凭证和具有一定特征能够证明案情的现金，应当记明特征、编号、种类、面值、张数、金额等，当场密封，由2名以上调查人员在密封材料上签名并记明密封时间。

（3）查封、扣押易损毁、灭失、变质等不宜长期保存的物品以及有消费期限的卡、券，应当在笔录中记明，以拍照、录像等方法加以保全后进行封存，或者经审批委托有关机构变卖、拍卖。变卖、拍卖的价款存入专用账户保管，待调查终结后一并处理。

（4）对于可以作为证据使用的录音录像、电子数据存储介质，应当记明案由、对象、内容，录制、复制的时间、地点、规格、类别、应用长度、文件格式及长度等，制作清单。具备查封、扣押条件的电子设备、存储介质应当密封保存。必要时，可以请有关机关协助。

（5）对被调查人使用违法犯罪所得与合法收入共同购置的不可分割的财产，可以先行查封、扣押。对无法分割退还的财产，涉及违法的，可以在结案后委托有关单位拍卖、变卖，退还不属于违法所得的部分及孳息；涉及职务犯罪的，依法移送司法机关处置。

（6）查封、扣押危险品、违禁品，应当及时送交有关部门，或者根据工作需要严格封存保管。

43. 解除查封、扣押的要求是什么？

对查封、扣押的财物和文件，应当及时进行核查。因为采取查封、扣押的措施目的是保护证据，查明、证实违法犯罪行为，但也应该保障公民、组织的合法权利。《监察法实施条例》第134条规定，经查明与案件无关的，经审批，应当在查明后3日以内解除查封、扣押，予以退还。解除查封、扣押的，应当向有关单位、原持有人或者近亲属送达《解除查封/扣押通知书》，附《解除查封/扣押财物、文件清单》，要求其签名或者盖章。

44. 监察机关勘验检查的范围和程序是什么？

为了准确、快速地查明案情，监察机关在调查过程中，可以直接或者指派、聘请具有专门知识、资格的人员在调查人员主持下进行勘验检查。《监察法实施条例》规定，监察机关按规定报批后，可以依法对与违法犯罪有关的场所、物品、人身、尸体、电子数据等进行勘验检查。依法需要勘验检查的，应当制作《勘验检查证》；需要委托勘验检查的，应当出具《委托勘验检查书》，送具有专门知识、勘验检查资格的单位（人员）办理。

勘验检查应当由2名以上调查人员主持，邀请与案件无关的见证人在场。勘验检查情况应当制作笔录，并由参加勘验检查人员和见证人签名。勘验检查现场、拆封电子数据存储介质应当全程同步录音录像。对现场情况应当拍摄现场照片、制作现场图，并由勘验检查人员签名。

需要注意的是，监察机关指派或者聘请参与勘验检查的人员，应当与案件无利害关系，并且只能就案件中的专门性问题作出结论。

45. 监察机关对被调查人进行人身检查时应当注意什么？

《监察法实施条例》第 139 条规定，为了确定被调查人或者相关人员的某些特征、伤害情况或者生理状态，可以依法对其人身进行检查。必要时可以聘请法医或者医师进行人身检查。检查女性身体，应当由女性工作人员或者医师进行。被调查人拒绝检查的，可以依法强制检查。

人身检查不得采用损害被检查人生命、健康或者贬低其名誉、人格的方法。对人身检查过程中知悉的个人隐私，应当严格保密。

对人身检查的情况应当制作笔录，由参加检查的调查人员、检查人员、被检查人员和见证人签名。被检查人员拒绝签名的，调查人员应当在笔录中记明。

46. 监察机关如何开展辨认工作？

根据《监察法实施条例》的规定，调查人员在必要时，可以依法让被害人、证人和被调查人对与违法犯罪有关的物品、文件、尸体或者场所进行辨认；也可以让被害人、证人对被调查人进行辨认，或者让被调查人对涉案人员进行辨认。

辨认工作应当由 2 名以上调查人员主持进行。在辨认前，应当向辨认人详细询问辨认对象的具体特征，避免辨认人见到辨认对象，并告知辨认人作虚假辨认应当承担的法律责任。几名辨认人对同一辨认对象进行辨认时，应当由辨认人个别进行。辨认应当形成笔录，并由调查人员、辨认人签名。

辨认人员时，被辨认的人数不得少于 7 人，照片不得少于 10 张。

辨认人不愿公开进行辨认时，应当在不暴露辨认人的情况下进行辨认，并为其保守秘密。

组织辨认物品时一般应当辨认实物。被辨认的物品系名贵字画等贵重物品或者存在不便搬运等情况的，可以对实物照片进行辨认。辨认人进行辨认时，应当在辨认出的实物照片与附纸骑缝上捺指印予以确认，在附纸上写明该实物涉案情况并签名、捺指印。

辨认物品时，同类物品不得少于5件，照片不得少于5张。

对于难以找到相似物品的特定物，可以将该物品照片交由辨认人进行确认后，在照片与附纸骑缝上捺指印，在附纸上写明该物品涉案情况并签名、捺指印。在辨认人确认前，应当向其详细询问物品的具体特征，并对确认过程和结果形成笔录。

47. 辨认笔录具有哪些情形时不得作为认定案件的依据?

《监察法实施条例》第144条规定，辨认笔录具有下列情形之一的，不得作为认定案件的依据：

（1）辨认开始前使辨认人见到辨认对象的。

（2）辨认活动没有个别进行的。

（3）辨认对象没有混杂在具有类似特征的其他对象中，或者供辨认的对象数量不符合规定的，但特定辨认对象除外。

（4）辨认中给辨认人明显暗示或者明显有指认嫌疑的。

（5）辨认不是在调查人员主持下进行的。

（6）违反有关规定，不能确定辨认笔录真实性的其他情形。

辨认笔录存在其他瑕疵的，应当结合全案证据审查其真实性和关联性，作出综合判断。

48. 监察机关可以就哪些问题开展鉴定?

监察机关为解决案件中的专门性问题，按规定报批后，可以依法进行鉴定。《监察法实施条例》第 146 条规定，监察机关可以依法开展下列鉴定：

（1）对笔迹、印刷文件、污损文件、制成时间不明的文件和以其他形式表现的文件等进行鉴定。

（2）对案件中涉及的财务会计资料及相关财物进行会计鉴定。

（3）对被调查人、证人的行为能力进行精神病鉴定。

（4）对人体造成的损害或者死因进行人身伤亡医学鉴定。

（5）对录音录像资料进行鉴定。

（6）对因电子信息技术应用而出现的材料及其派生物进行电子证据鉴定。

（7）其他可以依法进行的专业鉴定。

49. 监察机关如何开展鉴定工作?

《监察法实施条例》第 145 条、第 148 条、第 149 条规定，鉴定时应当出具《委托鉴定书》，由 2 名以上调查人员送交具有鉴定资格的鉴定机构、鉴定人进行鉴定。

鉴定人应当在出具的鉴定意见上签名，并附鉴定机构和鉴定人的资质证明或者其他证明文件。多个鉴定人的鉴定意见不一致的，应当在鉴定意见上记明分歧的内容和理由，并且分别签名。

调查人员应当对鉴定意见进行审查。对经审查作为证据使用的鉴定意见，应当告知被调查人及相关单位、人员，送达《鉴定意见告知书》。

被调查人或者相关单位、人员提出补充鉴定或者重新鉴定申请，经审查符合法定要求的，应当按规定报批，进行补充鉴定或者重新鉴定。

对鉴定意见告知情况可以制作笔录，载明告知内容和被告知人的意见等。

50. 哪些情形下应当补充鉴定和重新鉴定?

《监察法实施条例》第 150 条规定，经审查具有下列情形之一的，应当补充鉴定：

（1）鉴定内容有明显遗漏的。

（2）发现新的有鉴定意义的证物的。

（3）对鉴定证物有新的鉴定要求的。

（4）鉴定意见不完整，委托事项无法确定的。

（5）其他需要补充鉴定的情形。

第 151 条规定，经审查具有下列情形之一的，应当重新鉴定：

（1）鉴定程序违法或者违反相关专业技术要求的。

（2）鉴定机构、鉴定人不具备鉴定资质和条件的。

（3）鉴定人故意作出虚假鉴定或者违反回避规定的。

（4）鉴定意见依据明显不足的。

（5）检材虚假或者被损坏的。

（6）其他应当重新鉴定的情形。

决定重新鉴定的，应当另行确定鉴定机构和鉴定人。

51. 监察机关采取技术调查措施的案件范围是什么?

监察机关根据调查涉嫌重大贪污贿赂等职务犯罪需要，依照规定的权限和程序报经批准，可以依法采取技术调查措施，按照规定交公安机关或者国家有关执法机关依法执行。

《监察法实施条例》第 153 条规定，重大贪污贿赂等职务犯罪，是指具有下列情形之一：（1）案情重大复杂，涉及国家利益或者重大公共利益的；（2）被调查人可能被判处 10 年以上有期徒刑、无期徒刑或者死刑的；（3）案件在全国或者本省、自治区、直辖市范围内有较大影响的。

依法采取技术调查措施的，监察机关应当出具《采取技术调查措施委托函》《采取技术调查措施决定书》和《采取技术调查措施适用对象情况表》，送交有关机关执行。其中，设区的市级以下监察机关委托有关执行机关采取技术调查措施，还应当提供《立案决定书》。

52. 监察机关采取技术调查措施的期限是多久？

监察机关采取技术调查措施要经过严格的批准手续。《监察法》第28条规定，批准决定应当明确采取技术调查措施的种类和适用对象，自签发之日起3个月以内有效；对于复杂、疑难案件，期限届满仍有必要继续采取技术调查措施的，经过批准，有效期可以延长，每次不得超过3个月。对于不需要继续采取技术调查措施的，应当及时解除。

53. 监察机关如何运用通缉措施追捕潜逃的被调查人？

为了抓获在逃被调查人，使案件调查顺利进行，监察机关可以运用通缉措施追捕潜逃的被调查人。《监察法》第29条规定，依法应当留置的被调查人如果在逃，监察机关可以决定在本行政区域内通缉，由公安机关发布通缉令，追捕归案。通缉范围超出本行政区域的，应当报请有权决定的上级监察机关决定。

《监察法实施条例》对此作出了更具体的规定。第158条规定，县级以上监察机关对在逃的应当被留置人员，依法决定在本行政区域内通缉的，应当按规定报批，送交同级公安机关执行。送交执行时，应当出具《通缉决定书》，附《留置决定书》等法律文书和被通缉人员信息，以及承办单位、承办人员等有关情况。

通缉范围超出本行政区域的，应当报有决定权的上级监察机关出具《通缉决定书》，并附《留置决定书》及相关材料，送交同级公安机关执行。

第159条规定，国家监察委员会依法需要提请公安部对在逃人员发布公安部通缉令的，应当先提请公安部采取网上追逃措施。如情况紧急，可以向公安部同时出具《通缉决定书》和《提请采取网上追逃措施函》。

省级以下监察机关报请国家监察委员会提请公安部发布公安部通缉令的，应当先提请本地公安机关采取网上追逃措施。

54. 监察机关办理公安机关抓获的被通缉人员交接手续时需要注意什么?

《监察法实施条例》第160条规定，监察机关接到公安机关抓获被通缉人员的通知后，应当立即核实被抓获人员身份，并在接到通知后24小时以内派员办理交接手续。边远或者交通不便地区，至迟不得超过3日。

公安机关在移交前，将被抓获人员送往当地监察机关留置场所临时看管的，当地监察机关应当接收，并保障临时看管期间的安全，对工作信息严格保密。

监察机关需要提请公安机关协助将被抓获人员带回的，应当按规定报批，请本地同级公安机关依法予以协助。提请协助时，应当出具《提请协助采取留置措施函》，附《留置决定书》复印件及相关材料。

55. 监察机关调查案件时如何运用限制出境措施?

为了保障调查工作的顺利进行，防止因被调查人及相关人员逃匿境外导致调查工作停滞，监察机关可以对被调查人及相关人员采取限制出境措施。《监察法实施条例》第163条规定，监察机关采取限制出境措施应当出具有关函件，与《采取限制出境措施决定书》一并送交移民管理机构执行。其中，采取边控措施的，应当附《边控对象通知书》；采取法定不批准出境措施的，应当附《法定不准出境人员报备表》。

第165条规定，监察机关接到口岸移民管理机构查获被决定采取留置措施的边控对象的通知后，应当于24小时以内到达口岸办理移交手续。无法及时到达的，应当委托当地监察机关及时前往口岸办理移交手续。当地监察机关应当予以协助。

第167条规定，县级以上监察机关在重要紧急情况下，经审批可以依法直接向口岸所在地口岸移民管理机构提请办理临时限制出境措施。

56. 限制出境措施的有效期是多久？

《监察法实施条例》第164条规定，限制出境措施有效期不超过3个月，到期自动解除。到期后仍有必要继续采取措施的，应当按原程序报批。承办部门应当出具有关函件，在到期前与《延长限制出境措施期限决定书》一并送交移民管理机构执行。延长期限每次不得超过3个月。

第166条规定，对于不需要继续采取限制出境措施的，应当按规定报批，及时予以解除。承办部门应当出具有关函件，与《解除限制出境措施决定书》一并送交移民管理机构执行。

三、监督检查

57. 纪检监察机关监督检查职责和重点内容是什么?

党章规定，各级纪委是党内监督专责机关，职责是监督、执纪、问责；宪法和《监察法》规定，各级监委是国家的监察机关，职责是监督、调查、处置；无论是纪委还是监委，监督职能都处于基础性地位，监督是纪检监察机关的基本职责、第一职责。

《监督执纪工作规则》第 13 条规定，党委（党组）在党内监督中履行主体责任，纪检监察机关履行监督责任，应当将纪律监督、监察监督、巡视监督、派驻监督结合起来，重点检查遵守、执行党章党规党纪和宪法法律法规，坚定理想信念，增强“四个意识”，坚定“四个自信”，维护习近平总书记核心地位，维护党中央权威和集中统一领导，贯彻执行党和国家的路线方针政策以及重大决策部署，坚持主动作为、真抓实干，落实全面从严治党责任、民主集中制原则、选人用人规定以及中央八项规定精神，巡视巡察整改，依法履职、秉公用权、廉洁从政从业以及恪守社会道德规范等情况，对发现的问题分类处置、督促整改。

58. 纪检监察机关派驻机构重点监督检查哪些情况?

纪检监察机关派驻机构依规依纪依法履行监督执纪问责和监督调查处置职责。《纪检监察机关派驻机构工作规则》第 23 条规定，派驻机构应当把监督作为基本职责，结合驻在单位实际，重点监督检查以下情况：

（1）对党忠诚，践行党的性质宗旨情况。

（2）贯彻党的理论和路线方针政策、落实党中央决策部署、践行“两个维护”情况。

（3）落实全面从严治党主体责任、加强党风廉政建设和反腐败工作情况。

（4）贯彻执行民主集中制、依规依法履职用权、廉洁自律等情况。

59. 纪检监察机关派驻机构重点监督哪些人员？

《纪检监察机关派驻机构工作规则》第 24 条规定，派驻机构应当重点监督以下对象：

（1）驻在单位领导班子及其成员特别是主要负责人。

（2）驻在单位上级党委管理的其他人员。

（3）驻在单位党组（党委）管理的领导班子及其成员。

（4）其他列入重点监督对象的驻在单位人员。

60. 开展巡视工作的党组织的同级纪检监察机关承担哪些巡视整改监督职责？

《中国共产党巡视工作条例》第 35 条规定，开展巡视工作的党组织的同级纪检监察机关承担巡视整改监督责任，全面监督被巡视党组织落实巡视整改任务。主要职责是：

（1）对被巡视党组织制定的巡视整改方案进行审核把关，列席巡视整改专题民主生活会。

（2）建立巡视整改监督台账，综合运用听取汇报、召开推进会议、专题会商、调研督导、现场检查、开展整改评估、谈话提醒、约谈函询、提出纪检监察建议等方式加强日常监督。

（3）对巡视发现的全面从严治党等方面的突出问题督促推动开展集中整治、专项治理。

（4）依规依纪依法处置巡视移交的问题线索，自收到移交问题线索之日起6个月内，向巡视工作领导小组办公室反馈处置进展情况。

（5）牵头审核被巡视党组织的集中整改进展情况报告。

（6）指导派驻（派出）机构和下级纪检监察机关加强对被巡视党组织落实巡视整改情况的监督。

（7）通过巡视工作领导小组办公室向巡视工作领导小组报送巡视整改监督情况。

纪检监察机关派驻机构应当依据有关规定，将驻在单位（含综合监督单位）党组、党委开展巡视发现问题的整改情况纳入日常监督，推动整改落实。

61. 纪检监察机关如何加强日常监督？

《监督执纪工作规则》第15条规定，纪检监察机关应当结合被监督对象的职责，加强对行使权力情况的日常监督，通过多种方式了解被监督对象的思想、工作、作风、生活情况，发现苗头性、倾向性问题或者轻微违纪问题，应当及时约谈提醒、批评教育、责令检查、诫勉谈话，提高监督的针对性和实效性。

此外，《中国共产党纪律检查委员会工作条例》和《监察法实施条例》分别规定了纪委和监察机关加强日常监督的方式。《中国共产党纪律检查委员会工作条例》第34条规定，党的纪律检查委员会应当加强日常监督，监督方式主要包括：座谈，召集、参加或者列席会议，了解党内同志和社会群众反映；查阅查询相关资料和信息数据；现场调查，驻点监督；督促巡视巡察整改；谈心谈话，听取工作汇报，听取述责述廉；建立健全党员领导干部廉政档案，开展党风廉政意见回复等工作。《监察法实施条例》第 17 条规定，监察机关应当结合公职人员的职责加强日常监督，通过收集群众反映、座谈走访、查阅资料、召集或者列席会议、听取工作汇报和述责述廉、开展监督检查等方式，促进公职人员依法用权、秉公用权、廉洁用权。

62. 纪检监察机关派驻机构开展日常监督的方式有哪些？

《纪检监察机关派驻机构工作规则》第 32 条规定，派驻机构开展日常监督应当深入实际、深入群众，监督方式包括：

（1）参加会议。参加或者列席驻在单位领导班子会议等重要会议，了解学习贯彻党中央决策部署以及上级党组织决定情况和班子成员的意见态度，“三重一大”决策制度执行情况，按照规定向派出机关报告。

（2）谈心谈话。同党员、干部和群众广泛谈心谈话，听取对监督对象的反映，发现监督对象存在苗头性、倾向性问题的，进行谈话提醒、批评教育。

（3）听取汇报。听取驻在单位党组（党委）管理的领导班子及其成员履行管党治党责任情况的汇报，发现责任落实不到位的，进行提醒纠正。

（4）查阅资料。按照规定查阅、复制驻在单位有关文件、资料、数据等材料，了解核实有关情况。

（5）沟通情况。加强与驻在单位机关党委、党委办公室和组织人事、巡视巡察、法规法务、财务审计等部门的沟通，及时发现和通报问题。

（6）分析研判。分析信访举报、党风廉政等情况，对典型性、普遍性问题向驻在单位提出意见建议。

（7）廉政把关。建立健全、动态更新驻在单位党组（党委）管理的领导干部廉政档案，严把党风廉政意见回复关。

（8）实地调查。开展驻点调研、现场核查，精准发现驻在单位存在的突出问题。

（9）其他开展日常监督的方式。

63. 纪检监察机关派驻机构对驻在单位开展内部巡视巡察应提供哪些协助？

《纪检监察机关派驻机构工作规则》第 36 条规定，派驻机构对驻在单位开展内部巡视巡察提供以下协助：

（1）通报监督执纪执法中发现的问题。

（2）处置内部巡视巡察移交的问题线索。

（3）检查整改责任落实情况。

（4）其他协助内部巡视巡察的工作。

64. 纪检监察机关如何畅通信访举报渠道发挥党员和群众的监督作用？

只有举报渠道畅通，才能充分调动群众监督的积极性，为深入开展党风廉政建设和反腐败斗争提供动力。纪检监察机关应当认真处理检举控告，回应群众关切，发挥党和国家监督专责机关作用，保障党的理论和路线方针政策以及重大决策部署贯彻落实，为党风廉政建设、社会和谐稳定服务。

《党内监督条例》第 29 条规定，认真处理信访举报，做好问题线索分类处置，早发现早报告，对社会反映突出、群众评价较差的领导干部情况及时报告，对重要检举事项应当集体研究。定期分析研判信访举报情况，对信访反映的典型性、普遍性问题提出有针对性的处置意见，督促信访举报比较集中的地方和部门查找分析原因并认真整改。

《监督执纪工作规则》第16条规定，纪检监察机关应当畅通来信、来访、来电和网络等举报渠道，建设覆盖纪检监察系统的检举举报平台，及时受理检举控告，发挥党员和群众的监督作用。

65. 纪检监察机关如何建立健全党员领导干部廉政档案？

党的十八大以来，党中央和中央纪委高度重视建立党员领导干部廉政档案。《党内监督条例》第23条规定，述责述廉报告应当载入廉洁档案，并在一定范围内公开。《监督执纪工作规则》第17条明确规定要建立健全党员领导干部廉政档案："纪检监察机关应当建立健全党员领导干部廉政档案，主要内容包括：（一）任免情况、人事档案情况、因不如实报告个人有关事项受到处理的情况等；（二）巡视巡察、信访、案件监督管理以及其他方面移交的问题线索和处置情况；（三）开展谈话函询、初步核实、审查调查以及其他工作形成的有关材料；（四）党风廉政意见回复材料；（五）其他反映廉政情况的材料。廉政档案应当动态更新。"

66. 纪检监察机关如何做好干部选拔任用党风廉政意见回复工作？

党章第35条规定，"党按照德才兼备、以德为先的原则选拔干部"，"党重视教育、培训、选拔、考核和监督干部"。《党内监督条例》和《党政领导干部选拔任用工作条例》也分别对做好党风廉政意见回复工作和严把选人用人关作出明确规定。《监督执纪工作规则》第18条也规定，纪检监察机关应当做好干部选拔任用党风廉政意见回复工作，对反映问题线索认真核查，综合用好巡视巡察等其他监督成果，严把政治关、品行关、作风关、廉洁关。

67. 纪检监察机关如何督促党组织或者单位对监督中发现的问题加强整改？

《监督执纪工作规则》第 19 条对纪检监察机关督促有关党组织或者单位履行主体责任、对监督中发现的问题进行整改作出了明确规定。该条规定："纪检监察机关对监督中发现的突出问题，应当向有关党组织或者单位提出纪律检查建议或者监察建议，通过督促召开专题民主生活会、组织开展专项检查等方式，督查督办，推动整改。"

四、线索处置

68. 信访举报归口受理和问题线索管理处置工作要求有哪些？

《监督执纪工作规则》第20条规定，纪检监察机关应当加强对问题线索的集中管理、分类处置、定期清理。信访举报部门归口受理同级党委管理的党组织和党员、干部以及监察对象涉嫌违纪或者职务违法、职务犯罪问题的信访举报，统一接收有关纪检监察机关、派驻或者派出机构以及其他单位移交的相关信访举报，移送本机关有关部门，深入分析信访形势，及时反映损害群众最关心、最直接、最现实的利益问题。

巡视巡察工作机构和审计机关、行政执法机关、司法机关等单位发现涉嫌违纪或者职务违法、职务犯罪问题线索，应当及时移交纪检监察机关案件监督管理部门统一办理。

监督检查部门、审查调查部门、干部监督部门发现的相关问题线索，属于本部门受理范围的，应当送案件监督管理部门备案；不属于本部门受理范围的，经审批后移送案件监督管理部门，由其按程序转交相关监督执纪部门办理。

69. 检举控告的方式有哪些？

《纪检监察机关处理检举控告工作规则》第7条规定，纪检监察机关应当接收检举控告人通过以下方式提出的检举控告：

（1）向纪检监察机关邮寄信件反映的。

（2）到纪检监察机关指定的接待场所当面反映的。

（3）拨打纪检监察机关检举控告电话反映的。

（4）向纪检监察机关的检举控告网站、微信公众平台、手机客户端等网络举报受理平台发送电子材料反映的。

（5）通过纪检监察机关设立的其他渠道反映的。

对其他机关、部门、单位转送的属于纪检监察机关受理范围的检举控告，应当按规定予以接收。

70. 纪检监察机关对属于受理范围的检举控告如何处理？

《纪检监察机关处理检举控告工作规则》第 10 条规定，纪检监察机关信访举报部门对属于受理范围的检举控告，应当进行编号登记，按规定录入检举举报平台。

对涉及同级党委管理的党员、干部以及监察对象的检举控告，应当定期梳理汇总，并向本机关主要负责人报告。

71. 纪检监察机关对哪些反映事项不予受理？

《纪检监察机关处理检举控告工作规则》第 13 条规定，纪检监察机关对反映的以下事项，不予受理：

（1）已经或者依法应当通过诉讼、仲裁、行政裁决、行政复议等途径解决的。

（2）依照有关规定，属于其他机关或者单位职责范围的。

（3）仅列举出违纪或者职务违法、职务犯罪行为名称但无实质内容的。

对前款第一项、第二项所列事项，通过来信反映的，应当及时转有关机关或者单位处理；通过来访、来电、网络举报受理平台等方式反映的，应当告知检举控告人依规依法向有权处理的机关或者单位反映。

72. 纪检监察机关对问题线索处置方式和处置时限是什么？

纪检监察机关应当结合问题线索所涉及地区、部门、单位总体情况，综合分析，按照谈话函询、初步核实、暂存待查、予以了结4类方式进行处置。

线索处置不得拖延和积压，处置意见应当在收到问题线索之日起1个月内提出，并制定处置方案，履行审批手续。

《关于新形势下党内政治生活的若干准则》也规定："对涉及违纪违法行为的举报，对党员反映的问题，任何党组织和领导干部都不准隐瞒不报、拖延不办。"纪检监察机关应该坚持有案必查，处置问题线索不拖延不积压，尤其是把党的十八大以来不收敛、不收手，问题线索反映集中、群众反映强烈，政治问题和经济问题交织的腐败案件，违反中央八项规定精神的问题作为监督执纪重点，对已经暴露出来的问题要在规定时间内处理。

73. 纪检监察机关派驻机构对问题线索如何管理和处置？

《纪检监察机关派驻机构工作规则》第37条规定，派驻机构应当指定专人负责管理涉嫌违纪和职务违法、职务犯罪问题线索，逐件编号登记，建立管理台账。

派驻机构应当结合日常监督掌握的情况，对问题线索进行综合分析、适当了解，采取谈话函询、初步核实、暂存待查、予以了结等方式进行处置。线索处置意见应当自收到线索之日起1个月内提出。

处置问题线索应当报派驻机构主要负责人审批，并按照规定报派出机关备案。

74. 纪检监察机关处理检举控告工作应当遵循哪些原则?

处理检举控告是纪检监察机关的基本职能，是监督执纪执法的基础工作。《纪检监察机关处理检举控告工作规则》第5条规定，纪检监察机关处理检举控告工作应当遵循以下原则：

（1）实事求是。以事实为依据处理检举控告，鼓励支持检举控告人客观真实地反映情况。

（2）依规依纪依法。按照党章党规党纪和宪法法律以及信访工作有关规定处理检举控告，引导检举控告人依规依法、理性有序地反映问题。

（3）保障合法权利。贯彻“三个区分开来”要求，既保障检举控告人的监督权利，又查处诬告陷害行为，保护党员、干部干事创业积极性。

（4）分级负责、分工处理。按照管理权限受理检举控告，建立信访举报、监督检查、审查调查、案件监督管理等部门相互配合、相互制约的工作机制。

75. 什么是“三个区分开来”?

《中国共产党党员权利保障条例》第33条规定，党组织应当建立健全激励机制，把党员在推进改革中因缺乏经验、先行先试出现的失误错误，同明知故犯的违纪违法行为区分开来；把尚无明确限制的探索性试验中的失误错误，同明令禁止后依然我行我素的违纪违法行为区分开来；把为推动发展的无意过失，同为谋取私利的违纪违法行为区分开来。正确把握党员在工作中出现失误错误的性质和影响，给予实事求是、客观公正的处理，保护党员担当作为的积极性。

76. 纪检监察机关接收和受理检举控告的范围是什么?

明确检举控告受理范围，是党员、群众向纪检监察机关提出检举控告的前提。《纪检监察机关处理检举控告工作规则》第4条规定，任何组织和个人对以下行为，有权向纪检监察机关提出检举控告：

(1) 党组织、党员违反政治纪律、组织纪律、廉洁纪律、群众纪律、工作纪律、生活纪律等党的纪律行为；(2) 监察对象不依法履职，违反秉公用权、廉洁从政从业以及道德操守等规定，涉嫌贪污贿赂、滥用职权、玩忽职守、权力寻租、利益输送、徇私舞弊以及浪费国家资财等职务违法、职务犯罪行为；(3) 其他依照规定应当由纪检监察机关处理的违纪违法行为。

同时，第13条规定，纪检监察机关对反映的以下事项，不予受理：(1) 已经或者依法应当通过诉讼、仲裁、行政裁决、行政复议等途径解决的；(2) 依照有关规定，属于其他机关或者单位职责范围的；(3) 仅列举出违纪或者职务违法、职务犯罪行为名称但无实质内容的。

77. 纪检监察机关应当接收检举控告人通过哪些方式提出的检举控告?

《纪检监察机关处理检举控告工作规则》第7条规定，纪检监察机关应当接收检举控告人通过以下方式提出的检举控告：

(1) 向纪检监察机关邮寄信件反映的。

(2) 到纪检监察机关指定的接待场所当面反映的。

(3) 拨打纪检监察机关检举控告电话反映的。

(4) 向纪检监察机关的检举控告网站、微信公众平台、手机客户端等网络举报受理平台发送电子材料反映的。

（5）通过纪检监察机关设立的其他渠道反映的。对其他机关、部门、单位转送的属于纪检监察机关受理范围的检举控告，应当按规定予以接收。

需要注意的是，县级以上纪检监察机关应当明确承担信访举报工作职责的部门和人员，设置接待群众的场所，公开检举控告地址、电话、网站等信息，公布有关规章制度，归口接收检举控告。

78. 纪检监察机关信访举报部门对收到的检举控告如何办理？

《纪检监察机关处理检举控告工作规则》第 14 条至第 16 条对纪检监察机关信访举报部门收到属于本级、上级和下级受理的检举控告如何办理作出了规定：

纪检监察机关信访举报部门经筛选，对属于本级受理的初次检举控告，应当移送本机关监督检查部门或者相关部门，并按规定将移送情况通报案件监督管理部门；对于重复检举控告，按规定登记后留存备查，并定期向有关部门通报情况。承办部门应当指定专人负责管理，逐件登记、建立台账。

纪检监察机关信访举报部门收到属于上级纪检监察机关受理的检举控告，应当径送本机关主要负责人，并在收到之日起 5 个工作日内报送上一级纪检监察机关信访举报部门；收到反映本机关主要负责人问题的检举控告，应当径送上一级纪检监察机关信访举报部门。对属于上级纪检监察机关受理的检举控告，不得瞒报、漏报、迟报，不得扩大知情范围，不得复制、摘抄检举控告内容，不得将有关信息录入检举举报平台。

纪检监察机关信访举报部门收到属于下级纪检监察机关受理的检举控告，应当及时予以转送。下一级纪检监察机关对转送的检举控告，应当进行登记，在收到之日起 5 个工作日内完成受理或者转办工作。

纪检监察机关信访举报部门对属于受理范围的检举控告，应当进行编号登记，按规定录入检举举报平台。对涉及同级党委管理的党员、干部以及监察对象的检举控告，应当定期梳理汇总，并向本机关主要负责人报告。

79. 纪检监察机关监督检查部门对收到的检举控告如何办理？

《纪检监察机关处理检举控告工作规则》第 17 条规定，纪检监察机关监督检查部门应当对收到的检举控告进行认真甄别，对没有实质内容的检举控告或者属于其他纪检监察机关受理的检举控告，在沟通研究、经本机关分管领导批准后，按程序退回信访举报部门处理。

监督检查部门对属于本级受理的检举控告，应当结合日常监督掌握的情况，进行综合分析、适当了解，经集体研究并履行报批程序后，以谈话函询、初步核实、暂存待查、予以了结等方式处置，或者按规定移送审查调查部门处置。

80. 哪些属于实名检举控告？

实名检举控告有利于纪检监察机关深入开展核实调查，并有效开展检举控告人合法权利的保护工作。《纪检监察机关处理检举控告工作规则》第 24 条规定，检举控告人使用本人真实姓名或者本单位名称，有电话等具体联系方式的，属于实名检举控告。纪检监察机关信访举报部门可以通过电话、面谈等方式核实是否属于实名检举控告。

《关于新形势下党内政治生活的若干准则》规定，党员有权向党负责地揭发、检举党的任何组织和任何党员违纪违法的事实，提倡实名举报。纪检监察机关提倡、鼓励实名检举控告，对实名检举控告优先办理、优先处置、给予答复。

81. 纪检监察机关对实名检举控告的告知反馈机制是什么?

《纪检监察机关处理检举控告工作规则》第 26 条、第 27 条对两个环节的具体反馈要求作出了明确规定。一是纪检监察机关信访举报部门对属于本机关受理的实名检举控告，应当在收到检举控告之日起 15 个工作日内告知实名检举控告人受理情况。重复检举控告的，不再告知。二是承办的监督检查、审查调查部门应当将实名检举控告的处理结果在办结之日起 15 个工作日内向检举控告人反馈，并记录反馈情况。检举控告人提出异议的，承办部门应当如实记录，并予以说明；提供新的证据材料的，承办部门应当核查处理。

82. 纪检监察机关如何落实检举控告保密要求?

《党内监督条例》第 43 条在提倡署真实姓名反映违纪事实的同时，规定“党组织应当为检举控告者严格保密”。《纪检监察机关处理检举控告工作规则》第 47 条规定，纪检监察机关应当建立健全检举控告保密制度，严格落实保密要求：

（1）对检举控告人的姓名（单位名称）、工作单位、住址等有关情况以及检举控告内容必须严格保密。

（2）严禁将检举控告材料、检举控告人信息转给或者告知被检举控告的组织、人员。

（3）受理检举控告或者开展核查工作，应当在不暴露检举控告人身份的情况下进行。

（4）宣传报道检举控告有功人员，涉及公开其姓名、单位等个人信息的，应当征得本人同意。

83. 纪检监察机关如何奖励保护检举控告人？

《纪检监察机关处理检举控告工作规则》第 28 条规定，实名检举控告经查证属实，对突破重大案件起到重要作用，或者为国家、集体挽回重大经济损失的，纪检监察机关可以按规定对检举控告人予以奖励。同时，第 49 条规定，检举控告人及其近亲属的人身、财产安全因检举控告而受到威胁或者侵害，并提出保护申请的，纪检监察机关应当依法、及时提供保护。必要时，纪检监察机关可以商请有关机关予以协助。被检举控告人有危害人身安全和损害财产、名誉等打击报复行为的，依规依纪依法严肃处理。

此外，《中国共产党党员权利保障条例》第 32 条也规定，对于党员检举控告和反映的问题，任何党组织和领导干部都不准隐瞒不报、拖延不办。对于通过正常渠道反映问题的党员，任何组织和个人都不准打击报复，不准擅自进行追查，不准采取调离工作岗位、降格使用等惩罚措施。

84. 纪检监察机关如何查处诬告陷害行为？

采取捏造事实、伪造材料等方式反映问题，意图使他人受到不良政治影响、名誉损失或者责任追究的，属于诬告陷害。认定诬告陷害，应当经设区的市级以上党委或者纪检监察机关批准。诬告陷害行为破坏政治生态，污染社会风气，扰乱举报秩序，浪费监督执纪执法资源，损害党员、干部干事创业积极性，必须严肃查处。

《关于新形势下党内政治生活的若干准则》规定，“党组织既要严肃处理对举报者的歧视、刁难、压制行为特别是打击报复行为，又要严肃追查处理诬告陷害行为”。《纪检监察机关处理检举控告工作规则》规定，纪检监察机关应当加强对检举控告的分析甄别，注意发现异常检举控告行为，有重点地进行查证。属于诬告陷害的，依规依纪依法严肃处理，或者移交有关机关依法处理。

诬告陷害具有以下情形之一，应当从重处理：(1) 手段恶劣，造成不良影响的；(2) 严重干扰换届选举或者干部选拔任用工作的；(3) 经调查已有明确结论，仍诬告陷害他人的；(4) 强迫、唆使他人诬告陷害的；(5) 其他造成严重后果的。

同时，纪检监察机关应当将查处的诬告陷害典型案件通报曝光。纪检监察机关对通过诬告陷害获得的职务、职级、职称、学历、学位、奖励、资格等利益，应当建议有关组织、部门、单位按规定予以纠正。

需要注意的是，纪检监察机关应当区分诬告陷害和错告。属于错告的，可以对检举控告人进行教育。

85. 纪检监察机关如何为被诬告陷害的党员、干部以及监察对象澄清正名？

《关于新形势下党内政治生活的若干准则》要求，对受到诽谤、诬告、严重失实举报的党员，党组织要及时为其澄清和正名。《中国共产党党员权利保障条例》第 34 条规定，对于诬告陷害行为，党组织应当依规依纪严肃处理。对于经核查认定党员受到失实检举控告、确有必要澄清的，应当按照规定对检举控告失实的具体问题进行澄清。

《纪检监察机关处理检举控告工作规则》明确规定，纪检监察机关核查认定检举控告失实、有必要予以澄清的，经批准后可以采取发函说明、当面说明、通报等方式予以澄清，对受到错误处理、处分的及时纠正。同时，纪检监察机关、所在单位党组织应当做好被诬告陷害同志的思想政治工作，使其消除顾虑，保护干事创业积极性，推动履职尽责、担当作为。

86. 纪检监察机关处理检举控告工作人员在哪些情形下应当回避？

《纪检监察机关处理检举控告工作规则》第 48 条规定，处理检举控告工作人员有以下情形之一，应当主动提出回避，当事人有权要求其回避，回避决定由纪检监察机关作出：

（1）本人是被检举控告人或者其近亲属的。

（2）本人或者近亲属与被检举控告问题有利害关系的。

（3）其他可能影响检举控告问题公正处理的情形。

87. 监察机关对于执法机关、司法机关等移送的问题线索以何种方式办理？

《监察法实施条例》第 171 条规定，监察机关对于执法机关、司法机关等其他机关移送的问题线索，应当及时审核，并按照下列方式办理：

（1）本单位有管辖权的，及时研究提出处置意见。

（2）本单位没有管辖权但其他监察机关有管辖权的，在 5 个工作日以内转送有管辖权的监察机关。

（3）本单位对部分问题线索有管辖权的，对有管辖权的部分提出处置意见，并及时将其他问题线索转送有管辖权的机关。

（4）监察机关没有管辖权的，及时退回移送机关。

88. 纪检监察机关案件监督管理部门、承办部门管理问题线索的工作要求有哪些？

纪检监察机关案件监督管理部门应当对问题线索实行集中管

理、动态更新、定期汇总核对，提出分办意见，报纪检监察机关主要负责人批准，按程序移送承办部门。

承办部门应当指定专人负责管理问题线索，逐件编号登记、建立管理台账。线索管理处置各环节应当由经手人员签名，全程登记备查，并且及时与案件监督管理部门核对。

89. 纪检监察机关问题线索专题会议解决什么问题?

《监督执纪工作规则》第24条规定，纪检监察机关应当根据工作需要，定期召开专题会议，听取问题线索综合情况汇报，进行分析研判，对重要检举事项和反映问题集中的领域深入研究，提出处置要求，做到件件有着落。通过定期召开专题会议，对一定范围内的问题线索分析研判和提出处置意见，可以防止问题线索被长期搁置，从而做到件件有着落。

90. 纪检监察机关如何做好问题线索处置归档工作和汇总核对、报告工作?

做好问题线索处置的归档，是监督执纪工作的重要环节。《监督执纪工作规则》第25条规定，承办部门应当做好线索处置归档工作，归档材料齐全完整，载明领导批示和处置过程。案件监督管理部门定期汇总、核对问题线索及处置情况，向纪检监察机关主要负责人报告，并向相关部门通报。

91. 各级党委（党组）和纪检监察机关开展谈话函询总体要求是什么?

《党内监督条例》明确党委（党组）在党内监督中负主体责任，党的纪律检查委员会是党内监督的专责机关，规定纪检机关

"接到对干部一般性违纪问题的反映，应当及时找本人核实，谈话提醒、约谈函询，让干部把问题讲清楚"。《监督执纪工作规则》第26条规定，各级党委（党组）和纪检监察机关应当推动加强和规范党内政治生活，经常拿起批评和自我批评的武器，及时开展谈话提醒、约谈函询，促使党员、干部以及监察对象增强党的观念和纪律意识。

92. 纪检监察机关谈话函询的报批程序是什么？

纪检监察机关确定采取谈话函询方式处置问题线索的，需要履行相关报批程序。《监督执纪工作规则》第27条规定，纪检监察机关采取谈话函询方式处置问题线索，应当起草谈话函询报批请示，拟订谈话方案和相关工作预案，按程序报批。需要谈话函询下一级党委（党组）主要负责人的，应当报纪检监察机关主要负责人批准，必要时向同级党委主要负责人报告。

93. 采取谈话方式处置问题线索的谈话主体、谈话场所和有关要求有哪些？

谈话一般由纪检监察机关进行，这是由其所承担的职责决定的。《监督执纪工作规则》第28条规定，谈话应当由纪检监察机关相关负责人或者承办部门负责人进行，可以由被谈话人所在党委（党组）、纪委监委（纪检监察组、纪检监察工委）有关负责人陪同；经批准也可以委托被谈话人所在党委（党组）主要负责人进行。

谈话应当在具备安全保障条件的场所进行。由纪检监察机关谈话的，应当制作谈话笔录，谈话后可以视情况由被谈话人写出书面说明。

需要注意的是，纪检监察机关开展谈话应当做到全程可控。谈话前做好风险评估、医疗保障、安全防范工作以及应对突发事件的预案；谈话中及时研判谈话内容以及案情变化，发现严重职务违法、职务犯罪，依照监察法需要采取留置措施的，应当及时采取留置措施；谈话结束前做好被谈话人思想工作，谈话后按程序与相关单位或者人员交接，并做好跟踪回访等工作。

94. 谈话笔录制作有什么要求？

《监察法实施条例》第 78 条规定，谈话笔录应当在谈话现场制作。笔录应当详细具体，如实反映谈话情况。笔录制作完成后，应当交给被调查人核对。被调查人没有阅读能力的，应当向其宣读。

笔录记载有遗漏或者差错的，应当补充或者更正，由被调查人在补充或者更正处捺指印。被调查人核对无误后，应当在笔录中逐页签名、捺指印。被调查人拒绝签名、捺指印的，调查人员应当在笔录中记明。调查人员也应当在笔录中签名。

95. 纪检监察机关函询的程序是什么？

函询是纪检监察机关处置问题线索的一种方式。《监督执纪工作规则》第 29 条规定，纪检监察机关进行函询应当以办公厅（室）名义发函给被反映人，并抄送其所在党委（党组）和派驻纪检监察组主要负责人。被函询人应当在收到函件后 15 个工作日内写出说明材料，由其所在党委（党组）主要负责人签署意见后发函回复。

被函询人为党委（党组）主要负责人的，或者被函询人所作说明涉及党委（党组）主要负责人的，应当直接发函回复纪检监察机关。

96. 纪检监察机关谈话函询后的处理方式是什么?

承办部门应当在谈话结束或者收到函询回复后1个月内写出情况报告和处置意见，按程序报批。根据不同情形作出相应处理:

（1）反映不实，或者没有证据证明存在问题的，予以采信了结，并向被函询人发函反馈。

（2）问题轻微，不需要追究纪律责任的，采取谈话提醒、批评教育、责令检查、诫勉谈话等方式处理。

（3）反映问题比较具体，但被反映人予以否认且否认理由不充分具体的，或者说明存在明显问题的，一般应当再次谈话或者函询；发现被反映人涉嫌违纪或者职务违法、职务犯罪问题需要追究纪律和法律责任的，应当提出初步核实的建议。

（4）对诬告陷害者，依规依纪依法予以查处。

必要时可以对被反映人谈话函询的说明情况进行抽查核实。

谈话函询材料应当存入廉政档案。

97. 被谈话函询的党员干部在民主生活会、组织生活会上如何作说明?

民主生活会和组织生活会都是党内政治生活的重要内容，是发扬党内民主、加强党内监督的重要方式。《党内监督条例》第20条规定，“民主生活会重在解决突出问题，领导干部应当在会上把群众反映、巡视反馈、组织约谈函询的问题说清楚、谈透彻，开展批评和自我批评，提出整改措施，接受组织监督”。《监督执纪工作规则》第31条进一步规定，被谈话函询的党员干部应当在民主生活会、组织生活会上就本年度或者上年度谈话函询问题进行说明，讲清组织予以采信了结的情况；存在违纪问题的，应当进行自我批评，作出检讨。

98. 初步核实的总体要求是什么？

初步核实是在立案前对问题线索进行初步了解、核实的活动。《监督执纪工作规则》第32条规定，党委（党组）、纪委监委（纪检监察组）应当对具有可查性的涉嫌违纪或者职务违法、职务犯罪问题线索，扎实开展初步核实工作，收集客观性证据，确保真实性和准确性。

99. 纪检监察机关初步核实如何准备和报批？

纪检监察机关采取初步核实方式处置问题线索，应当制定工作方案，成立核查组，履行审批程序。被核查人为下一级党委（党组）主要负责人的，纪检监察机关应当报同级党委主要负责人批准。

100. 纪检监察机关初步核实的措施有哪些？

《监督执纪工作规则》第34条规定，核查组经批准可以采取必要措施收集证据，与相关人员谈话了解情况，要求相关组织作出说明，调取个人有关事项报告，查阅复制文件、账目、档案等资料，查核资产情况和有关信息，进行鉴定勘验。对被核查人及相关人员主动上交的财物，核查组应当予以暂扣。

需要采取技术调查或者限制出境等措施的，纪检监察机关应当严格履行审批手续，交有关机关执行。

需要注意的是，讯问、留置、冻结、搜查、查封、扣押、通缉措施，只有在立案后才可以采取，初步核实阶段不得采取。

101. 纪检监察机关初步核实工作结束后如何报告、处置及审批？

初步核实工作由核查组具体实施，在初步核实工作结束后，也由核查组撰写情况报告，并签名备查。《监督执纪工作规则》第35条规定，初步核实工作结束后，核查组应当撰写初步核实情况报告，列明被核查人基本情况、反映的主要问题、办理依据以及初步核实结果、存在疑点、处理建议，由核查组全体人员签名备查。

承办部门应当综合分析初步核实情况，按照拟立案审查调查、予以了结、谈话提醒、暂存待查，或者移送有关党组织处理等方式提出处置建议。

初步核实情况报告应当报纪检监察机关主要负责人审批，必要时向同级党委主要负责人报告。

五、立案审查调查

102. 纪检监察机关立案标准和立案条件是什么?

《监督执纪工作规则》第 37 条规定，纪检监察机关经过初步核实，对党员、干部以及监察对象涉嫌违纪或者职务违法、职务犯罪，需要追究纪律或者法律责任的，应当立案审查调查。

凡报请批准立案的，应当已经掌握部分违纪或者职务违法、职务犯罪事实和证据，具备进行审查调查的条件。

实践中，纪检监察机关对案情简单，经过初步核实已查清主要违反纪律或者职务违法、职务犯罪事实，需要追究纪律责任、法律责任，不需要再进一步开展审查调查工作的，立案和移送审理可以一并报批，履行立案程序后再移送审理。

103. 纪检监察机关立案报批程序是什么?

《监督执纪工作规则》第 38 条规定，对符合立案条件的，承办部门应当起草立案审查调查呈批报告，经纪检监察机关主要负责人审批，报同级党委主要负责人批准，予以立案审查调查。

立案审查调查决定应当向被审查调查人宣布，并向被审查调查人所在党委（党组）主要负责人通报。

具体工作中，对于党组织和党员需要追究纪律责任的，应当办理纪委立案审查手续；对于监察对象涉嫌职务违法、职务犯罪，需要追究法律责任的，应当办理监委立案调查手续。

104. 纪检监察机关派驻机构需要进行立案审查调查的，应当报谁审批？

《纪检监察机关派驻机构工作规则》第 38 条规定，派驻机构经过初步核实，需要进行立案审查调查的，应当报派驻机构主要负责人审批。其中，对驻在单位党组（党委）直接领导的党组织、党组（党委）管理的领导班子成员中的正职领导干部立案和副职领导干部涉嫌严重职务违法、职务犯罪立案的，应当报派出机关审批。

派驻机构在立案前应当征求驻在单位党组（党委）主要负责人意见，对于有不同意见的应当报派出机关决定。确因安全保密等特殊情况，经派出机关同意，也可以在立案后及时向驻在单位党组（党委）主要负责人通报。

105. 纪检监察机关主要负责人、相关负责人，监督检查、审查调查部门主要负责人，以及审查调查组组长审查调查权限如何划分？

纪检监察机关作出立案决定后，经纪检监察机关相关负责人批准，应当成立审查调查组，明确组长和调查组成员及组内分工。《监督执纪工作规则》第 39 条规定，对涉嫌严重违纪或者职务违法、职务犯罪人员立案审查调查，纪检监察机关主要负责人应当主持召开由纪检监察机关相关负责人参加的专题会议，研究批准审查调查方案。

纪检监察机关相关负责人批准成立审查调查组，确定审查调查谈话方案、外查方案，审批重要信息查询、涉案财物查扣等事项。

监督检查、审查调查部门主要负责人组织研究提出审查调查谈话方案、外查方案和处置意见建议，审批一般信息查询，对调查取证审核把关。

审查调查组组长应当严格执行审查调查方案，不得擅自更改；以书面形式报告审查调查进展情况，遇有重要事项及时请示。

106. 调查组的工作程序是什么？

根据《监察法实施条例》第 187 条的规定，调查组应当将调查认定的涉嫌违法犯罪事实形成书面材料，交给被调查人核对，听取其意见。被调查人应当在书面材料上签署意见。对被调查人签署不同意见或者拒不签署意见的，调查组应当作出说明或者注明情况。对被调查人提出申辩的事实、理由和证据应当进行核实，成立的予以采纳。

调查组对于立案调查的涉嫌行贿犯罪、介绍贿赂犯罪或者共同职务犯罪的涉案人员，在查明其涉嫌犯罪问题后，依照上述规定办理。对立案和移送审理一并报批的案件，应当在报批前履行上述规定的程序。

107. 纪检监察机关采取留置措施如何通知被审查调查人所在单位和家属并向社会公布？

留置是重要的调查措施。《监察法实施条例》规定对涉嫌严重职务违法或者职务犯罪的公职人员立案调查并采取留置措施的，应当按规定通知被调查人家属，并向社会公开发布。

《监督执纪工作规则》第 41 条规定，需要对被审查调查人采取留置措施的，应当依据监察法进行，在 24 小时内通知其所在单位和家属，并及时向社会公开发布。因可能毁灭、伪造证据，干扰证人作证或者串供等有碍调查情形而不宜通知或者公开的，应当按程序报批并记录在案。有碍调查的情形消失后，应当立即通知被留置人员所在单位和家属。因此，在通知被留置人员所在单位和家属后，应及时向社会公开发布主要对象被纪律审查、监察调查的消息。

108. 纪检监察机关开展审查调查相关工作要求是什么？

采取审查调查措施，直接关系到被审查调查人的权利，必须受到严格监督制约。《监督执纪工作规则》第42条规定，审查调查工作应当依照规定由2人以上进行，按照规定出示证件，出具书面通知。

109. 纪检监察机关如何向被审查调查人宣布立案决定和保障被审查调查人权益？

纪检监察机关应当向被审查调查人宣布立案决定以及保障被审查调查人权益。《监督执纪工作规则》第43条规定，立案审查调查方案批准后，应当由纪检监察机关相关负责人或者部门负责人与被审查调查人谈话，宣布立案决定，讲明党的政策和纪律，要求被审查调查人端正态度、配合审查调查。

审查调查应当充分听取被审查调查人陈述，保障其饮食、休息，提供医疗服务，确保安全。严格禁止使用违反党章党规党纪和国家法律的手段，严禁逼供、诱供、侮辱、打骂、虐待、体罚或者变相体罚。

110. 纪检监察机关怎样对被审查调查人开展思想政治工作？

纪检监察机关必须贯彻惩前毖后、治病救人的方针，把思想政治工作贯穿审查调查工作的始终。审查调查期间，对被审查调查人以同志相称，安排学习党章党规党纪以及相关法律法规，开展理想信念宗旨教育，通过深入细致的思想政治工作，促使其深刻反省、认识错误、交代问题，写出忏悔反思材料。

111. 纪检监察机关外查工作要求是什么？

外查工作是审查调查的重要方面，审查调查人员应当严格贯彻外查工作要求，按程序开展工作。《监督执纪工作规则》第45条规定，外查工作必须严格按照外查方案执行，不得随意扩大审查调查范围、变更审查调查对象和事项，重要事项应当及时请示报告。

外查工作期间，未经批准，监督执纪人员不得单独接触任何涉案人员及其特定关系人，不得擅自采取审查调查措施，不得从事与外查事项无关的活动。

112. 纪检监察机关取证工作要求有哪些？

纪检监察机关在审查调查案件过程中，调查取证是很重要的工作。《监督执纪工作规则》第46条规定，纪检监察机关应当严格依规依纪依法收集、鉴别证据，做到全面、客观，形成相互印证、完整稳定的证据链。

调查取证应当收集原物原件，逐件清点编号，现场登记，由在场人员签字盖章，原物不便搬运、保存或者取得原件确有困难的，可以将原物封存并拍照录像或者调取原件副本、复印件；谈话应当现场制作谈话笔录并由被谈话人阅看后签字。已调取证据必须及时交审查调查组统一保管。

严禁以威胁、引诱、欺骗以及其他违规违纪违法方式收集证据；严禁隐匿、损毁、篡改、伪造证据。

113. 纪检监察机关涉案财物查扣和保管有什么规定？

为了防止被审查调查人及相关人员转移、抽逃涉案财物，纪检监察机关在审查调查时可以采取查封、扣押（暂扣、封存）、冻结等措施进行证据的收集、固定工作。《监督执纪工作规则》第47条规定，查封、扣押（暂扣、封存）、冻结、移交涉案财物，应当严格履行审批手续。

执行查封、扣押（暂扣、封存）措施，监督执纪人员应当会同原财物持有人或者保管人、见证人，当面逐一拍照、登记、编号，现场填写登记表，由在场人员签名。对价值不明物品应当及时鉴定，专门封存保管。

纪检监察机关应当设立专用账户、专门场所，指定专门人员保管涉案财物，严格履行交接、调取手续，定期对账核实。严禁私自占有、处置涉案财物及其孳息。

114. 纪检监察机关对重要取证工作全过程录音录像要求是什么？

《监督执纪工作规则》第48条规定，对涉嫌严重违纪或者职务违法、职务犯罪问题的审查调查谈话、搜查、查封、扣押（暂扣、封存）涉案财物等重要取证工作应当全过程进行录音录像，并妥善保管，及时归档，案件监督管理部门定期核查。

上述规定明确要求全过程录音录像，既是从严要求的体现，也是规范执纪的体现。需要注意的是，全过程录音录像不局限于列明的措施，还包括其他重要取证工作，如与重要涉案人员的谈话、询问等。《监察法实施条例》第56条规定，开展讯问、搜查、查封、扣押以及重要的谈话、询问等调查取证工作，应当全程同步录音录像，并保持录音录像资料的完整性。录音录像资料应当妥善保管、及时归档，留存备查。

115. 纪检监察机关审查调查谈话场所及相关要求是什么？

《监督执纪工作规则》第49条规定，对涉嫌严重违纪或者职务违法、职务犯罪问题的审查调查，监督执纪人员未经批准并办理相关手续，不得将被审查调查人或者其他重要的谈话、询问对象带离规定的谈话场所，不得在未配置监控设备的场所进行审查调查谈话或者其他重要的谈话、询问，不得在谈话期间关闭录音录像设备。

116. 纪检监察机关监督检查、审查调查部门主要负责人、分管领导以及相关负责人如何对审查调查全过程进行监督？

《监督执纪工作规则》第50条规定，监督检查、审查调查部门主要负责人、分管领导应当定期检查审查调查期间的录音录像、谈话笔录、涉案财物登记资料，发现问题及时纠正并报告。纪检监察机关相关负责人应当通过调取录音录像等方式，加强对审查调查全过程的监督。

《监察法实施条例》第261条也规定，监察机关及其监督检查、调查部门负责人应当定期检查调查期间的录音录像、谈话笔录、涉案财物登记资料，加强对调查全过程的监督，发现问题及时纠正并报告。

117. 纪检监察机关审查调查过程中形成的事实材料和审查调查结束后形成的审查调查报告有哪些要求？

关于事实材料与被调查人见面、审查调查报告等内容，《中国共产党纪律检查机关案件检查工作条例》《监督执纪工作规则》《监察法实施条例》中均有相关规定。其中，《监督执纪工作规则》第51条规定，查明涉嫌违纪或者职务违法、职务犯罪问题后，审查调查组应当撰写事实材料，与被审查调查人见面，听取意见。被审查调查人应当在事实材料上签署意见，对签署不同意见或者拒不签署意见的，审查调查组应当作出说明或者注明情况。

审查调查工作结束，审查调查组应当集体讨论，形成审查调查报告，列明被审查调查人基本情况、问题线索来源及审查调查依据、审查调查过程，主要违纪或者职务违法、职务犯罪事实，被审查调查人的态度和认识，处理建议及党纪法律依据，并由审查调查组组长以及有关人员签名。

对审查调查过程中发现的重要问题和意见建议，应当形成专题报告。

118. 纪检监察机关审查调查结束后如何移送审理和归档？

案件审查调查结束后，将审查调查报告及相关材料移送案件审理部门，是审查调查部门的一项重要职责。《监督执纪工作规则》第 52 条规定，审查调查报告以及忏悔反思材料，违纪或者职务违法、职务犯罪事实材料，涉案财物报告等，应当按程序报纪检监察机关主要负责人批准，连同全部证据和程序材料，依照规定移送审理。审查调查全过程形成的材料应当案结卷成、事毕归档。

同时，《监察法实施条例》规定，对涉嫌职务犯罪的案件材料应当按照刑事诉讼要求单独立卷，与《起诉建议书》、涉案财物报告、同步录音录像资料及其自查报告等材料一并移送审理。

119. 起诉建议书和调查材料应当包括哪些内容？

《监察法实施条例》第 189 条规定，调查组对被调查人涉嫌职务犯罪拟依法移送人民检察院审查起诉的，应当起草《起诉建议书》。《起诉建议书》应当载明被调查人基本情况，调查简况，认罪认罚情况，采取留置措施的时间，涉嫌职务犯罪事实以及证据，对被调查人从重、从轻、减轻或者免除处罚等情节，提出对被调查人移送起诉的理由和法律依据，采取强制措施的建议，并注明移送案卷数及涉案财物等内容。

调查组应当形成被调查人到案经过及量刑情节方面的材料，包括案件来源、到案经过，自动投案、如实供述、立功等量刑情节，认罪悔罪态度、退赃、避免和减少损害结果发生等方面的情况说明及相关材料。被检举揭发的问题已被立案、查破，被检举揭发人已被采取调查措施或者刑事强制措施、起诉或者审判的，还应当附有关法律文书。

六、审理处置

120. 纪检监察机关审理工作的要求是什么？

《监督执纪工作规则》第53条规定，纪检监察机关应当对涉嫌违纪或者违法、犯罪案件严格依规依纪依法审核把关，提出纪律处理或者处分的意见，做到事实清楚、证据确凿、定性准确、处理恰当、手续完备、程序合规。纪律处理或者处分必须坚持民主集中制原则，集体讨论决定，不允许任何个人或者少数人决定和批准。

其中，“纪律处理”是指根据《中国共产党纪律处分条例》第9条，对于严重违犯党的纪律、本身又不能纠正的党组织，上一级党的委员会在查明核实后，根据情节严重的程度，可以予以改组或解散；“处分”包括纪律处分和政务处分。

121. 纪检监察机关为什么要坚持审查调查与审理相分离的原则？

《监督执纪工作规则》第54条规定，坚持审查调查与审理相分离的原则，审查调查人员不得参与审理。纪检监察机关案件审理部门对涉嫌违纪或者职务违法、职务犯罪问题，依照规定应当给予纪律处理或者处分的案件和复议复查案件进行审核处理。审理工作是对审查调查工作审核把关的重要环节，坚持审查调查与审理相分离的原则，可以使参加审理人员秉公执纪，客观公正地审核案件，增强案件审理的权威性。

122. 纪检监察机关案件审理工作的程序和时限是什么?

《监督执纪工作规则》第 55 条规定，审理工作按照以下程序进行：

（1）案件审理部门收到审查调查报告后，经审核符合移送条件的予以受理，不符合移送条件的可以暂缓受理或者不予受理。

（2）对于重大、复杂、疑难案件，监督检查、审查调查部门已查清主要违纪或者职务违法、职务犯罪事实并提出倾向性意见的；对涉嫌违纪或者职务违法、职务犯罪行为性质认定分歧较大的，经批准案件审理部门可以提前介入。

（3）案件审理部门受理案件后，应当成立由两人以上组成的审理组，全面审理案卷材料，提出审理意见。

（4）坚持集体审议原则，在民主讨论基础上形成处理意见；对争议较大的应当及时报告，形成一致意见后再作出决定。案件审理部门根据案件审理情况，应当与被审查调查人谈话，核对违纪或者职务违法、职务犯罪事实，听取辩解意见，了解有关情况。

（5）对主要事实不清、证据不足的，经纪检监察机关主要负责人批准，退回监督检查、审查调查部门重新审查调查；需要补充完善证据的，经纪检监察机关相关负责人批准，退回监督检查、审查调查部门补充审查调查。

（6）审理工作结束后应当形成审理报告，内容包括被审查调查人基本情况、审查调查简况、违纪违法或者职务犯罪事实、涉案财物处置、监督检查或者审查调查部门意见、审理意见等。审理报告应当体现党内审查特色，依据《中国共产党纪律处分条例》认定违纪事实性质，分析被审查调查人违反党章、背离党的性质宗旨的错误本质，反映其态度、认识以及思想转变过程。涉嫌职务犯罪需要追究刑事责任的，还应当形成《起诉意见书》，作为审理报告附件。

对给予同级党委委员、候补委员，同级纪委委员、监委委员处分的，在同级党委审议前，应当与上级纪委监委沟通并形成处理意见。

审理工作应当在受理之日起 1 个月内完成，重大复杂案件经批准可以适当延长。

123. 案件审理部门在哪些情形下可以与被调查人谈话？

《监察法实施条例》第 195 条规定，案件审理部门根据案件审理情况，经审批可以与被调查人谈话，告知其在审理阶段的权利义务，核对涉嫌违法犯罪事实，听取其辩解意见，了解有关情况。与被调查人谈话时，案件审理人员不得少于 2 人。

具有下列情形之一的，一般应当与被调查人谈话：（1）对被调查人采取留置措施，拟移送起诉的；（2）可能存在以非法方法收集证据情形的；（3）被调查人对涉嫌违法犯罪事实材料签署不同意见或者拒不签署意见的；（4）被调查人要求向案件审理人员当面陈述的；（5）其他有必要与被调查人进行谈话的情形。

124. 哪些情形下案件审理部门可以将案件退回承办部门重新调查？程序是什么？

《监察法实施条例》第 196 条规定，经审理认为主要违法犯罪事实不清、证据不足的，应当经审批将案件退回承办部门重新调查。有下列情形之一，需要补充完善证据的，经审批可以退回补充调查：（1）部分事实不清、证据不足的；（2）遗漏违法犯罪事实的；（3）其他需要进一步查清案件事实的情形。

案件审理部门将案件退回重新调查或者补充调查的，应当出具审核意见，写明调查事项、理由、调查方向、需要补充收集的证据及其证明作用等，连同案卷材料一并送交承办部门。

承办部门补充调查结束后，应当经审批将补证情况报告及相关证据材料，连同案卷材料一并移送案件审理部门；对确实无法查明的事项或者无法补充的证据，应当作出书面说明。重新调查终结后，应当重新形成调查报告，依法移送审理。

重新调查完毕移送审理的，审理期限重新计算。补充调查期间不计入审理期限。

125. 纪检监察机关如何审议审理报告和下达处分决定?

审议批准程序是整个案件查处过程的关键环节和必经程序。《监督执纪工作规则》第 56 条规定，审理报告报经纪检监察机关主要负责人批准后，提请纪委常委会会议审议。需报同级党委审批的，应当在报批前以纪检监察机关办公厅（室）名义征求同级党委组织部门和被审查调查人所在党委（党组）意见。

处分决定作出后，纪检监察机关应当通知受处分党员所在党委（党组），抄送同级党委组织部门，并依照规定在 1 个月内向其所在党的基层组织中的全体党员以及本人宣布。处分决定执行情况应当及时报告。

126. 移送审查起诉后对审查调查部门有哪些工作要求?

纪检监察机关的一项重要职责是将涉嫌职务犯罪的案件移送人民检察院依法审查、提起公诉。《监督执纪工作规则》第 57 条规定，被审查调查人涉嫌职务犯罪的，应当由案件监督管理部门协调办理移送司法机关事宜。对于采取留置措施的案件，在人民检察院对犯罪嫌疑人先行拘留后，留置措施自动解除。

案件移送司法机关后，审查调查部门应当跟踪了解处理情况，发现问题及时报告，不得违规过问、干预处理工作。

审理工作完成后，对涉及的其他问题线索，经批准应当及时移送有关纪检监察机关处置。

127. 监察机关根据监督、调查结果可以作出哪些处置?

《监察法》第 45 条规定，监察机关根据监督、调查结果，依法作出如下处置：

（1）对有职务违法行为但情节较轻的公职人员，按照管理权限，直接或者委托有关机关、人员，进行谈话提醒、批评教育、责令检查，或者予以诫勉。

（2）对违法的公职人员依照法定程序作出警告、记过、记大过、降级、撤职、开除等政务处分决定。

（3）对不履行或者不正确履行职责负有责任的领导人员，按照管理权限对其直接作出问责决定，或者向有权作出问责决定的机关提出问责建议。

（4）对涉嫌职务犯罪的，监察机关经调查认为犯罪事实清楚，证据确实、充分的，制作起诉意见书，连同案卷材料、证据一并移送人民检察院依法审查、提起公诉。

（5）对监察对象所在单位廉政建设和履行职责存在的问题等提出监察建议。

监察机关经调查，对没有证据证明被调查人存在违法犯罪行为的，应当撤销案件，并通知被调查人所在单位。

128. 对于各级纪委立案审查的党员，需要给予党纪处分的，按什么流程办理?

《中国共产党处分违纪党员批准权限和程序规定》第 13 条规

定，对于各级纪委立案审查的党员，需要给予党纪处分的，除特殊情况外，一般由负责审查的纪委经审理后形成关于违纪事实和处分意见的通报材料，经下一级党组织交由被审查人所在党支部党员大会讨论形成决议，并由该下一级党组织报负责审查的纪委履行处分审批程序。被审查人所在党支部系负责审查的纪委下一级党组织的，由负责审查的纪委将关于违纪事实和处分意见的通报材料交由该党支部党员大会讨论形成决议后履行处分审批程序。

对各级纪委监委派出的纪检监察工作委员会（含纪律检查工作委员会，下同）以及未设立纪委的党的基层委员会审查的党员给予党纪处分的，参照前述规定履行处分审批程序。

被审查人所在党支部党员大会讨论给予其党纪处分时，实际到会有表决权的党员人数必须超过全部应到会有表决权的党员的半数，且表决时必须经过全部应到会有表决权的党员过半数赞成，方可形成决议；被审查人有权参加和进行申辩。被审查人应当在党支部党员大会决议上签写意见；拒不签写意见或者因其他原因不能签写意见的，支部委员会（含未设支部委员会的支部书记）应当在决议上注明。

处分决定所依据的事实材料必须同被审查人本人见面，听取其陈述和申辩，并如实记录、及时核实，合理的予以采纳；不予采纳的，应当说明理由。该事实材料应当由被审查人签写意见，对签写不同意见或者拒不签写意见的，应当作出说明或者注明情况。

129. 在哪些特殊情况下，县级以上各级党委和纪委可以直接决定给予违纪党员党纪处分？

《中国共产党处分违纪党员批准权限和程序规定》第 14 条第 1 款规定，有下列特殊情况之一，县级以上各级党委和纪委可以直接决定给予违纪党员党纪处分：

（1）案情涉密、敏感的。

（2）违纪案件跨地区跨部门跨单位的。

（3）违纪党员系县级以上各级党委管理的党员干部的。

（4）违纪党员所在的基层党组织无法正常履行职责、不正确履行职责或者其负责人同违纪问题有关联的。

（5）违纪党员所在党支部党员大会经讨论无法及时形成决议，或者因可到会有表决权的党员人数未超过全部应到会有表决权的党员半数，不能及时召开党支部党员大会讨论表决的。

（6）县级以上纪委提级审查下级党委（党组）管理的党员的。

（7）党章和有关党内法规规定的其他情况。

130. 政务处分的程序是什么？

根据《公职人员政务处分法》的规定，政务处分的程序是：

（1）依法调查核实。监察机关对涉嫌违法的公职人员进行调查，应当由2名以上工作人员进行。监察机关进行调查时，有权依法向有关单位和个人了解情况，收集、调取证据。有关单位和个人应当如实提供情况。严禁以威胁、引诱、欺骗及其他非法方式收集证据。以非法方式收集的证据不得作为给予政务处分的依据。

（2）暂停履行职务及配合调查义务。公职人员涉嫌违法，已经被立案调查，不宜继续履行职责的，公职人员任免机关、单位可以决定暂停其履行职务。公职人员在被立案调查期间，未经监察机关同意，不得出境、辞去公职；被调查公职人员所在机关、单位及上级机关、单位不得对其交流、晋升、奖励、处分或者办理退休手续。

（3）违法事实及处分依据告知。作出政务处分决定前，监察机关应当将调查认定的违法事实及拟给予政务处分的依据告知被调查人，听取被调查人的陈述和申辩，并对其陈述的事实、理由和证据进行核实，记录在案。被调查人提出的事实、理由和证据成立的，应予采纳。不得因被调查人的申辩而加重政务处分。

（4）区别情况作出处理。调查终结后，监察机关应当根据下列不同情况，分别作出处理：①确有应受政务处分的违法行为的，根据情节轻重，按照政务处分决定权限，履行规定的审批手续后，作出政务处分决定；②违法事实不能成立的，撤销案件；③符合免予、不予政务处分条件的，作出免予、不予政务处分决定；④被调查人涉嫌其他违法或者犯罪行为的，依法移送主管机关处理。

（5）先予职务调整后作出政务处分决定。监察机关对经各级人民代表大会、县级以上各级人民代表大会常务委员会选举或者决定任命的公职人员予以撤职、开除的，应当先依法罢免、撤销或者免去其职务，再依法作出政务处分决定。监察机关对经中国人民政治协商会议各级委员会全体会议或者其常务委员会选举或者决定任命的公职人员予以撤职、开除的，应当先依章程免去其职务，再依法作出政务处分决定。

（6）按管理权限作出政务处分决定。下级监察机关根据上级监察机关的指定管辖决定进行调查的案件，调查终结后，对不属于本监察机关管辖范围内的监察对象，应当交有管理权限的监察机关依法作出政务处分决定。

（7）制作政务处分决定书。决定给予政务处分的，应当制作政务处分决定书。政务处分决定书应当载明下列事项：①被处分人的姓名、工作单位和职务；②违法事实和证据；③政务处分的种类和依据；④不服政务处分决定，申请复审、复核的途径和期限；⑤作出政务处分决定的机关名称和日期。政务处分决定书应当盖有作出决定的监察机关的印章。

（8）政务处分决定书送达、宣布及通报。政务处分决定书应当及时送达被处分人和被处分人所在机关、单位，并在一定范围内宣布。作出政务处分决定后，监察机关应当根据被处分人的具体身份书面告知相关的机关、单位。监察机关对各级人民代表大会代表、中国人民政治协商会议各级委员会委员给予政务处分的，应当向有关的人民代表大会常务委员会，乡、民族乡、镇的人民代表大会主席团或者中国人民政治协商会议委员会常务委员会通报。

131. 在哪些情形下应当对党组织、党的领导干部进行问责？

全面从严治党，“严字当头”的主基调必须坚持。解决问责不力问题，需要压实政治责任、完善问责情形，体现有权必有责、有责要担当、失责要追究。《中国共产党问责条例》（以下简称《问责条例》）第7条规定，党组织、党的领导干部违反党章和其他党内法规，不履行或者不正确履行职责，有下列情形之一，应当予以问责：

（1）党的领导弱化，“四个意识”不强，“两个维护”不力，党的基本理论、基本路线、基本方略没有得到有效贯彻执行，在贯彻新发展理念，推进经济建设、政治建设、文化建设、社会建设、生态文明建设中，出现重大偏差和失误，给党的事业和人民利益造成严重损失，产生恶劣影响的。

（2）党的政治建设抓得不实，在重大原则问题上未能同党中央保持一致，贯彻落实党的路线方针政策和执行党中央重大决策部署不力，不遵守重大事项请示报告制度，有令不行、有禁不止，阳奉阴违、欺上瞒下，团团伙伙、拉帮结派问题突出，党内政治生活不严肃不健康，党的政治建设工作责任制落实不到位，造成严重后果或者恶劣影响的。

（3）党的思想建设缺失，党性教育特别是理想信念宗旨教育流于形式，意识形态工作责任制落实不到位，造成严重后果或者恶劣影响的。

（4）党的组织建设薄弱，党建工作责任制不落实，严重违反民主集中制原则，不执行领导班子议事决策规则，民主生活会、“三会一课”等党的组织生活制度不执行，领导干部报告个人有关事项制度执行不力，党组织软弱涣散，违规选拔任用干部等问题突出，造成恶劣影响的。

（5）党的作风建设松懈，落实中央八项规定及其实施细则精神不力，“四风”问题得不到有效整治，形式主义、官僚主义问题突出，执行党中央决策部署表态多调门高、行动少落实差，脱离实际、脱离群众，拖沓敷衍、推诿扯皮，造成严重后果的。

（6）党的纪律建设抓得不严，维护党的政治纪律、组织纪律、廉洁纪律、群众纪律、工作纪律、生活纪律不力，导致违规违纪行为多发，造成恶劣影响的。

（7）推进党风廉政建设和反腐败斗争不坚决、不扎实，削减存量、遏制增量不力，特别是对不收敛、不收手，问题线索反映集中、群众反映强烈，政治问题和经济问题交织的腐败案件放任不管，造成恶劣影响的。

（8）全面从严治党主体责任、监督责任落实不到位，对公权力的监督制约不力，好人主义盛行，不负责不担当，党内监督乏力，该发现的问题没有发现，发现问题不报告不处置，领导巡视巡察工作不力，落实巡视巡察整改要求走过场、不到位，该问责不问责，造成严重后果的。

（9）履行管理、监督职责不力，职责范围内发生重特大生产安全事故、群体性事件、公共安全事件，或者发生其他严重事故、事件，造成重大损失或者恶劣影响的。

(10) 在教育医疗、生态环境保护、食品药品安全、扶贫脱贫、社会保障等涉及人民群众最关心最直接最现实的利益问题上不作为、乱作为、慢作为、假作为，损害和侵占群众利益问题得不到整治，以言代法、以权压法、徇私枉法问题突出，群众身边腐败和作风问题严重，造成恶劣影响的。

(11) 其他应当问责的失职失责情形。

132. 如何启动问责调查程序?

根据《问责条例》第9条，发现有问责情形，需要进行问责调查的，有管理权限的党委（党组)、纪委、党的工作机关应当经主要负责人审批，及时启动问责调查程序。其中，纪委、党的工作机关对同级党委直接领导的党组织及其主要负责人启动问责调查，应当报同级党委主要负责人批准。

应当启动问责调查未及时启动的，上级党组织应当责令有管理权限的党组织启动。根据问题性质或者工作需要，上级党组织可以直接启动问责调查，也可以指定其他党组织启动。

对被立案审查的党组织、党的领导干部问责的，不再另行启动问责调查程序。

133. 如何进行问责调查、精准提出问责处理意见?

根据《问责条例》第10条，启动问责调查后，应当组成调查组，依规依纪依法开展调查，查明党组织、党的领导干部失职失责问题，综合考虑主客观因素，正确区分贯彻执行党中央或者上级决策部署过程中出现的执行不当、执行不力、不执行等不同情况，精准提出处理意见，做到事实清楚、证据确凿、依据充分、责任分明、程序合规、处理恰当，防止问责不力或者问责泛化、简单化。

134. 问责决定由谁作出?

《问责条例》第12条规定，问责决定应当由有管理权限的党组织作出。

对同级党委直接领导的党组织，纪委和党的工作机关报经同级党委或者其主要负责人批准，可以采取检查、通报方式进行问责。采取改组方式问责的，按照党章和有关党内法规规定的权限、程序执行。

对同级党委管理的领导干部，纪委和党的工作机关报经同级党委或者其主要负责人批准，可以采取通报、诫勉方式进行问责；提出组织调整或者组织处理的建议。采取纪律处分方式问责的，按照党章和有关党内法规规定的权限、程序执行。

135. 问责决定作出后如何督促执行?

《问责条例》第13条规定，问责决定作出后，应当及时向被问责党组织、被问责领导干部及其所在党组织宣布并督促执行。有关问责情况应当向纪委和组织部门通报，纪委应当将问责决定材料归入被问责领导干部廉政档案，组织部门应当将问责决定材料归入被问责领导干部的人事档案，并报上一级组织部门备案；涉及组织调整或者组织处理的，相应手续应当在1个月内办理完毕。

被问责领导干部应当向作出问责决定的党组织写出书面检讨，并在民主生活会、组织生活会或者党的其他会议上作出深刻检查。建立健全问责典型问题通报曝光制度，采取组织调整或者组织处理、纪律处分方式问责的，应当以适当方式公开。

136. 监察建议书一般包括哪些内容?

《监察法实施条例》第205条规定，监察机关依法向监察对象所在单位提出监察建议的，应当经审批制作监察建议书。

监察建议书一般应当包括下列内容：

（1）监督调查情况。

（2）调查中发现的主要问题及其产生的原因。

（3）整改建议、要求和期限。

（4）向监察机关反馈整改情况的要求。

137. 监察机关撤销案件的程序是什么?

《监察法实施条例》第206条规定，监察机关经调查，对没有证据证明或者现有证据不足以证明被调查人存在违法犯罪行为的，应当依法撤销案件。省级以下监察机关撤销案件后，应当在7个工作日以内向上一级监察机关报送备案报告。上一级监察机关监督检查部门负责备案工作。

省级以下监察机关拟撤销上级监察机关指定管辖或者交办案件的，应当将《撤销案件意见书》连同案卷材料，在法定调查期限到期7个工作日前报指定管辖或者交办案件的监察机关审查。对于重大、复杂案件，在法定调查期限到期10个工作日前报指定管辖或者交办案件的监察机关审查。

指定管辖或者交办案件的监察机关由监督检查部门负责审查工作。指定管辖或者交办案件的监察机关同意撤销案件的，下级监察机关应当作出撤销案件决定，制作《撤销案件决定书》；指定管辖或者交办案件的监察机关不同意撤销案件的，下级监察机关应当执行该决定。

监察机关对于撤销案件的决定应当向被调查人宣布，由其在《撤销案件决定书》上签名、捺指印，立即解除留置措施，并通知其所在机关、单位。

撤销案件后又发现重要事实或者有充分证据，认为被调查人有违法犯罪事实需要追究法律责任的，应当重新立案调查。

138. 纪检监察机关如何处理被审查调查人涉案财物？

许多被审查调查人有违规违纪违法取得财物的情况，对此，纪检监察机关可以依规依纪依法予以没收、追缴或者责令退赔。《中国共产党纪律处分条例》第 43 条第 1 款规定，对于违纪行为所获得的经济利益，应当收缴或者责令退赔。《监察法》第 46 条规定，监察机关经调查，对违法取得的财物，依法予以没收、追缴或者责令退赔。《监督执纪工作规则》第 58 条规定，对被审查调查人违规违纪违法所得财物，应当依规依纪依法予以收缴、责令退赔或者登记上交。对涉嫌职务犯罪所得财物，应当随案移送司法机关。对经认定不属于违规违纪违法所得的，应当在案件审结后依规依纪依法予以返还，并办理签收手续。

139. 纪检监察机关对党员不服处分决定的申诉的办理工作程序是什么？

党员有党内申诉权。《中国共产党党员权利保障条例》第 18 条规定，对于党组织给予本人的处理、处分或者作出的鉴定、审查结论不服的，有权按照规定程序逐级向本人所在党组织、上级党组织直至中央提出申诉。《监督执纪工作规则》第 59 条对党员不服处分决定的申诉的办理工作程序作出了规定："对不服处分决定的申诉，由批准或者决定处分的党委（党组）或者纪检监察机关受理；需要复议复查的，由纪检监察机关相关负责人批准后受理。申诉办理部门成立复查组，调阅原案案卷，必要时可以进行取证，经集体研究后，提出办理意见，报纪检监察机关相关负责人批准或者纪委常委会会议研究决定，作出复议复查决定。决定应当告知申诉人，抄送相关单位，并在一定范围内宣布。坚持复议复查与审查审理分离，原案审查、审理人员不得参与复议复查。复议复查工作应当在3个月内办结。”

此外，《监察法》和《监察法实施条例》也规定了监察对象对政务处分不服提出申请复审复核的办理程序。其中，《监察法》第49条规定，监察对象对监察机关作出的涉及本人的处理决定不服的，可以在收到处理决定之日起1个月内，向作出决定的监察机关申请复审，复审机关应当在1个月内作出复审决定；监察对象对复审决定仍不服的，可以在收到复审决定之日起1个月内，向上一级监察机关申请复核，复核机关应当在2个月内作出复核决定。复审、复核期间，不停止原处理决定的执行。复核机关经审查，认定处理决定有错误的，原处理机关应当及时予以纠正。

140. 纪检监察机关派驻机构负责受理和处置哪些申诉或者复审申请?

《纪检监察机关派驻机构工作规则》第31条规定，派驻机构负责受理和处置以下申诉或者复审申请：

（1）党组织和党员对派驻机构所作处理决定不服的申诉。

（2）监察对象对派驻机构所作处理决定不服的复审申请。

（3）被调查人及其近亲属对派驻机构及其工作人员侵害被调查人合法权益行为的申诉。

对于派驻机构立案审查调查后由驻在单位作出处理决定案件的申诉或者复核申请，派驻机构应当协助驻在单位做好有关处置工作。

七、移送审查起诉

141. 哪些案件可以在党纪处分决定作出前先移送司法机关依法处理?

《中国共产党处分违纪党员批准权限和程序规定》第 17 条规定，给予违纪党员党纪处分，依照本规定应当由党委审批的，须经本级纪委常委会（未设常委会的应当召开纪委全体会议，下同）审议通过后于 15 日内报请这一级党委审议；依照本规定应当由上级党组织审批的，还须经同级党委审议同意后，按照程序于 15 日内呈报上一级纪委审查批准；党委应当及时审议处分事项，对处分意见分歧较大且确有必要的，也可以先通过召开书记专题会议等形式进行酝酿。

党员严重违纪涉嫌犯罪的，原则上先作出党纪处分决定，再移送司法机关依法处理。案情疑难、复杂，对事实证据、行为性质的认定把握困难或者有重大争议，可能影响党纪处理结果的，或者因留置期限即将届满等原因急需移送司法机关依法处理的，负责审查的纪委监委经本级纪委常委会审议同意后，可以先行移送司法机关，并及时报上一级纪委监委备案；其中给予其党纪处分须报请同级党委或者上级党组织审批的，应当在移送司法机关之日起 15 日内报请同级党委审议，至迟不晚于司法机关决定提起公诉或者作出不起诉决定前。

给予地方党委委员、候补委员和地方纪委委员、监委委员党纪处分，依照本规定须呈报上级党组织审批的，在报请同级党委审议前，有监督执纪权限的纪委常委会审议通过后，应当于3日内形成书面情况报告与上级纪委沟通；上级纪委应当基于该书面情况报告载明的违纪事实和处分意见进行审核，并及时反馈处理意见。上级纪委受理该案件后，应当认真审核，不受此前已反馈处理意见的限制。

142. 监察机关在将案件移送人民检察院时可以提出从宽处罚建议的情形有哪些？

《监察法》第31条规定，涉嫌职务犯罪的被调查人主动认罪认罚，有下列情形之一的，监察机关经领导人员集体研究，并报上一级监察机关批准，可以在移送人民检察院时提出从宽处罚的建议：（1）自动投案，真诚悔罪悔过的；（2）积极配合调查工作，如实供述监察机关还未掌握的违法犯罪行为的；（3）积极退赃，减少损失的；（4）具有重大立功表现或者案件涉及国家重大利益等情形的。

第32条规定，职务违法犯罪的涉案人员揭发有关被调查人职务违法犯罪行为，查证属实的，或者提供重要线索，有助于调查其他案件的，监察机关经领导人员集体研究，并报上一级监察机关批准，可以在移送人民检察院时提出从宽处罚的建议。

《监察法实施条例》第219条进一步规定，从宽处罚建议一般应当在移送起诉时作为《起诉意见书》内容一并提出，特殊情况下也可以在案件移送后、人民检察院提起公诉前，单独形成从宽处罚建议书移送人民检察院。对于从宽处罚建议所依据的证据材料，应当一并移送人民检察院。监察机关对于被调查人在调查阶段认罪认罚，但不符合提出从宽处罚建议条件，在移送起诉时没有提出从宽处罚建议的，应当在《起诉意见书》中写明其自愿认罪认罚的情况。

143. 哪些情形可以认定为自动投案，真诚悔罪悔过？

根据《监察法实施条例》第214条的规定，涉嫌职务犯罪的被调查人有下列情形之一，如实交代自己主要犯罪事实的，可以认定为自动投案，真诚悔罪悔过：

（1）职务犯罪问题未被监察机关掌握，向监察机关投案的。

（2）在监察机关谈话、函询过程中，如实交代监察机关未掌握的涉嫌职务犯罪问题的。

（3）在初步核实阶段，尚未受到监察机关谈话时投案的。

（4）职务犯罪问题虽被监察机关立案，但尚未受到讯问或者采取留置措施，向监察机关投案的。

（5）因伤病等客观原因无法前往投案，先委托他人代为表达投案意愿，或者以书信、网络、电话、传真等方式表达投案意愿，后到监察机关接受处理的。

（6）涉嫌职务犯罪潜逃后又投案，包括在被通缉、抓捕过程中投案的。

（7）经查实确已准备去投案，或者正在投案途中被有关机关抓获的。

（8）经他人规劝或者在他人陪同下投案的。

（9）虽未向监察机关投案，但向其所在党组织、单位或者有关负责人员投案，向有关巡视巡察机构投案，以及向公安机关、人民检察院、人民法院投案的。

（10）具有其他应当视为自动投案的情形的。

需要注意的是，被调查人自动投案后不能如实交代自己的主要犯罪事实，或者自动投案并如实供述自己的罪行后又翻供的，不能适用上述规定。

144. 哪些情形可以认定为积极配合调查工作，如实供述监察机关还未掌握的违法犯罪行为?

根据《监察法实施条例》第215条的规定，涉嫌职务犯罪的被调查人有下列情形之一的，可以认定为积极配合调查工作，如实供述监察机关还未掌握的违法犯罪行为：

（1）监察机关所掌握线索针对的犯罪事实不成立，在此范围外被调查人主动交代其他罪行的。

（2）主动交代监察机关尚未掌握的犯罪事实，与监察机关已掌握的犯罪事实属不同种罪行的。

（3）主动交代监察机关尚未掌握的犯罪事实，与监察机关已掌握的犯罪事实属同种罪行的。

（4）监察机关掌握的证据不充分，被调查人如实交代有助于收集定案证据的。

上述所称同种罪行和不同种罪行，一般以罪名区分。被调查人如实供述其他罪行的罪名与监察机关已掌握犯罪的罪名不同，但属选择性罪名或者在法律、事实上密切关联的，应当认定为同种罪行。

145. 哪些情形可以认定为积极退赃，减少损失?

根据《监察法实施条例》第216条的规定，涉嫌职务犯罪的被调查人有下列情形之一的，可以认定为积极退赃，减少损失：

（1）全额退赃的。

（2）退赃能力不足，但被调查人及其亲友在监察机关追缴赃款赃物过程中积极配合，且大部分已追缴到位的。

（3）犯罪后主动采取措施避免损失发生，或者积极采取有效措施减少、挽回大部分损失的。

146. 哪些情形可以认定为具有重大立功表现？

根据《监察法实施条例》第 217 条的规定，涉嫌职务犯罪的被调查人有下列情形之一的，可以认定为具有重大立功表现：

（1）检举揭发他人重大犯罪行为且经查证属实的。

（2）提供其他重大案件的重要线索且经查证属实的。

（3）阻止他人重大犯罪活动的。

（4）协助抓捕其他重大职务犯罪案件被调查人、重大犯罪嫌疑人（包括同案犯）的。

（5）为国家挽回重大损失等对国家和社会有其他重大贡献的。

上述所称重大犯罪一般是指依法可能被判处无期徒刑以上刑罚的犯罪行为；重大案件一般是指在本省、自治区、直辖市或者全国范围内有较大影响的案件；查证属实一般是指有关案件已被监察机关或者司法机关立案调查、侦查，被调查人、犯罪嫌疑人被监察机关采取留置措施或者被司法机关采取强制措施，或者被告人被人民法院作出有罪判决，并结合案件事实、证据进行判断。

147. 哪些情形可以认定为揭发有关被调查人职务违法犯罪行为，查证属实或者提供重要线索，有助于调查其他案件？

根据《监察法实施条例》第 218 条的规定，涉嫌行贿等犯罪的涉案人员有下列情形之一的，可以认定为揭发有关被调查人职务违法犯罪行为，查证属实或者提供重要线索，有助于调查其他案件：

（1）揭发所涉案件以外的被调查人职务犯罪行为，经查证属实的。

（2）提供的重要线索指向具体的职务犯罪事实，对调查其他案件起到实质性推动作用的。

（3）提供的重要线索有助于加快其他案件办理进度，或者对其他案件固定关键证据、挽回损失、追逃追赃等起到积极作用的。

148. 监察机关对于人民检察院在审查起诉中书面提出的哪些要求应当予以配合？

《监察法实施条例》第 225 条规定，监察机关对于人民检察院在审查起诉中书面提出的下列要求应当予以配合：

（1）认为可能存在以非法方法收集证据情形，要求监察机关对证据收集的合法性作出说明或者提供相关证明材料的。

（2）排除非法证据后，要求监察机关另行指派调查人员重新取证的。

（3）对物证、书证、视听资料、电子数据及勘验检查、辨认、调查实验等笔录存在疑问，要求调查人员提供获取、制作的有关情况的。

（4）要求监察机关对案件中某些专门性问题进行鉴定，或者对勘验检查进行复验、复查的。

（5）认为主要犯罪事实已经查清，仍有部分证据需要补充完善，要求监察机关补充提供证据的。

（6）人民检察院依法提出的其他工作要求。

149. 监察机关对于人民检察院退回补充调查的案件怎样处理？

监察机关对于人民检察院依法退回补充调查的案件，应当向主要负责人报告，并积极开展补充调查工作。《监察法实施条例》第

227条规定，对人民检察院退回补充调查的案件，经审批分别作出下列处理：

（1）认定犯罪事实的证据不够充分的，应当在补充证据后，制作补充调查报告书，连同相关材料一并移送人民检察院审查，对无法补充完善的证据，应当作出书面情况说明，并加盖监察机关或者承办部门公章。

（2）在补充调查中发现新的同案犯或者增加、变更犯罪事实，需要追究刑事责任的，应当重新提出处理意见，移送人民检察院审查。

（3）犯罪事实的认定出现重大变化，认为不应当追究被调查人刑事责任的，应当重新提出处理意见，将处理结果书面通知人民检察院并说明理由。

（4）认为移送起诉的犯罪事实清楚，证据确实、充分的，应当说明理由，移送人民检察院依法审查。

八、反腐败国际合作

150. 国家监察委员会组织协调开展反腐败国际合作具体履行哪些职责?

党中央高度重视反腐败国际合作。党的二十大报告指出，深化反腐败国际合作，一体构建追逃防逃追赃机制。《监察法》和《监察法实施条例》对国家监察委员会组织协调开展反腐败国际合作作出了规定。《监察法》第51条规定，国家监察委员会组织协调有关方面加强与有关国家、地区、国际组织在反腐败执法、引渡、司法协助、被判刑人的移管、资产追回和信息交流等领域的合作。

《监察法实施条例》第234条对国家监察委员会在这个过程中具体履行的职责作出了规定:“国家监察委员会组织协调有关单位建立集中统一、高效顺畅的反腐败国际追逃追赃和防逃协调机制，统筹协调、督促指导各级监察机关反腐败国际追逃追赃等涉外案件办理工作，具体履行下列职责:(一)制定反腐败国际追逃追赃和防逃工作计划，研究工作中的重要问题;(二)组织协调反腐败国际追逃追赃等重大涉外案件办理工作;(三)办理由国家监察委员会管辖的涉外案件;(四)指导地方各级监察机关依法开展涉外案件办理工作;(五)汇总和通报全国职务犯罪外逃案件信息和追逃追赃工作信息;(六)建立健全反腐败国际追逃追赃和防逃合作网络;(七)承担监察机关开展国际刑事司法协助的主管机关职责;(八)承担其他与反腐败国际追逃追赃等涉外案件办理工作相关的职责。”

151. 地方各级监察机关开展本地区反腐败国际追逃追赃等涉外案件办理工作时具体履行哪些职责?

《监察法实施条例》第235条规定，地方各级监察机关在国家监察委员会领导下，统筹协调、督促指导本地区反腐败国际追逃追赃等涉外案件办理工作，具体履行下列职责：

（1）落实上级监察机关关于反腐败国际追逃追赃和防逃工作部署，制定工作计划。

（2）按照管辖权限或者上级监察机关指定管辖，办理涉外案件。

（3）按照上级监察机关要求，协助配合其他监察机关开展涉外案件办理工作。

（4）汇总和通报本地区职务犯罪外逃案件信息和追逃追赃工作信息。

（5）承担本地区其他与反腐败国际追逃追赃等涉外案件办理工作相关的职责。

国家监察委员会派驻或者派出的监察机构、监察专员统筹协调、督促指导本部门反腐败国际追逃追赃等涉外案件办理工作，参照上述规定执行。

152. 监察机关如何建立健全防逃责任机制?

防逃，是指通过加强组织管理和干部监督，查询、监控涉嫌职务犯罪的公职人员及其相关人员进出国（境）和跨境资金流动情况，完善防逃措施，防止涉嫌职务犯罪的公职人员外逃。《监察法实施条例》第238条规定，监察机关应当将防逃工作纳入日常监督内容，督促相关机关、单位建立健全防逃责任机制。

监察机关在监督、调查工作中，应当根据情况制定对监察对象、重要涉案人员的防逃方案，防范人员外逃和资金外流风险。监察机关应当会同同级组织人事、外事、公安、移民管理等单位健全防逃预警机制，对存在外逃风险的监察对象早发现、早报告、早处置。

153. 开展反腐败国际追逃追赃工作应当遵循什么原则？

反腐败国际追逃，是指对于逃匿到国（境）外的涉嫌重大贪污贿赂、失职渎职等职务犯罪的被调查人，在掌握证据比较确凿的情况下，通过开展境外追逃工作将其追捕归案。反腐败国际追赃，是指对贪污贿赂等犯罪嫌疑人携款外逃的，通过提请赃款赃物所在国查询、冻结、扣押、没收、追缴、返还涉案资产，追回犯罪资产。

《监察法实施条例》第 243 条规定，开展反腐败国际追逃追赃等涉外案件办理工作，应当把思想教育贯穿始终，落实宽严相济刑事政策，依法适用认罪认罚从宽制度，促使外逃人员回国投案或者配合调查、主动退赃。开展相关工作，应当尊重所在国家（地区）的法律规定。

154. 监察机关如何申请发布、延期、暂停、撤销国际刑警组织红色通报？

《监察法实施条例》第 245 条规定，监察机关对依法应当留置或者已经决定留置的外逃人员，需要申请发布国际刑警组织红色通报的，应当逐级报送国家监察委员会审核。国家监察委员会审核后，依法通过公安部向国际刑警组织提出申请。

需要延期、暂停、撤销红色通报的，申请发布红色通报的监察机关应当逐级报送国家监察委员会审核，由国家监察委员会依法通过公安部联系国际刑警组织办理。

155. 地方各级监察机关可以通过哪些方式办理涉外案件？程序是什么？

（1）引渡方式。地方各级监察机关通过引渡方式办理相关涉外案件的，应当按照引渡法、相关双边及多边国际条约等规定准备引渡请求书及相关材料，逐级报送国家监察委员会审核。由国家监察委员会依法通过外交等渠道向外国提出引渡请求。

（2）刑事司法协助方式。地方各级监察机关通过刑事司法协助方式办理相关涉外案件的，应当按照国际刑事司法协助法、相关双边及多边国际条约等规定准备刑事司法协助请求书及相关材料，逐级报送国家监察委员会审核。由国家监察委员会依法直接或者通过对外联系机关等渠道，向外国提出刑事司法协助请求。

（3）执法合作方式。地方各级监察机关通过执法合作方式办理相关涉外案件的，应当将合作事项及相关材料逐级报送国家监察委员会审核。由国家监察委员会依法直接或者协调有关单位，向有关国家（地区）相关机构提交并开展合作。

（4）境外追诉方式。地方各级监察机关通过境外追诉方式办理相关涉外案件的，应当提供外逃人员相关违法线索和证据，逐级报送国家监察委员会审核。由国家监察委员会依法直接或者协调有关单位向有关国家（地区）相关机构提交，请其依法对外逃人员调查、起诉和审判，并商有关国家（地区）遣返外逃人员。

156. 监察机关如何追缴境外违法所得及其他涉案财产？

《监察法实施条例》第 250 条规定，监察机关对依法应当追缴的境外违法所得及其他涉案财产，应当责令涉案人员以合法方式退赔。涉案人员拒不退赔的，可以依法通过下列方式追缴：

（1）在开展引渡等追逃合作时，随附请求有关国家（地区）移交相关违法所得及其他涉案财产。

（2）依法启动违法所得没收程序，由人民法院对相关违法所得及其他涉案财产作出冻结、没收裁定，请有关国家（地区）承认和执行，并予以返还。

（3）请有关国家（地区）依法追缴相关违法所得及其他涉案财产，并予以返还。

（4）通过其他合法方式追缴。

九、监督管理

157. 纪检监察干部需要具备什么基本条件?

纪检监察机关是党内监督和国家监察专责机关，肩负党和人民的重托，只有提升纪检监察干部素质，建设高素质专业化干部队伍，才能切实履行好职责使命。《监督执纪工作规则》第 61 条规定，纪检监察机关应当严格干部准入制度，严把政治安全关，纪检监察干部必须忠诚坚定、担当尽责、遵纪守法、清正廉洁，具备履行职责的基本条件。

158. 特约监察员应当具备哪些条件?

《监察法实施条例》第 256 条规定，各级监察机关可以根据工作需要，按程序选聘特约监察员履行监督、咨询等职责。特约监察员名单应当向社会公布。监察机关应当为特约监察员依法开展工作提供必要条件和便利。

具体来说，特约监察员应当具备下列条件：

（1）坚持党的领导和拥护党的路线、方针、政策，走中国特色社会主义道路，遵守我国宪法和法律、法规，具有中华人民共和国国籍。

（2）有较高的业务素质，具备与履行职责相应的专业知识和工作能力，在各自领域有一定代表性和影响力。

（3）热心全面从严治党、党风廉政建设和反腐败工作，有较强的责任心，认真履行职责，热爱特约监察员工作。

（4）坚持原则、实事求是，密切联系群众，公正廉洁、作风正派，遵守职业道德和社会公德。

（5）身体健康。

受到党纪处分、政务处分、刑事处罚的人员，以及其他不适宜担任特约监察员的人员，不得聘请为特约监察员。

159. 聘请特约监察员的程序是什么？

《国家监察委员会特约监察员工作办法》第 6 条规定，特约监察员的聘请由国家监察委员会依照下列程序进行：

（1）根据工作需要，会同有关部门、单位提出特约监察员推荐人选，并征得被推荐人所在单位及本人同意。

（2）会同有关部门、单位对特约监察员推荐人选进行考察。

（3）经中央纪委国家监委对考察情况进行研究，确定聘请特约监察员人选。

（4）聘请人选名单及意见抄送特约监察员所在单位及推荐单位，并在中央纪委国家监委组织部备案。

（5）召开聘请会议，颁发聘书，向社会公布特约监察员名单。

160. 特约监察员履行哪些职责？

《国家监察委员会特约监察员工作办法》第 9 条规定，特约监察员履行下列职责：

（1）对纪检监察机关及其工作人员履行职责情况进行监督，提出加强和改进纪检监察工作的意见、建议。

（2）对制定纪检监察法律法规、出台重大政策、起草重要文件、提出监察建议等提供咨询意见。

（3）参加国家监察委员会组织的调查研究、监督检查、专项工作。

（4）宣传纪检监察工作的方针、政策和成效。

（5）办理国家监察委员会委托的其他事项。

161. 审查调查组如何设立临时党支部?

重视和加强党支部建设，是马克思主义政党的鲜明特征。党的基层组织是党在社会基层组织中的战斗堡垒，是党的全部工作和战斗力的基础。《中国共产党支部工作条例（试行）》第 8 条规定，为执行某项任务临时组建的机构，党员组织关系不转接的，经上级党组织批准，可以成立临时党支部。临时党支部主要组织党员开展政治学习，教育、管理、监督党员，对入党积极分子进行教育培养等。临时党支部书记、副书记和委员由批准其成立的党组织指定。临时组建的机构撤销后，临时党支部自然撤销。

《监督执纪工作规则》对审查调查组设立临时党支部作了明确规定，其第 62 条规定，纪检监察机关应当加强党的政治建设、思想建设、组织建设，突出政治功能，强化政治引领。审查调查组有正式党员 3 人以上的，应当设立临时党支部，加强对审查调查组成员的教育、管理、监督，开展政策理论学习，做好思想政治工作，及时发现问题、进行批评纠正，发挥战斗堡垒作用。

162. 对纪检监察干部打听案情、过问案件、说情干预如何报告和登记备案?

为了加强内部监督，避免出现跑风漏气、以案谋私、办人情案等问题，《监督执纪工作规则》对纪检监察干部打听案情、过问案件、说情干预，以及私自接触被审查调查人等有关人员或者与其存在交往情形规定了报告和登记备案制度。

第 64 条规定，对纪检监察干部打听案情、过问案件、说情干预的，受请托人应当向审查调查组组长和监督检查、审查调查部门主要负责人报告并登记备案。发现审查调查组成员未经批准接触被审查调查人、涉案人员及其特定关系人，或者存在交往情形的，应当及时向审查调查组组长和监督检查、审查调查部门主要负责人直至纪检监察机关主要负责人报告并登记备案。

163. 审查调查审理人员如何执行回避制度？

纪检监察干部履行监督执纪问责和监督调查处置两项职责，在行使职权过程中做到秉公用权、公正用权，就需要严格执行回避制度。根据《监督执纪工作规则》第 65 条的规定，审查调查审理人员是被审查调查人或者检举人近亲属、本案证人、利害关系人，或者存在其他可能影响公正审查调查审理情形的，不得参与相关审查调查审理工作，应当主动申请回避，被审查调查人、检举人以及其他有关人员也有权要求其回避。选用借调人员、看护人员、审查场所，应当严格执行回避制度。

164. 纪检监察干部如何执行保密制度？

严格保守党和国家的秘密是党员必须履行的义务，纪检监察机关对党员、干部以及监察对象开展监督执纪执法的工作中会涉及党和国家秘密，因而纪检监察干部同样必须严格遵守这一义务。

《监督执纪工作规则》第 67 条规定，监督执纪人员应当严格执行保密制度，控制审查调查工作事项知悉范围和时间，不准私自留存、隐匿、查阅、摘抄、复制、携带问题线索和涉案资料，严禁泄露审查调查工作情况。审查调查组成员工作期间，应当使用专用手机、电脑、电子设备和存储介质，实行编号管理，审查调查工作结束后收回检查。汇报案情、传递审查调查材料应当使用加密设施，携带案卷材料应当专人专车、卷不离身。

《监察法》和《监察法实施条例》同样有相关的规定。其中，《监察法实施条例》第 267 条规定，监察机关应当严格执行保密制度，控制监察事项知悉范围和时间。监察人员不准私自留存、隐匿、查阅、摘抄、复制、携带问题线索和涉案资料，严禁泄露监察工作秘密。监察机关应当建立健全检举控告保密制度，对检举控告人的姓名（单位名称）、工作单位、住址、电话和邮箱等有关情况以及检举控告内容必须严格保密。

需要注意的是，纪检监察机关既要严格防止在职在岗的干部失密泄密，也要防止离岗离职的干部失密泄密。纪检监察机关相关涉密人员离岗离职后，应当遵守脱密期管理规定，严格履行保密义务，不得泄露相关秘密。

165. 纪检监察干部辞职、退休后有哪些从业限制？

《中国共产党纪律处分条例》《公务员法》等都对党员领导干部和公务员辞去公职后的从业作出明确限制。《监督执纪工作规则》《监察法》《监察法实施条例》则明确规定了纪检监察干部辞职、退休后的从业限制。例如，《监督执纪工作规则》第 68 条第 2 款规定，监督执纪人员辞职、退休 3 年内，不得从事与纪检监察和司法工作相关联、可能发生利益冲突的职业。《监察法实施条例》第 269 条规定，监察人员离任 3 年以内，不得从事与监察和司法工作相关联且可能发生利益冲突的职业。监察人员离任后，不得担任原任职监察机关办理案件的诉讼代理人或者辩护人，但是作为当事人的监护人或者近亲属代理诉讼或者进行辩护的除外。

166. 纪检监察干部在监督执纪工作中违规违纪违法行为的情形主要有哪些？

《监督执纪工作规则》第 71 条采用列举方式对纪检监察干部违规违纪违法行为作出了禁止性规定，强调对这些行为依规依纪严肃处理，对涉嫌职务违法、职务犯罪的，依法追究法律责任：

（1）纪检监察干部越权接触相关地区、部门、单位党委（党组）负责人。

（2）私存线索、跑风漏气、违反安全保密规定。

（3）接受请托、干预审查调查、以案谋私、办人情案。

（4）侮辱、打骂、虐待、体罚或者变相体罚被审查调查人。

（5）以违规违纪违法方式收集证据。

（6）截留挪用、侵占私分涉案财物。

（7）接受宴请和财物行为。

附　录

中华人民共和国监察法

（2018年3月20日第十三届全国人民代表大会第一次会议通过　2018年3月20日中华人民共和国主席令第3号公布　自公布之日起施行）

第一章　总　　则

第一条　【制定目的】* 为了深化国家监察体制改革，加强对所有行使公权力的公职人员的监督，实现国家监察全面覆盖，深入开展反腐败工作，推进国家治理体系和治理能力现代化，根据宪法，制定本法。

第二条　【指导思想】坚持中国共产党对国家监察工作的领导，以马克思列宁主义、毛泽东思想、邓小平理论、“三个代表”重要思想、科学发展观、习近平新时代中国特色社会主义思想为指导，构建集中统一、权威高效的中国特色国家监察体制。

第三条　【监察委员会的性质和职能】各级监察委员会是行使国家监察职能的专责机关，依照本法对所有行使公权力的公职人员（以下称公职人员）进行监察，调查职务违法和职务犯罪，开展廉政建设和反腐败工作，维护宪法和法律的尊严。

第四条　【监委行使职权原则、监察机关与司法机关工作关系】监察委员会依照法律规定独立行使监察权，不受行政机关、社会团体和个人的干涉。

监察机关办理职务违法和职务犯罪案件，应当与审判机关、检

* 本书中的条文主旨均为编者所加，仅供读者参考检索。

察机关、执法部门互相配合，互相制约。

监察机关在工作中需要协助的，有关机关和单位应当根据监察机关的要求依法予以协助。

第五条 【监察工作原则】国家监察工作严格遵照宪法和法律，以事实为根据，以法律为准绳；在适用法律上一律平等，保障当事人的合法权益；权责对等，严格监督；惩戒与教育相结合，宽严相济。

第六条 【监察工作方针】国家监察工作坚持标本兼治、综合治理，强化监督问责，严厉惩治腐败；深化改革、健全法治，有效制约和监督权力；加强法治教育和道德教育，弘扬中华优秀传统文化，构建不敢腐、不能腐、不想腐的长效机制。

第二章 监察机关及其职责

第七条 【国家监委定位和地方各级监委机构设置】中华人民共和国国家监察委员会是最高监察机关。

省、自治区、直辖市、自治州、县、自治县、市、市辖区设立监察委员会。

第八条 【国家监委的产生、职责、组成人员以及和权力机关关系】国家监察委员会由全国人民代表大会产生，负责全国监察工作。

国家监察委员会由主任、副主任若干人、委员若干人组成，主任由全国人民代表大会选举，副主任、委员由国家监察委员会主任提请全国人民代表大会常务委员会任免。

国家监察委员会主任每届任期同全国人民代表大会每届任期相同，连续任职不得超过两届。

国家监察委员会对全国人民代表大会及其常务委员会负责，并接受其监督。

第九条　【地方各级监委的产生、职责、组成人员以及和权力机关、上级监委关系】地方各级监察委员会由本级人民代表大会产生，负责本行政区域内的监察工作。

地方各级监察委员会由主任、副主任若干人、委员若干人组成，主任由本级人民代表大会选举，副主任、委员由监察委员会主任提请本级人民代表大会常务委员会任免。

地方各级监察委员会主任每届任期同本级人民代表大会每届任期相同。

地方各级监察委员会对本级人民代表大会及其常务委员会和上一级监察委员会负责，并接受其监督。

第十条　【监察机关上下级领导关系】国家监察委员会领导地方各级监察委员会的工作，上级监察委员会领导下级监察委员会的工作。

第十一条　【监委职责】监察委员会依照本法和有关法律规定履行监督、调查、处置职责：

（一）对公职人员开展廉政教育，对其依法履职、秉公用权、廉洁从政从业以及道德操守情况进行监督检查；

（二）对涉嫌贪污贿赂、滥用职权、玩忽职守、权力寻租、利益输送、徇私舞弊以及浪费国家资财等职务违法和职务犯罪进行调查；

（三）对违法的公职人员依法作出政务处分决定；对履行职责不力、失职失责的领导人员进行问责；对涉嫌职务犯罪的，将调查结果移送人民检察院依法审查、提起公诉；向监察对象所在单位提出监察建议。

第十二条　【派驻或者派出监察机构、监察专员的设置和领导

关系】各级监察委员会可以向本级中国共产党机关、国家机关、法律法规授权或者委托管理公共事务的组织和单位以及所管辖的行政区域、国有企业等派驻或者派出监察机构、监察专员。

监察机构、监察专员对派驻或者派出它的监察委员会负责。

第十三条 【派驻或者派出监察机构、监察专员职责】派驻或者派出的监察机构、监察专员根据授权，按照管理权限依法对公职人员进行监督，提出监察建议，依法对公职人员进行调查、处置。

第十四条 【实行监察官制度】国家实行监察官制度，依法确定监察官的等级设置、任免、考评和晋升等制度。

第三章 监察范围和管辖

第十五条 【监察对象】监察机关对下列公职人员和有关人员进行监察：

（一）中国共产党机关、人民代表大会及其常务委员会机关、人民政府、监察委员会、人民法院、人民检察院、中国人民政治协商会议各级委员会机关、民主党派机关和工商业联合会机关的公务员，以及参照《中华人民共和国公务员法》管理的人员；

（二）法律、法规授权或者受国家机关依法委托管理公共事务的组织中从事公务的人员；

（三）国有企业管理人员；

（四）公办的教育、科研、文化、医疗卫生、体育等单位中从事管理的人员；

（五）基层群众性自治组织中从事管理的人员；

（六）其他依法履行公职的人员。

第十六条 【管辖原则】各级监察机关按照管理权限管辖本辖区内本法第十五条规定的人员所涉监察事项。

上级监察机关可以办理下一级监察机关管辖范围内的监察事项，必要时也可以办理所辖各级监察机关管辖范围内的监察事项。

监察机关之间对监察事项的管辖有争议的，由其共同的上级监察机关确定。

第十七条　【指定管辖和报请提级管辖原则】上级监察机关可以将其所管辖的监察事项指定下级监察机关管辖，也可以将下级监察机关有管辖权的监察事项指定给其他监察机关管辖。

监察机关认为所管辖的监察事项重大、复杂，需要由上级监察机关管辖的，可以报请上级监察机关管辖。

第四章　监 察 权 限

第十八条　【收集证据一般原则】监察机关行使监督、调查职权，有权依法向有关单位和个人了解情况，收集、调取证据。有关单位和个人应当如实提供。

监察机关及其工作人员对监督、调查过程中知悉的国家秘密、商业秘密、个人隐私，应当保密。

任何单位和个人不得伪造、隐匿或者毁灭证据。

第十九条　【对可能发生职务违法的监察对象进行处理】对可能发生职务违法的监察对象，监察机关按照管理权限，可以直接或者委托有关机关、人员进行谈话或者要求说明情况。

第二十条　【要求被调查人陈述和讯问被调查人的权限】在调查过程中，对涉嫌职务违法的被调查人，监察机关可以要求其就涉嫌违法行为作出陈述，必要时向被调查人出具书面通知。

对涉嫌贪污贿赂、失职渎职等职务犯罪的被调查人，监察机关可以进行讯问，要求其如实供述涉嫌犯罪的情况。

第二十一条　【询问】在调查过程中，监察机关可以询问证人等人员。

第二十二条 【留置】 被调查人涉嫌贪污贿赂、失职渎职等严重职务违法或者职务犯罪，监察机关已经掌握其部分违法犯罪事实及证据，仍有重要问题需要进一步调查，并有下列情形之一的，经监察机关依法审批，可以将其留置在特定场所：

（一）涉及案情重大、复杂的；

（二）可能逃跑、自杀的；

（三）可能串供或者伪造、隐匿、毁灭证据的；

（四）可能有其他妨碍调查行为的。

对涉嫌行贿犯罪或者共同职务犯罪的涉案人员，监察机关可以依照前款规定采取留置措施。

留置场所的设置、管理和监督依照国家有关规定执行。

第二十三条 【查询、冻结】 监察机关调查涉嫌贪污贿赂、失职渎职等严重职务违法或者职务犯罪，根据工作需要，可以依照规定查询、冻结涉案单位和个人的存款、汇款、债券、股票、基金份额等财产。有关单位和个人应当配合。

冻结的财产经查明与案件无关的，应当在查明后三日内解除冻结，予以退还。

第二十四条 【搜查】 监察机关可以对涉嫌职务犯罪的被调查人以及可能隐藏被调查人或者犯罪证据的人的身体、物品、住处和其他有关地方进行搜查。在搜查时，应当出示搜查证，并有被搜查人或者其家属等见证人在场。

搜查女性身体，应当由女性工作人员进行。

监察机关进行搜查时，可以根据工作需要提请公安机关配合。公安机关应当依法予以协助。

第二十五条 【调取、查封、扣押】 监察机关在调查过程中，可以调取、查封、扣押用以证明被调查人涉嫌违法犯罪的财物、文件和电子数据等信息。采取调取、查封、扣押措施，应当收集原物原件，会同持有人或者保管人、见证人，当面逐一拍照、登记、编号，开列清单，由在场人员当场核对、签名，并将清单副本交财物、文件的持有人或者保管人。

对调取、查封、扣押的财物、文件，监察机关应当设立专用账户、专门场所，确定专门人员妥善保管，严格履行交接、调取手续，定期对账核实，不得毁损或者用于其他目的。对价值不明物品应当及时鉴定，专门封存保管。

查封、扣押的财物、文件经查明与案件无关的，应当在查明后三日内解除查封、扣押，予以退还。

第二十六条　【勘验检查】监察机关在调查过程中，可以直接或者指派、聘请具有专门知识、资格的人员在调查人员主持下进行勘验检查。勘验检查情况应当制作笔录，由参加勘验检查的人员和见证人签名或者盖章。

第二十七条　【指派、聘请有专门知识的人鉴定】监察机关在调查过程中，对于案件中的专门性问题，可以指派、聘请有专门知识的人进行鉴定。鉴定人进行鉴定后，应当出具鉴定意见，并且签名。

第二十八条　【技术调查措施】监察机关调查涉嫌重大贪污贿赂等职务犯罪，根据需要，经过严格的批准手续，可以采取技术调查措施，按照规定交有关机关执行。

批准决定应当明确采取技术调查措施的种类和适用对象，自签发之日起三个月以内有效；对于复杂、疑难案件，期限届满仍有必要继续采取技术调查措施的，经过批准，有效期可以延长，每次不得超过三个月。对于不需要继续采取技术调查措施的，应当及时解除。

第二十九条 【通缉】依法应当留置的被调查人如果在逃，监察机关可以决定在本行政区域内通缉，由公安机关发布通缉令，追捕归案。通缉范围超出本行政区域的，应当报请有权决定的上级监察机关决定。

第三十条 【限制出境】监察机关为防止被调查人及相关人员逃匿境外，经省级以上监察机关批准，可以对被调查人及相关人员采取限制出境措施，由公安机关依法执行。对于不需要继续采取限制出境措施的，应当及时解除。

第三十一条 【认罪认罚从宽处罚的情形】涉嫌职务犯罪的被调查人主动认罪认罚，有下列情形之一的，监察机关经领导人员集体研究，并报上一级监察机关批准，可以在移送人民检察院时提出从宽处罚的建议：

（一）自动投案，真诚悔罪悔过的；

（二）积极配合调查工作，如实供述监察机关还未掌握的违法犯罪行为的；

（三）积极退赃，减少损失的；

（四）具有重大立功表现或者案件涉及国家重大利益等情形的。

第三十二条 【揭发或提供重要线索的从宽处罚】职务违法犯罪的涉案人员揭发有关被调查人职务违法犯罪行为，查证属实的，或者提供重要线索，有助于调查其他案件的，监察机关经领导人员集体研究，并报上一级监察机关批准，可以在移送人民检察院时提出从宽处罚的建议。

第三十三条 【依法收集的证据材料的法律效力、非法证据排除规则】监察机关依照本法规定收集的物证、书证、证人证言、被调查人供述和辩解、视听资料、电子数据等证据材料，在刑事诉讼中可以作为证据使用。

监察机关在收集、固定、审查、运用证据时，应当与刑事审判关于证据的要求和标准相一致。

以非法方法收集的证据应当依法予以排除，不得作为案件处置的依据。

第三十四条　【职务违法犯罪问题线索移送制度和管辖】人民法院、人民检察院、公安机关、审计机关等国家机关在工作中发现公职人员涉嫌贪污贿赂、失职渎职等职务违法或者职务犯罪的问题线索，应当移送监察机关，由监察机关依法调查处置。

被调查人既涉嫌严重职务违法或者职务犯罪，又涉嫌其他违法犯罪的，一般应当由监察机关为主调查，其他机关予以协助。

第五章　监 察 程 序

第三十五条　【对报案或举报的处理】监察机关对于报案或者举报，应当接受并按照有关规定处理。对于不属于本机关管辖的，应当移送主管机关处理。

第三十六条　【加强监察工作监督管理的总体规定】监察机关应当严格按照程序开展工作，建立问题线索处置、调查、审理各部门相互协调、相互制约的工作机制。

监察机关应当加强对调查、处置工作全过程的监督管理，设立相应的工作部门履行线索管理、监督检查、督促办理、统计分析等管理协调职能。

第三十七条　【问题线索处置程序和要求】监察机关对监察对象的问题线索，应当按照有关规定提出处置意见，履行审批手续，进行分类办理。线索处置情况应当定期汇总、通报，定期检查、抽查。

第三十八条 【初步核实】需要采取初步核实方式处置问题线索的，监察机关应当依法履行审批程序，成立核查组。初步核实工作结束后，核查组应当撰写初步核实情况报告，提出处理建议。承办部门应当提出分类处理意见。初步核实情况报告和分类处理意见报监察机关主要负责人审批。

第三十九条 【立案的条件和程序、立案后的处理】经过初步核实，对监察对象涉嫌职务违法犯罪，需要追究法律责任的，监察机关应当按照规定的权限和程序办理立案手续。

监察机关主要负责人依法批准立案后，应当主持召开专题会议，研究确定调查方案，决定需要采取的调查措施。

立案调查决定应当向被调查人宣布，并通报相关组织。涉嫌严重职务违法或者职务犯罪的，应当通知被调查人家属，并向社会公开发布。

第四十条 【调查取证工作要求】监察机关对职务违法和职务犯罪案件，应当进行调查，收集被调查人有无违法犯罪以及情节轻重的证据，查明违法犯罪事实，形成相互印证、完整稳定的证据链。

严禁以威胁、引诱、欺骗及其他非法方式收集证据，严禁侮辱、打骂、虐待、体罚或者变相体罚被调查人和涉案人员。

第四十一条 【采取调查措施的程序性规定】调查人员采取讯问、询问、留置、搜查、调取、查封、扣押、勘验检查等调查措施，均应当依照规定出示证件，出具书面通知，由二人以上进行，形成笔录、报告等书面材料，并由相关人员签名、盖章。

调查人员进行讯问以及搜查、查封、扣押等重要取证工作，应当对全过程进行录音录像，留存备查。

第四十二条 【严格执行调查方案、重要事项的请示报告制

度】调查人员应当严格执行调查方案，不得随意扩大调查范围、变更调查对象和事项。

对调查过程中的重要事项，应当集体研究后按程序请示报告。

第四十三条 【留置措施的审批权限、期限、执行和解除】监察机关采取留置措施，应当由监察机关领导人员集体研究决定。设区的市级以下监察机关采取留置措施，应当报上一级监察机关批准。省级监察机关采取留置措施，应当报国家监察委员会备案。

留置时间不得超过三个月。在特殊情况下，可以延长一次，延长时间不得超过三个月。省级以下监察机关采取留置措施的，延长留置时间应当报上一级监察机关批准。监察机关发现采取留置措施不当的，应当及时解除。

监察机关采取留置措施，可以根据工作需要提请公安机关配合。公安机关应当依法予以协助。

第四十四条 【留置期间监察机关工作要求、被留置人合法权益保障】对被调查人采取留置措施后，应当在二十四小时以内，通知被留置人员所在单位和家属，但有可能毁灭、伪造证据，干扰证人作证或者串供等有碍调查情形的除外。有碍调查的情形消失后，应当立即通知被留置人员所在单位和家属。

监察机关应当保障被留置人员的饮食、休息和安全，提供医疗服务。讯问被留置人员应当合理安排讯问时间和时长，讯问笔录由被讯问人阅看后签名。

被留置人员涉嫌犯罪移送司法机关后，被依法判处管制、拘役和有期徒刑的，留置一日折抵管制二日，折抵拘役、有期徒刑一日。

第四十五条 【根据监督、调查结果处置的方式】监察机关根据监督、调查结果，依法作出如下处置：

（一）对有职务违法行为但情节较轻的公职人员，按照管理权限，直接或者委托有关机关、人员，进行谈话提醒、批评教育、责令检查，或者予以诫勉；

（二）对违法的公职人员依照法定程序作出警告、记过、记大过、降级、撤职、开除等政务处分决定；

（三）对不履行或者不正确履行职责负有责任的领导人员，按照管理权限对其直接作出问责决定，或者向有权作出问责决定的机关提出问责建议；

（四）对涉嫌职务犯罪的，监察机关经调查认为犯罪事实清楚，证据确实、充分的，制作起诉意见书，连同案卷材料、证据一并移送人民检察院依法审查、提起公诉；

（五）对监察对象所在单位廉政建设和履行职责存在的问题等提出监察建议。

监察机关经调查，对没有证据证明被调查人存在违法犯罪行为的，应当撤销案件，并通知被调查人所在单位。

第四十六条　【对涉案财物的处置】监察机关经调查，对违法取得的财物，依法予以没收、追缴或者责令退赔；对涉嫌犯罪取得的财物，应当随案移送人民检察院。

第四十七条　【检察机关对监察机关移送案件的处理】对监察机关移送的案件，人民检察院依照《中华人民共和国刑事诉讼法》对被调查人采取强制措施。

人民检察院经审查，认为犯罪事实已经查清，证据确实、充分，依法应当追究刑事责任的，应当作出起诉决定。

人民检察院经审查，认为需要补充核实的，应当退回监察机关补充调查，必要时可以自行补充侦查。对于补充调查的案件，应当在一个月内补充调查完毕。补充调查以二次为限。

人民检察院对于有《中华人民共和国刑事诉讼法》规定的不起诉的情形的，经上一级人民检察院批准，依法作出不起诉的决定。监察机关认为不起诉的决定有错误的，可以向上一级人民检察院提请复议。

第四十八条　【被调查人逃匿、死亡案件违法所得没收程序】 监察机关在调查贪污贿赂、失职渎职等职务犯罪案件过程中，被调查人逃匿或者死亡，有必要继续调查的，经省级以上监察机关批准，应当继续调查并作出结论。被调查人逃匿，在通缉一年后不能到案，或者死亡的，由监察机关提请人民检察院依照法定程序，向人民法院提出没收违法所得的申请。

第四十九条　【复审、复核】 监察对象对监察机关作出的涉及本人的处理决定不服的，可以在收到处理决定之日起一个月内，向作出决定的监察机关申请复审，复审机关应当在一个月内作出复审决定；监察对象对复审决定仍不服的，可以在收到复审决定之日起一个月内，向上一级监察机关申请复核，复核机关应当在二个月内作出复核决定。复审、复核期间，不停止原处理决定的执行。复核机关经审查，认定处理决定有错误的，原处理机关应当及时予以纠正。

第六章　反腐败国际合作

第五十条　【国家监察委员会统筹协调反腐败国际合作】 国家监察委员会统筹协调与其他国家、地区、国际组织开展的反腐败国际交流、合作，组织反腐败国际条约实施工作。

第五十一条　【国家监察委员会组织协调开展反腐败国际合作】 国家监察委员会组织协调有关方面加强与有关国家、地区、国际组织在反腐败执法、引渡、司法协助、被判刑人的移管、资产追回和信息交流等领域的合作。

第五十二条 【反腐败国际追逃追赃和防逃工作】国家监察委员会加强对反腐败国际追逃追赃和防逃工作的组织协调，督促有关单位做好相关工作：

（一）对于重大贪污贿赂、失职渎职等职务犯罪案件，被调查人逃匿到国（境）外，掌握证据比较确凿的，通过开展境外追逃合作，追捕归案；

（二）向赃款赃物所在国请求查询、冻结、扣押、没收、追缴、返还涉案资产；

（三）查询、监控涉嫌职务犯罪的公职人员及其相关人员进出国（境）和跨境资金流动情况，在调查案件过程中设置防逃程序。

第七章 对监察机关和监察人员的监督

第五十三条 【人大监督】各级监察委员会应当接受本级人民代表大会及其常务委员会的监督。

各级人民代表大会常务委员会听取和审议本级监察委员会的专项工作报告，组织执法检查。

县级以上各级人民代表大会及其常务委员会举行会议时，人民代表大会代表或者常务委员会组成人员可以依照法律规定的程序，就监察工作中的有关问题提出询问或者质询。

第五十四条 【外部监督】监察机关应当依法公开监察工作信息，接受民主监督、社会监督、舆论监督。

第五十五条 【内部监督】监察机关通过设立内部专门的监督机构等方式，加强对监察人员执行职务和遵守法律情况的监督，建设忠诚、干净、担当的监察队伍。

第五十六条 【监察人员守法义务和业务能力等要求】监察人

员必须模范遵守宪法和法律，忠于职守、秉公执法，清正廉洁、保守秘密；必须具有良好的政治素质，熟悉监察业务，具备运用法律、法规、政策和调查取证等能力，自觉接受监督。

第五十七条　【对监察人员打听案情、过问案件、说情干预、未经批准接触被调查人等情况的报告备案】对于监察人员打听案情、过问案件、说情干预的，办理监察事项的监察人员应当及时报告。有关情况应当登记备案。

发现办理监察事项的监察人员未经批准接触被调查人、涉案人员及其特定关系人，或者存在交往情形的，知情人应当及时报告。有关情况应当登记备案。

第五十八条　【回避制度】办理监察事项的监察人员有下列情形之一的，应当自行回避，监察对象、检举人及其他有关人员也有权要求其回避：

（一）是监察对象或者检举人的近亲属的；

（二）担任过本案的证人的；

（三）本人或者其近亲属与办理的监察事项有利害关系的；

（四）有可能影响监察事项公正处理的其他情形的。

第五十九条　【监察人员脱密期管理和从业限制】监察机关涉密人员离岗离职后，应当遵守脱密期管理规定，严格履行保密义务，不得泄露相关秘密。

监察人员辞职、退休三年内，不得从事与监察和司法工作相关联且可能发生利益冲突的职业。

第六十条　【申诉制度】监察机关及其工作人员有下列行为之一的，被调查人及其近亲属有权向该机关申诉：

（一）留置法定期限届满，不予以解除的；

（二）查封、扣押、冻结与案件无关的财物的；

（三）应当解除查封、扣押、冻结措施而不解除的；

（四）贪污、挪用、私分、调换以及违反规定使用查封、扣押、冻结的财物的；

（五）其他违反法律法规、侵害被调查人合法权益的行为。

受理申诉的监察机关应当在受理申诉之日起一个月内作出处理决定。申诉人对处理决定不服的，可以在收到处理决定之日起一个月内向上一级监察机关申请复查，上一级监察机关应当在收到复查申请之日起二个月内作出处理决定，情况属实的，及时予以纠正。

第六十一条　【调查结束后发现立案依据不充分或失实、案件处置出现重大失误、监察人员严重违法等的责任追究】对调查工作结束后发现立案依据不充分或者失实，案件处置出现重大失误，监察人员严重违法的，应当追究负有责任的领导人员和直接责任人员的责任。

第八章　法 律 责 任

第六十二条　【对拒不执行处理决定或无正当理由拒不采纳监察建议的处理】有关单位拒不执行监察机关作出的处理决定，或者无正当理由拒不采纳监察建议的，由其主管部门、上级机关责令改正，对单位给予通报批评；对负有责任的领导人员和直接责任人员依法给予处理。

第六十三条　【对阻碍、干扰监察工作的处理】有关人员违反本法规定，有下列行为之一的，由其所在单位、主管部门、上级机关或者监察机关责令改正，依法给予处理：

（一）不按要求提供有关材料，拒绝、阻碍调查措施实施等拒不配合监察机关调查的；

（二）提供虚假情况，掩盖事实真相的；

（三）串供或者伪造、隐匿、毁灭证据的；

（四）阻止他人揭发检举、提供证据的；

（五）其他违反本法规定的行为，情节严重的。

第六十四条　【对报复陷害、诬告陷害的处理】 监察对象对控告人、检举人、证人或者监察人员进行报复陷害的；控告人、检举人、证人捏造事实诬告陷害监察对象的，依法给予处理。

第六十五条　【对监察机关及其工作人员违法行使职权的责任追究】 监察机关及其工作人员有下列行为之一的，对负有责任的领导人员和直接责任人员依法给予处理：

（一）未经批准、授权处置问题线索，发现重大案情隐瞒不报，或者私自留存、处理涉案材料的；

（二）利用职权或者职务上的影响干预调查工作、以案谋私的；

（三）违法窃取、泄露调查工作信息，或者泄露举报事项、举报受理情况以及举报人信息的；

（四）对被调查人或者涉案人员逼供、诱供，或者侮辱、打骂、虐待、体罚或者变相体罚的；

（五）违反规定处置查封、扣押、冻结的财物的；

（六）违反规定发生办案安全事故，或者发生安全事故后隐瞒不报、报告失实、处置不当的；

（七）违反规定采取留置措施的；

（八）违反规定限制他人出境，或者不按规定解除出境限制的；

（九）其他滥用职权、玩忽职守、徇私舞弊的行为。

第六十六条　【对构成犯罪的追究刑事责任】 违反本法规定，构成犯罪的，依法追究刑事责任。

第六十七条　【监察机关国家赔偿责任】 监察机关及其工作人员行使职权，侵犯公民、法人和其他组织的合法权益造成损害的，依法给予国家赔偿。

第九章 附 则

第六十八条 【中国人民解放军和中国人民武装警察部队开展监察工作的特殊规定】中国人民解放军和中国人民武装警察部队开展监察工作，由中央军事委员会根据本法制定具体规定。

第六十九条 【施行时间和效力】本法自公布之日起施行。《中华人民共和国行政监察法》同时废止。

中华人民共和国监察法实施条例

（2021年7月20日国家监察委员会全体会议决定
2021年9月20日中华人民共和国国家监察委员会公告
第1号公布 自2021年9月20日起施行）

第一章 总 则

第一条 【制定目的】为了推动监察工作法治化、规范化，根据《中华人民共和国监察法》（以下简称监察法），结合工作实际，制定本条例。

第二条 【坚持党的全面领导】坚持中国共产党对监察工作的全面领导，增强政治意识、大局意识、核心意识、看齐意识，坚定中国特色社会主义道路自信、理论自信、制度自信、文化自信，坚决维护习近平总书记党中央的核心、全党的核心地位，坚决维护党中央权威和集中统一领导，把党的领导贯彻到监察工作各方面和全过程。

第三条 【坚持法治思维和法治方式】监察机关与党的纪律检

查机关合署办公，坚持法治思维和法治方式，促进执纪执法贯通、有效衔接司法，实现依纪监督和依法监察、适用纪律和适用法律有机融合。

第四条　【监察机关工作原则】监察机关应当依法履行监督、调查、处置职责，坚持实事求是，坚持惩前毖后、治病救人，坚持惩戒与教育相结合，实现政治效果、法律效果和社会效果相统一。

第五条　【监察机关工作方针】监察机关应当坚定不移惩治腐败，推动深化改革、完善制度，规范权力运行，加强思想道德教育、法治教育、廉洁教育，引导公职人员提高觉悟、担当作为、依法履职，一体推进不敢腐、不能腐、不想腐体制机制建设。

第六条　【坚持民主集中制】监察机关坚持民主集中制，对于线索处置、立案调查、案件审理、处置执行、复审复核中的重要事项应当集体研究，严格按照权限履行请示报告程序。

第七条　【适用法律一律平等、充分保障监察对象合法权益】监察机关应当在适用法律上一律平等，充分保障监察对象以及相关人员的人身权、知情权、财产权、申辩权、申诉权以及申请复审复核权等合法权益。

第八条　【监察机关办理职务犯罪案件时与人民法院、人民检察院互相配合、互相制约】监察机关办理职务犯罪案件，应当与人民法院、人民检察院互相配合、互相制约，在案件管辖、证据审查、案件移送、涉案财物处置等方面加强沟通协调，对于人民法院、人民检察院提出的退回补充调查、排除非法证据、调取同步录音录像、要求调查人员出庭等意见依法办理。

第九条　【监察机关依法提请有关部门、单位协助配合】监察机关开展监察工作，可以依法提请组织人事、公安、国家安全、审计、统计、市场监管、金融监管、财政、税务、自然资源、银行、证券、保险等有关部门、单位予以协助配合。

有关部门、单位应当根据监察机关的要求，依法协助采取有关措施、共享相关信息、提供相关资料和专业技术支持，配合开展监察工作。

第二章 监察机关及其职责

第一节 领导体制

第十条 【领导体制和上下级领导关系】国家监察委员会在党中央领导下开展工作。地方各级监察委员会在同级党委和上级监察委员会双重领导下工作，监督执法调查工作以上级监察委员会领导为主，线索处置和案件查办在向同级党委报告的同时应当一并向上一级监察委员会报告。

上级监察委员会应当加强对下级监察委员会的领导。下级监察委员会对上级监察委员会的决定必须执行，认为决定不当的，应当在执行的同时向上级监察委员会反映。上级监察委员会对下级监察委员会作出的错误决定，应当按程序予以纠正，或者要求下级监察委员会予以纠正。

第十一条 【监察人员调用和监察机关互相协作配合】上级监察委员会可以依法统一调用所辖各级监察机关的监察人员办理监察事项。调用决定应当以书面形式作出。

监察机关办理监察事项应当加强互相协作和配合，对于重要、复杂事项可以提请上级监察机关予以协调。

第十二条 【派驻或者派出监察机构、监察专员】各级监察委员会依法向本级中国共产党机关、国家机关、法律法规授权或者受委托管理公共事务的组织和单位以及所管辖的国有企业事业单位等派驻或者派出监察机构、监察专员。

省级和设区的市级监察委员会依法向地区、盟、开发区等不设置人民代表大会的区域派出监察机构或者监察专员。县级监察委员会和直辖市所辖区（县）监察委员会可以向街道、乡镇等区域派出监察机构或者监察专员。

监察机构、监察专员开展监察工作，受派出机关领导。

第十三条　【派驻或者派出监察机构、监察专员的职责】派驻或者派出的监察机构、监察专员根据派出机关授权，按照管理权限依法对派驻或者派出监督单位、区域等的公职人员开展监督，对职务违法和职务犯罪进行调查、处置。监察机构、监察专员可以按规定与地方监察委员会联合调查严重职务违法、职务犯罪，或者移交地方监察委员会调查。

未被授予职务犯罪调查权的监察机构、监察专员发现监察对象涉嫌职务犯罪线索的，应当及时向派出机关报告，由派出机关调查或者依法移交有关地方监察委员会调查。

第二节　监察监督

第十四条　【依法履行监察监督职责】监察机关依法履行监察监督职责，对公职人员政治品行、行使公权力和道德操守情况进行监督检查，督促有关机关、单位加强对所属公职人员的教育、管理、监督。

第十五条　【监察监督内容】监察机关应当坚决维护宪法确立的国家指导思想，加强对公职人员特别是领导人员坚持党的领导、坚持中国特色社会主义制度，贯彻落实党和国家路线方针政策、重大决策部署，履行从严管理监督职责，依法行使公权力等情况的监督。

第十六条 【教育引导公职人员树立正确的权力观、责任观、利益观】监察机关应当加强对公职人员理想教育、为人民服务教育、宪法法律法规教育、优秀传统文化教育，弘扬社会主义核心价值观，深入开展警示教育，教育引导公职人员树立正确的权力观、责任观、利益观，保持为民务实清廉本色。

第十七条 【加强日常监督】监察机关应当结合公职人员的职责加强日常监督，通过收集群众反映、座谈走访、查阅资料、召集或者列席会议、听取工作汇报和述责述廉、开展监督检查等方式，促进公职人员依法用权、秉公用权、廉洁用权。

第十八条 【谈心谈话、教育提醒】监察机关可以与公职人员进行谈心谈话，发现政治品行、行使公权力和道德操守方面有苗头性、倾向性问题的，及时进行教育提醒。

第十九条 【专项检查】监察机关对于发现的系统性、行业性的突出问题，以及群众反映强烈的问题，可以通过专项检查进行深入了解，督促有关机关、单位强化治理，促进公职人员履职尽责。

第二十条 【监察建议】监察机关应当以办案促进整改、以监督促进治理，在查清问题、依法处置的同时，剖析问题发生的原因，发现制度建设、权力配置、监督机制等方面存在的问题，向有关机关、单位提出改进工作的意见或者监察建议，促进完善制度，提高治理效能。

第二十一条 【监察监督与其他监督衔接协调】监察机关开展监察监督，应当与纪律监督、派驻监督、巡视监督统筹衔接，与人大监督、民主监督、行政监督、司法监督、审计监督、财会监督、统计监督、群众监督和舆论监督等贯通协调，健全信息、资源、成果共享等机制，形成监督合力。

第三节 监察调查

第二十二条 【监察调查依据】监察机关依法履行监察调查职责，依据监察法、《中华人民共和国公职人员政务处分法》（以下简称政务处分法）和《中华人民共和国刑法》（以下简称刑法）等规定对职务违法和职务犯罪进行调查。

第二十三条 【职务违法范围】监察机关负责调查的职务违法是指公职人员实施的与其职务相关联，虽不构成犯罪但依法应当承担法律责任的下列违法行为：

（一）利用职权实施的违法行为；

（二）利用职务上的影响实施的违法行为；

（三）履行职责不力、失职失责的违法行为；

（四）其他违反与公职人员职务相关的特定义务的违法行为。

第二十四条 【对其他违法行为进行调查、处置】监察机关发现公职人员存在其他违法行为，具有下列情形之一的，可以依法进行调查、处置：

（一）超过行政违法追究时效，或者超过犯罪追诉时效、未追究刑事责任，但需要依法给予政务处分的；

（二）被追究行政法律责任，需要依法给予政务处分的；

（三）监察机关调查职务违法或者职务犯罪时，对被调查人实施的事实简单、清楚，需要依法给予政务处分的其他违法行为一并查核的。

监察机关发现公职人员成为监察对象前有前款规定的违法行为的，依照前款规定办理。

第二十五条 【对职务犯罪进行调查】监察机关依法对监察法第十一条第二项规定的职务犯罪进行调查。

第二十六条　【对贪污贿赂犯罪进行调查】监察机关依法调查涉嫌贪污贿赂犯罪，包括贪污罪，挪用公款罪，受贿罪，单位受贿罪，利用影响力受贿罪，行贿罪，对有影响力的人行贿罪，对单位行贿罪，介绍贿赂罪，单位行贿罪，巨额财产来源不明罪，隐瞒境外存款罪，私分国有资产罪，私分罚没财物罪，以及公职人员在行使公权力过程中实施的职务侵占罪，挪用资金罪，对外国公职人员、国际公共组织官员行贿罪，非国家工作人员受贿罪和相关联的对非国家工作人员行贿罪。

第二十七条　【对滥用职权犯罪进行调查】监察机关依法调查公职人员涉嫌滥用职权犯罪，包括滥用职权罪，国有公司、企业、事业单位人员滥用职权罪，滥用管理公司、证券职权罪，食品、药品监管渎职罪，故意泄露国家秘密罪，报复陷害罪，阻碍解救被拐卖、绑架妇女、儿童罪，帮助犯罪分子逃避处罚罪，违法发放林木采伐许可证罪，办理偷越国（边）境人员出入境证件罪，放行偷越国（边）境人员罪，挪用特定款物罪，非法剥夺公民宗教信仰自由罪，侵犯少数民族风俗习惯罪，打击报复会计、统计人员罪，以及司法工作人员以外的公职人员利用职权实施的非法拘禁罪、虐待被监管人罪、非法搜查罪。

第二十八条　【对玩忽职守犯罪进行调查】监察机关依法调查公职人员涉嫌玩忽职守犯罪，包括玩忽职守罪，国有公司、企业、事业单位人员失职罪，签订、履行合同失职被骗罪，国家机关工作人员签订、履行合同失职被骗罪，环境监管失职罪，传染病防治失职罪，商检失职罪，动植物检疫失职罪，不解救被拐卖、绑架妇女、儿童罪，失职造成珍贵文物损毁、流失罪，过失泄露国家秘密罪。

第二十九条　【对徇私舞弊犯罪进行调查】监察机关依法调查

公职人员涉嫌徇私舞弊犯罪，包括徇私舞弊低价折股、出售国有资产罪，非法批准征收、征用、占用土地罪，非法低价出让国有土地使用权罪，非法经营同类营业罪，为亲友非法牟利罪，枉法仲裁罪，徇私舞弊发售发票、抵扣税款、出口退税罪，商检徇私舞弊罪，动植物检疫徇私舞弊罪，放纵走私罪，放纵制售伪劣商品犯罪行为罪，招收公务员、学生徇私舞弊罪，徇私舞弊不移交刑事案件罪，违法提供出口退税凭证罪，徇私舞弊不征、少征税款罪。

第三十条　【对重大责任事故犯罪进行调查】监察机关依法调查公职人员在行使公权力过程中涉及的重大责任事故犯罪，包括重大责任事故罪，教育设施重大安全事故罪，消防责任事故罪，重大劳动安全事故罪，强令、组织他人违章冒险作业罪，危险作业罪，不报、谎报安全事故罪，铁路运营安全事故罪，重大飞行事故罪，大型群众性活动重大安全事故罪，危险物品肇事罪，工程重大安全事故罪。

第三十一条　【对其他犯罪进行调查】监察机关依法调查公职人员在行使公权力过程中涉及的其他犯罪，包括破坏选举罪，背信损害上市公司利益罪，金融工作人员购买假币、以假币换取货币罪，利用未公开信息交易罪，诱骗投资者买卖证券、期货合约罪，背信运用受托财产罪，违法运用资金罪，违法发放贷款罪，吸收客户资金不入账罪，违规出具金融票证罪，对违法票据承兑、付款、保证罪，非法转让、倒卖土地使用权罪，私自开拆、隐匿、毁弃邮件、电报罪，故意延误投递邮件罪，泄露不应公开的案件信息罪，披露、报道不应公开的案件信息罪，接送不合格兵员罪。

第三十二条　【违法犯罪线索和被调查人员移送】监察机关发现依法由其他机关管辖的违法犯罪线索，应当及时移送有管辖权的机关。

监察机关调查结束后，对于应当给予被调查人或者涉案人员行政处罚等其他处理的，依法移送有关机关。

第四节 监察处置

第三十三条 【政务处分】 监察机关对违法的公职人员，依据监察法、政务处分法等规定作出政务处分决定。

第三十四条 【问责调查】 监察机关在追究违法的公职人员直接责任的同时，依法对履行职责不力、失职失责，造成严重后果或者恶劣影响的领导人员予以问责。

监察机关应当组成调查组依法开展问责调查。调查结束后经集体讨论形成调查报告，需要进行问责的按照管理权限作出问责决定，或者向有权作出问责决定的机关、单位书面提出问责建议。

第三十五条 【移送审查起诉】 监察机关对涉嫌职务犯罪的人员，经调查认为犯罪事实清楚，证据确实、充分，需要追究刑事责任的，依法移送人民检察院审查起诉。

第三十六条 【监察建议】 监察机关根据监督、调查结果，发现监察对象所在单位在廉政建设、权力制约、监督管理、制度执行以及履行职责等方面存在问题需要整改纠正的，依法提出监察建议。

监察机关应当跟踪了解监察建议的采纳情况，指导、督促有关单位限期整改，推动监察建议落实到位。

第三章 监察范围和管辖

第一节 监察对象

第三十七条 【监察范围】 监察机关依法对所有行使公权力的

公职人员进行监察，实现国家监察全面覆盖。

第三十八条　【公务员和参照公务员法管理人员范围】监察法第十五条第一项所称公务员范围，依据《中华人民共和国公务员法》（以下简称公务员法）确定。

监察法第十五条第一项所称参照公务员法管理的人员，是指有关单位中经批准参照公务员法进行管理的工作人员。

第三十九条　【管理公共事务的组织中从事公务的人员范围】监察法第十五条第二项所称法律、法规授权或者受国家机关依法委托管理公共事务的组织中从事公务的人员，是指在上述组织中，除参照公务员法管理的人员外，对公共事务履行组织、领导、管理、监督等职责的人员，包括具有公共事务管理职能的行业协会等组织中从事公务的人员，以及法定检验检测、检疫等机构中从事公务的人员。

第四十条　【国有企业管理人员范围】监察法第十五条第三项所称国有企业管理人员，是指国家出资企业中的下列人员：

（一）在国有独资、全资公司、企业中履行组织、领导、管理、监督等职责的人员；

（二）经党组织或者国家机关，国有独资、全资公司、企业，事业单位提名、推荐、任命、批准等，在国有控股、参股公司及其分支机构中履行组织、领导、管理、监督等职责的人员；

（三）经国家出资企业中负有管理、监督国有资产职责的组织批准或者研究决定，代表其在国有控股、参股公司及其分支机构中从事组织、领导、管理、监督等工作的人员。

第四十一条　【公办单位中从事管理的人员范围】监察法第十五条第四项所称公办的教育、科研、文化、医疗卫生、体育等单位中从事管理的人员，是指国家为了社会公益目的，由国家机关举办或者其他组织利用国有资产举办的教育、科研、文化、医疗卫生、体育等事业单位中，从事组织、领导、管理、监督等工作的人员。

第四十二条　【基层群众性自治组织中从事管理的人员范围】 监察法第十五条第五项所称基层群众性自治组织中从事管理的人员，是指该组织中的下列人员：

（一）从事集体事务和公益事业管理的人员；

（二）从事集体资金、资产、资源管理的人员；

（三）协助人民政府从事行政管理工作的人员，包括从事救灾、防疫、抢险、防汛、优抚、帮扶、移民、救济款物的管理，社会捐助公益事业款物的管理，国有土地的经营和管理，土地征收、征用补偿费用的管理，代征、代缴税款，有关计划生育、户籍、征兵工作，协助人民政府等国家机关在基层群众性自治组织中从事的其他管理工作。

第四十三条　【其他依法履行公职的人员范围】 下列人员属于监察法第十五条第六项所称其他依法履行公职的人员：

（一）履行人民代表大会职责的各级人民代表大会代表，履行公职的中国人民政治协商会议各级委员会委员、人民陪审员、人民监督员；

（二）虽未列入党政机关人员编制，但在党政机关中从事公务的人员；

（三）在集体经济组织等单位、组织中，由党组织或者国家机关，国有独资、全资公司、企业，国家出资企业中负有管理监督国有和集体资产职责的组织，事业单位提名、推荐、任命、批准等，从事组织、领导、管理、监督等工作的人员；

（四）在依法组建的评标、谈判、询价等组织中代表国家机关，国有独资、全资公司、企业，事业单位，人民团体临时履行公共事务组织、领导、管理、监督等职责的人员；

（五）其他依法行使公权力的人员。

第四十四条 【集体违法的责任追究】 有关机关、单位、组织集体作出的决定违法或者实施违法行为的，监察机关应当对负有责任的领导人员和直接责任人员中的公职人员依法追究法律责任。

第二节 管 辖

第四十五条 【管辖原则】 监察机关开展监督、调查、处置，按照管理权限与属地管辖相结合的原则，实行分级负责制。

第四十六条 【地方各级监委管辖本辖区案件、对涉嫌职务犯罪的非公职人员一并管辖】 设区的市级以上监察委员会按照管理权限，依法管辖同级党委管理的公职人员涉嫌职务违法和职务犯罪案件。

县级监察委员会和直辖市所辖区（县）监察委员会按照管理权限，依法管辖本辖区内公职人员涉嫌职务违法和职务犯罪案件。

地方各级监察委员会按照本条例第十三条、第四十九条规定，可以依法管辖工作单位在本辖区内的有关公职人员涉嫌职务违法和职务犯罪案件。

监察机关调查公职人员涉嫌职务犯罪案件，可以依法对涉嫌行贿犯罪、介绍贿赂犯罪或者共同职务犯罪的涉案人员中的非公职人员一并管辖。非公职人员涉嫌利用影响力受贿罪的，按照其所利用的公职人员的管理权限确定管辖。

第四十七条 【提级管辖】 上级监察机关对于下一级监察机关管辖范围内的职务违法和职务犯罪案件，具有下列情形之一的，可以依法提级管辖：

（一）在本辖区有重大影响的；

（二）涉及多个下级监察机关管辖的监察对象，调查难度大的；

（三）其他需要提级管辖的重大、复杂案件。

上级监察机关对于所辖各级监察机关管辖范围内有重大影响的案件，必要时可以依法直接调查或者组织、指挥、参与调查。

地方各级监察机关所管辖的职务违法和职务犯罪案件，具有第一款规定情形的，可以依法报请上一级监察机关管辖。

第四十八条　【指定管辖】上级监察机关可以依法将其所管辖的案件指定下级监察机关管辖。

设区的市级监察委员会将同级党委管理的公职人员涉嫌职务违法或者职务犯罪案件指定下级监察委员会管辖的，应当报省级监察委员会批准；省级监察委员会将同级党委管理的公职人员涉嫌职务违法或者职务犯罪案件指定下级监察委员会管辖的，应当报国家监察委员会相关监督检查部门备案。

上级监察机关对于下级监察机关管辖的职务违法和职务犯罪案件，具有下列情形之一，认为由其他下级监察机关管辖更为适宜的，可以依法指定给其他下级监察机关管辖：

（一）管辖有争议的；

（二）指定管辖有利于案件公正处理的；

（三）下级监察机关报请指定管辖的；

（四）其他有必要指定管辖的。

被指定的下级监察机关未经指定管辖的监察机关批准，不得将案件再行指定管辖。发现新的职务违法或者职务犯罪线索，以及其他重要情况、重大问题，应当及时向指定管辖的监察机关请示报告。

第四十九条　【对工作单位与管理权限分离的公职人员的职务违法和犯罪案件的管辖】工作单位在地方、管理权限在主管部门的公职人员涉嫌职务违法和职务犯罪，一般由驻在主管部门、有管辖权的监察机构、监察专员管辖；经协商，监察机构、监察专员可以按规定移交公职人员工作单位所在地的地方监察委员会调查，或者与地方监察委员会联合调查。地方监察委员会在工作中发现上述公职人员有关问题线索，应当向驻在主管部门、有管辖权的监察机构、监察专员通报，并协商确定管辖。

前款规定单位的其他公职人员涉嫌职务违法和职务犯罪，可以由地方监察委员会管辖；驻在主管部门的监察机构、监察专员自行立案调查的，应当及时通报地方监察委员会。

地方监察委员会调查前两款规定案件，应当将立案、留置、移送审查起诉、撤销案件等重要情况向驻在主管部门的监察机构、监察专员通报。

第五十条　【对无隶属关系的其他监察机关的监察对象的立案调查】监察机关办理案件中涉及无隶属关系的其他监察机关的监察对象，认为需要立案调查的，应当商请有管理权限的监察机关依法立案调查。商请立案时，应当提供涉案人员基本情况、已经查明的涉嫌违法犯罪事实以及相关证据材料。

承办案件的监察机关认为由其一并调查更为适宜的，可以报请有权决定的上级监察机关指定管辖。

第五十一条　【对公职人员涉嫌监察机关和其他机关管辖的犯罪的立案调查】公职人员既涉嫌贪污贿赂、失职渎职等严重职务违法和职务犯罪，又涉嫌公安机关、人民检察院等机关管辖的犯罪，依法由监察机关为主调查的，应当由监察机关和其他机关分别依职权立案，监察机关承担组织协调职责，协调调查和侦查工作进度、重要调查和侦查措施使用等重要事项。

第五十二条　【对司法工作人员利用职权实施的犯罪的立案调

查】监察机关必要时可以依法调查司法工作人员利用职权实施的涉嫌非法拘禁、刑讯逼供、非法搜查等侵犯公民权利、损害司法公正的犯罪，并在立案后及时通报同级人民检察院。

监察机关在调查司法工作人员涉嫌贪污贿赂等职务犯罪中，可以对其涉嫌的前款规定的犯罪一并调查，并及时通报同级人民检察院。人民检察院在办理直接受理侦查的案件中，发现犯罪嫌疑人同时涉嫌监察机关管辖的其他职务犯罪，经沟通全案移送监察机关管辖的，监察机关应当依法进行调查。

第五十三条　【对退休、离职、死亡公职人员违法犯罪行为的立案调查】监察机关对于退休公职人员在退休前或者退休后，或者离职、死亡的公职人员在履职期间实施的涉嫌职务违法或者职务犯罪行为，可以依法进行调查。

对前款规定人员，按照其原任职务的管辖规定确定管辖的监察机关；由其他监察机关管辖更为适宜的，可以依法指定或者交由其他监察机关管辖。

第四章　监察权限

第一节　一般要求

第五十四条　【加强监督执法调查工作规范化建设】监察机关应当加强监督执法调查工作规范化建设，严格按规定对监察措施进行审批和监管，依照法定的范围、程序和期限采取相关措施，出具、送达法律文书。

第五十五条　【初步核实中和立案后可以采取的监察措施】监察机关在初步核实中，可以依法采取谈话、询问、查询、调取、勘验检查、鉴定措施；立案后可以采取讯问、留置、冻结、搜查、查封、扣押、通缉措施。需要采取技术调查、限制出境措施的，应当按照规定交有关机关依法执行。设区的市级以下监察机关在初步核实中不得采取技术调查措施。

开展问责调查，根据具体情况可以依法采取相关监察措施。

第五十六条　【调查取证工作全程同步录音录像】开展讯问、搜查、查封、扣押以及重要的谈话、询问等调查取证工作，应当全程同步录音录像，并保持录音录像资料的完整性。录音录像资料应当妥善保管、及时归档，留存备查。

人民检察院、人民法院需要调取同步录音录像的，监察机关应当予以配合，经审批依法予以提供。

第五十七条　【商请其他监察机关协助】需要商请其他监察机关协助收集证据材料的，应当依法出具《委托调查函》；商请其他监察机关对采取措施提供一般性协助的，应当依法出具《商请协助采取措施函》。商请协助事项涉及协助地监察机关管辖的监察对象的，应当由协助地监察机关按照所涉人员的管理权限报批。协助地监察机关对于协助请求，应当依法予以协助配合。

第五十八条　【采取监察措施告知、通知相关人员方式】采取监察措施需要告知、通知相关人员的，应当依法办理。告知包括口头、书面两种方式，通知应当采取书面方式。采取口头方式告知的，应当将相关情况制作工作记录；采取书面方式告知、通知的，可以通过直接送交、邮寄、转交等途径送达，将有关回执或者凭证附卷。

无法告知、通知，或者相关人员拒绝接收的，调查人员应当在工作记录或者有关文书上记明。

第二节　证　　据

第五十九条　【证据范围】可以用于证明案件事实的材料都是

证据，包括：

（一）物证；

（二）书证；

（三）证人证言；

（四）被害人陈述；

（五）被调查人陈述、供述和辩解；

（六）鉴定意见；

（七）勘验检查、辨认、调查实验等笔录；

（八）视听资料、电子数据。

监察机关向有关单位和个人收集、调取证据时，应当告知其必须依法如实提供证据。对于不按要求提供有关材料，泄露相关信息，伪造、隐匿、毁灭证据，提供虚假情况或者阻止他人提供证据的，依法追究法律责任。

监察机关依照监察法和本条例规定收集的证据材料，经审查符合法定要求的，在刑事诉讼中可以作为证据使用。

第六十条　【认定案件事实工作要求】监察机关认定案件事实应当以证据为根据，全面、客观地收集、固定被调查人有无违法犯罪以及情节轻重的各种证据，形成相互印证、完整稳定的证据链。

只有被调查人陈述或者供述，没有其他证据的，不能认定案件事实；没有被调查人陈述或者供述，证据符合法定标准的，可以认定案件事实。

第六十一条　【审查认定证据判断标准】证据必须经过查证属实，才能作为定案的根据。审查认定证据，应当结合案件的具体情况，从证据与待证事实的关联程度、各证据之间的联系、是否依照法定程序收集等方面进行综合判断。

第六十二条　【证据确凿条件】监察机关调查终结的职务违法

案件，应当事实清楚、证据确凿。证据确凿，应当符合下列条件：

（一）定性处置的事实都有证据证实；

（二）定案证据真实、合法；

（三）据以定案的证据之间不存在无法排除的矛盾；

（四）综合全案证据，所认定事实清晰且令人信服。

第六十三条　【证据确实、充分条件】监察机关调查终结的职务犯罪案件，应当事实清楚，证据确实、充分。证据确实、充分，应当符合下列条件：

（一）定罪量刑的事实都有证据证明；

（二）据以定案的证据均经法定程序查证属实；

（三）综合全案证据，对所认定事实已排除合理怀疑。

证据不足的，不得移送人民检察院审查起诉。

第六十四条　【非法方法收集证据禁止性规定】严禁以暴力、威胁、引诱、欺骗以及非法限制人身自由等非法方法收集证据，严禁侮辱、打骂、虐待、体罚或者变相体罚被调查人、涉案人员和证人。

第六十五条　【非法证据排除】对于调查人员采用暴力、威胁以及非法限制人身自由等非法方法收集的被调查人供述、证人证言、被害人陈述，应当依法予以排除。

前款所称暴力的方法，是指采用殴打、违法使用戒具等方法或者变相肉刑的恶劣手段，使人遭受难以忍受的痛苦而违背意愿作出供述、证言、陈述；威胁的方法，是指采用以暴力或者严重损害本人及其近亲属合法权益等进行威胁的方法，使人遭受难以忍受的痛苦而违背意愿作出供述、证言、陈述。

收集物证、书证不符合法定程序，可能严重影响案件公正处理的，应当予以补正或者作出合理解释；不能补正或者作出合理解释的，对该证据应当予以排除。

第六十六条 【证据合法性调查核实】监察机关监督检查、调查、案件审理、案件监督管理等部门发现监察人员在办理案件中，可能存在以非法方法收集证据情形的，应当依据职责进行调查核实。对于被调查人控告、举报调查人员采用非法方法收集证据，并提供涉嫌非法取证的人员、时间、地点、方式和内容等材料或者线索的，应当受理并进行审核。根据现有材料无法证明证据收集合法性的，应当进行调查核实。

经调查核实，确认或者不能排除以非法方法收集证据的，对有关证据依法予以排除，不得作为案件定性处置、移送审查起诉的依据。认定调查人员非法取证的，应当依法处理，另行指派调查人员重新调查取证。

监察机关接到对下级监察机关调查人员采用非法方法收集证据的控告、举报，可以直接进行调查核实，也可以交由下级监察机关调查核实。交由下级监察机关调查核实的，下级监察机关应当及时将调查结果报告上级监察机关。

第六十七条 【证据材料及扣押财物的保管要求】对收集的证据材料及扣押的财物应当妥善保管，严格履行交接、调用手续，定期对账核实，不得违规使用、调换、损毁或者自行处理。

第六十八条 【行政机关收集的证据材料的使用规则】监察机关对行政机关在行政执法和查办案件中收集的物证、书证、视听资料、电子数据，勘验、检查等笔录，以及鉴定意见等证据材料，经审查符合法定要求的，可以作为证据使用。

根据法律、行政法规规定行使国家行政管理职权的组织在行政执法和查办案件中收集的证据材料，视为行政机关收集的证据材料。

第六十九条　【刑事诉讼中收集的证据材料的使用规则】监察机关对人民法院、人民检察院、公安机关、国家安全机关等在刑事诉讼中收集的物证、书证、视听资料、电子数据，勘验、检查、辨认、侦查实验等笔录，以及鉴定意见等证据材料，经审查符合法定要求的，可以作为证据使用。

监察机关办理职务违法案件，对于人民法院生效刑事判决、裁定和人民检察院不起诉决定采信的证据材料，可以直接作为证据使用。

第三节　谈　　话

第七十条　【谈话适用情形和一般要求】监察机关在问题线索处置、初步核实和立案调查中，可以依法对涉嫌职务违法的监察对象进行谈话，要求其如实说明情况或者作出陈述。

谈话应当个别进行。负责谈话的人员不得少于二人。

第七十一条　【对一般性问题线索的处置采取谈话方式】对一般性问题线索的处置，可以采取谈话方式进行，对监察对象给予警示、批评、教育。谈话应当在工作地点等场所进行，明确告知谈话事项，注重谈清问题、取得教育效果。

第七十二条　【采取谈话方式处置问题线索的程序】采取谈话方式处置问题线索的，经审批可以由监察人员或者委托被谈话人所在单位主要负责人等进行谈话。

监察机关谈话应当形成谈话笔录或者记录。谈话结束后，可以根据需要要求被谈话人在十五个工作日以内作出书面说明。被谈话人应当在书面说明每页签名，修改的地方也应当签名。

委托谈话的，受委托人应当在收到委托函后的十五个工作日以内进行谈话。谈话结束后及时形成谈话情况材料报送监察机关，必要时附被谈话人的书面说明。

第七十三条 【初步核实工作要求】监察机关开展初步核实工作，一般不与被核查人接触；确有需要与被核查人谈话的，应当按规定报批。

第七十四条 【立案后谈话工作要求】监察机关对涉嫌职务违法的被调查人立案后，可以依法进行谈话。

与被调查人首次谈话时，应当出示《被调查人权利义务告知书》，由其签名、捺指印。被调查人拒绝签名、捺指印的，调查人员应当在文书上记明。对于被调查人未被限制人身自由的，应当在首次谈话时出具《谈话通知书》。

与涉嫌严重职务违法的被调查人进行谈话的，应当全程同步录音录像，并告知被调查人。告知情况应当在录音录像中予以反映，并在笔录中记明。

第七十五条 【与未被限制人身自由的被调查人谈话】立案后，与未被限制人身自由的被调查人谈话的，应当在具备安全保障条件的场所进行。

调查人员按规定通知被调查人所在单位派员或者被调查人家属陪同被调查人到指定场所的，应当与陪同人员办理交接手续，填写《陪送交接单》。

第七十六条 【与被留置、在押、服刑的被调查人谈话】调查人员与被留置的被调查人谈话的，按照法定程序在留置场所进行。

与在押的犯罪嫌疑人、被告人谈话的，应当持以监察机关名义出具的介绍信、工作证件，商请有关案件主管机关依法协助办理。

与在看守所、监狱服刑的人员谈话的，应当持以监察机关名义出具的介绍信、工作证件办理。

第七十七条 【谈话时间要求】与被调查人进行谈话，应当合理安排时间、控制时长，保证其饮食和必要的休息时间。

第七十八条　【谈话笔录制作要求】谈话笔录应当在谈话现场制作。笔录应当详细具体，如实反映谈话情况。笔录制作完成后，应当交给被调查人核对。被调查人没有阅读能力的，应当向其宣读。

笔录记载有遗漏或者差错的，应当补充或者更正，由被调查人在补充或者更正处捺指印。被调查人核对无误后，应当在笔录中逐页签名、捺指印。被调查人拒绝签名、捺指印的，调查人员应当在笔录中记明。调查人员也应当在笔录中签名。

第七十九条　【被调查人自行书写说明材料要求】被调查人请求自行书写说明材料的，应当准许。必要时，调查人员可以要求被调查人自行书写说明材料。

被调查人应当在说明材料上逐页签名、捺指印，在末页写明日期。对说明材料有修改的，在修改之处应当捺指印。说明材料应当由二名调查人员接收，在首页记明接收的日期并签名。

第八十条　【立案后的谈话要求适用于初步核实中的谈话】本条例第七十四条至第七十九条的规定，也适用于在初步核实中开展的谈话。

第四节　讯　　问

第八十一条　【讯问适用情形】监察机关对涉嫌职务犯罪的被调查人，可以依法进行讯问，要求其如实供述涉嫌犯罪的情况。

第八十二条　【讯问场所要求】讯问被留置的被调查人，应当在留置场所进行。

第八十三条　【讯问程序】讯问应当个别进行，调查人员不得少于二人。

首次讯问时，应当向被讯问人出示《被调查人权利义务告知书》，由其签名、捺指印。被讯问人拒绝签名、捺指印的，调查人员应当在文书上记明。被讯问人未被限制人身自由的，应当在首次讯问时向其出具《讯问通知书》。

讯问一般按照下列顺序进行：

（一）核实被讯问人的基本情况，包括姓名、曾用名、出生年月日、户籍地、身份证件号码、民族、职业、政治面貌、文化程度、工作单位及职务、住所、家庭情况、社会经历，是否属于党代表大会代表、人大代表、政协委员，是否受到过党纪政务处分，是否受到过刑事处罚等；

（二）告知被讯问人如实供述自己罪行可以依法从宽处理和认罪认罚的法律规定；

（三）讯问被讯问人是否有犯罪行为，让其陈述有罪的事实或者无罪的辩解，应当允许其连贯陈述。

调查人员的提问应当与调查的案件相关。被讯问人对调查人员的提问应当如实回答。调查人员对被讯问人的辩解，应当如实记录，认真查核。

讯问时，应当告知被讯问人将进行全程同步录音录像。告知情况应当在录音录像中予以反映，并在笔录中记明。

第八十四条　【立案后的谈话要求适用于讯问】本条例第七十五条至第七十九条的要求，也适用于讯问。

第五节　询　　问

第八十五条　【询问适用情形】监察机关按规定报批后，可以依法对证人、被害人等人员进行询问，了解核实有关问题或者案件情况。

第八十六条　【询问场所要求】证人未被限制人身自由的，可以在其工作地点、住所或者其提出的地点进行询问，也可以通知其到指定地点接受询问。到证人提出的地点或者调查人员指定的地点进行询问的，应当在笔录中记明。

调查人员认为有必要或者证人提出需要由所在单位派员或者其家属陪同到询问地点的，应当办理交接手续并填写《陪送交接单》。

第八十七条　【询问程序】询问应当个别进行。负责询问的调查人员不得少于二人。

首次询问时，应当向证人出示《证人权利义务告知书》，由其签名、捺指印。证人拒绝签名、捺指印的，调查人员应当在文书上记明。证人未被限制人身自由的，应当在首次询问时向其出具《询问通知书》。

询问时，应当核实证人身份，问明证人的基本情况，告知证人应当如实提供证据、证言，以及作伪证或者隐匿证据应当承担的法律责任。不得向证人泄露案情，不得采用非法方法获取证言。

询问重大或者有社会影响案件的重要证人，应当对询问过程全程同步录音录像，并告知证人。告知情况应当在录音录像中予以反映，并在笔录中记明。

第八十八条　【询问未成年人和聋、哑人的特殊要求】询问未成年人，应当通知其法定代理人到场。无法通知或者法定代理人不能到场的，应当通知未成年人的其他成年亲属或者所在学校、居住地基层组织的代表等有关人员到场。询问结束后，由法定代理人或者有关人员在笔录中签名。调查人员应当将到场情况记录在案。

询问聋、哑人，应当有通晓聋、哑手势的人员参加。调查人员应当在笔录中记明证人的聋、哑情况，以及翻译人员的姓名、工作单位和职业。询问不通晓当地通用语言、文字的证人，应当有翻译人员。询问结束后，由翻译人员在笔录中签名。

第八十九条　【如实作证义务】凡是知道案件情况的人，都有如实作证的义务。对故意提供虚假证言的证人，应当依法追究法律责任。

证人或者其他任何人不得帮助被调查人隐匿、毁灭、伪造证据或者串供，不得实施其他干扰调查活动的行为。

第九十条　【对证人及其近亲属的人身安全保护措施】证人、鉴定人、被害人因作证，本人或者近亲属人身安全面临危险，向监察机关请求保护的，监察机关应当受理并及时进行审查；对于确实存在人身安全危险的，监察机关应当采取必要的保护措施。监察机关发现存在上述情形的，应当主动采取保护措施。

监察机关可以采取下列一项或者多项保护措施：

（一）不公开真实姓名、住址和工作单位等个人信息；

（二）禁止特定的人员接触证人、鉴定人、被害人及其近亲属；

（三）对人身和住宅采取专门性保护措施；

（四）其他必要的保护措施。

依法决定不公开证人、鉴定人、被害人的真实姓名、住址和工作单位等个人信息的，可以在询问笔录等法律文书、证据材料中使用化名。但是应当另行书面说明使用化名的情况并标明密级，单独成卷。

监察机关采取保护措施需要协助的，可以提请公安机关等有关单位和要求有关个人依法予以协助。

第九十一条　【立案后的谈话要求适用于询问】本条例第七十六条至第七十九条的要求，也适用于询问。询问重要涉案人员，根据情况适用本条例第七十五条的规定。

询问被害人，适用询问证人的规定。

第六节 留 置

第九十二条 【留置适用情形】监察机关调查严重职务违法或者职务犯罪，对于符合监察法第二十二条第一款规定的，经依法审批，可以对被调查人采取留置措施。

监察法第二十二条第一款规定的严重职务违法，是指根据监察机关已经掌握的事实及证据，被调查人涉嫌的职务违法行为情节严重，可能被给予撤职以上政务处分；重要问题，是指对被调查人涉嫌的职务违法或者职务犯罪，在定性处置、定罪量刑等方面有重要影响的事实、情节及证据。

监察法第二十二条第一款规定的已经掌握其部分违法犯罪事实及证据，是指同时具备下列情形：

（一）有证据证明发生了违法犯罪事实；

（二）有证据证明该违法犯罪事实是被调查人实施；

（三）证明被调查人实施违法犯罪行为的证据已经查证属实。

部分违法犯罪事实，既可以是单一违法犯罪行为的事实，也可以是数个违法犯罪行为中任何一个违法犯罪行为的事实。

第九十三条 【可能逃跑、自杀的情形】被调查人具有下列情形之一的，可以认定为监察法第二十二条第一款第二项所规定的可能逃跑、自杀：

（一）着手准备自杀、自残或者逃跑的；

（二）曾经有自杀、自残或者逃跑行为的；

（三）有自杀、自残或者逃跑意图的；

（四）其他可能逃跑、自杀的情形。

第九十四条 【可能串供或者伪造、隐匿、毁灭证据的情形】被调查人具有下列情形之一的，可以认定为监察法第二十二条第一款第三项所规定的可能串供或者伪造、隐匿、毁灭证据：

（一）曾经或者企图串供，伪造、隐匿、毁灭、转移证据的；

（二）曾经或者企图威逼、恐吓、利诱、收买证人，干扰证人作证的；

（三）有同案人或者与被调查人存在密切关联违法犯罪的涉案人员在逃，重要证据尚未收集完成的；

（四）其他可能串供或者伪造、隐匿、毁灭证据的情形。

第九十五条　【可能有其他妨碍调查行为的情形】 被调查人具有下列情形之一的，可以认定为监察法第二十二条第一款第四项所规定的可能有其他妨碍调查行为：

（一）可能继续实施违法犯罪行为的；

（二）有危害国家安全、公共安全等现实危险的；

（三）可能对举报人、控告人、被害人、证人、鉴定人等相关人员实施打击报复的；

（四）无正当理由拒不到案，严重影响调查的；

（五）其他可能妨碍调查的行为。

第九十六条　【不得采取留置措施的情形】 对下列人员不得采取留置措施：

（一）患有严重疾病、生活不能自理的；

（二）怀孕或者正在哺乳自己婴儿的妇女；

（三）系生活不能自理的人的唯一扶养人。

上述情形消除后，根据调查需要可以对相关人员采取留置措施。

第九十七条　【留置程序】 采取留置措施时，调查人员不得少于二人，应当向被留置人员宣布《留置决定书》，告知被留置人员权利义务，要求其在《留置决定书》上签名、捺指印。被留置人员拒绝签名、捺指印的，调查人员应当在文书上记明。

第九十八条　【采取留置措施后的通知要求】采取留置措施后，应当在二十四小时以内通知被留置人员所在单位和家属。当面通知的，由有关人员在《留置通知书》上签名。无法当面通知的，可以先以电话等方式通知，并通过邮寄、转交等方式送达《留置通知书》，要求有关人员在《留置通知书》上签名。

因可能毁灭、伪造证据，干扰证人作证或者串供等有碍调查情形而不宜通知的，应当按规定报批，记录在案。有碍调查的情形消失后，应当立即通知被留置人员所在单位和家属。

第九十九条　【提请公安机关协助采取留置措施工作要求】县级以上监察机关需要提请公安机关协助采取留置措施的，应当按规定报批，请同级公安机关依法予以协助。提请协助时，应当出具《提请协助采取留置措施函》，列明提请协助的具体事项和建议，协助采取措施的时间、地点等内容，附《留置决定书》复印件。

因保密需要，不适合在采取留置措施前向公安机关告知留置对象姓名的，可以作出说明，进行保密处理。

需要提请异地公安机关协助采取留置措施的，应当按规定报批，向协作地同级监察机关出具协作函件和相关文书，由协作地监察机关提请当地公安机关依法予以协助。

第一百条　【保障被留置人员权益】留置过程中，应当保障被留置人员的合法权益，尊重其人格和民族习俗，保障饮食、休息和安全，提供医疗服务。

第一百零一条　【留置时间及延长情形】留置时间不得超过三个月，自向被留置人员宣布之日起算。具有下列情形之一的，经审批可以延长一次，延长时间不得超过三个月：

（一）案情重大，严重危害国家利益或者公共利益的；

（二）案情复杂，涉案人员多、金额巨大，涉及范围广的；

（三）重要证据尚未收集完成，或者重要涉案人员尚未到案，导致违法犯罪的主要事实仍须继续调查的；

（四）其他需要延长留置时间的情形。

省级以下监察机关采取留置措施的，延长留置时间应当报上一级监察机关批准。

延长留置时间的，应当在留置期满前向被留置人员宣布延长留置时间的决定，要求其在《延长留置时间决定书》上签名、捺指印。被留置人员拒绝签名、捺指印的，调查人员应当在文书上记明。

延长留置时间的，应当通知被留置人员家属。

第一百零二条　【解除留置】对被留置人员不需要继续采取留置措施的，应当按规定报批，及时解除留置。

调查人员应当向被留置人员宣布解除留置措施的决定，由其在《解除留置决定书》上签名、捺指印。被留置人员拒绝签名、捺指印的，调查人员应当在文书上记明。

解除留置措施的，应当及时通知被留置人员所在单位或者家属。调查人员应当与交接人办理交接手续，并由其在《解除留置通知书》上签名。无法通知或者有关人员拒绝签名的，调查人员应当在文书上记明。

案件依法移送人民检察院审查起诉的，留置措施自犯罪嫌疑人被执行拘留时自动解除，不再办理解除法律手续。

第一百零三条　【留置场所安全工作责任制】留置场所应当建立健全保密、消防、医疗、餐饮及安保等安全工作责任制，制定紧急突发事件处置预案，采取安全防范措施。

留置期间发生被留置人员死亡、伤残、脱逃等办案安全事故、事件的，应当及时做好处置工作。相关情况应当立即报告监察机关主要负责人，并在二十四小时以内逐级上报至国家监察委员会。

第七节　查询、冻结

第一百零四条　【查询、冻结适用情形】 监察机关调查严重职务违法或者职务犯罪，根据工作需要，按规定报批后，可以依法查询、冻结涉案单位和个人的存款、汇款、债券、股票、基金份额等财产。

第一百零五条　【查询、冻结财产程序】 查询、冻结财产时，调查人员不得少于二人。调查人员应当出具《协助查询财产通知书》或者《协助冻结财产通知书》，送交银行或者其他金融机构、邮政部门等单位执行。有关单位和个人应当予以配合，并严格保密。

查询财产应当在《协助查询财产通知书》中填写查询账号、查询内容等信息。没有具体账号的，应当填写足以确定账户或者权利人的自然人姓名、身份证件号码或者企业法人名称、统一社会信用代码等信息。

冻结财产应当在《协助冻结财产通知书》中填写冻结账户名称、冻结账号、冻结数额、冻结期限起止时间等信息。冻结数额应当具体、明确，暂时无法确定具体数额的，应当在《协助冻结财产通知书》上明确写明“只收不付”。冻结证券和交易结算资金时，应当明确冻结的范围是否及于孳息。

冻结财产，应当为被调查人及其所扶养的亲属保留必需的生活费用。

第一百零六条　【调查人员可以对查询结果复制和要求书面解释】 调查人员可以根据需要对查询结果进行打印、抄录、复制、拍照，要求相关单位在有关材料上加盖证明印章。对查询结果有疑问的，可以要求相关单位进行书面解释并加盖印章。

第一百零七条 【对查询信息加强管理】 监察机关对查询信息应当加强管理，规范信息交接、调阅、使用程序和手续，防止滥用和泄露。

调查人员不得查询与案件调查工作无关的信息。

第一百零八条 【冻结财产期限】 冻结财产的期限不得超过六个月。冻结期限到期未办理续冻手续的，冻结自动解除。

有特殊原因需要延长冻结期限的，应当在到期前按原程序报批，办理续冻手续。每次续冻期限不得超过六个月。

第一百零九条 【财产轮候冻结】 已被冻结的财产可以轮候冻结，不得重复冻结。轮候冻结的，监察机关应当要求有关银行或者其他金融机构等单位在解除冻结或者作出处理前予以通知。

监察机关接受司法机关、其他监察机关等国家机关移送的涉案财物后，该国家机关采取的冻结期限届满，监察机关续行冻结的顺位与该国家机关冻结的顺位相同。

第一百一十条 【冻结财产程序】 冻结财产应当通知权利人或者其法定代理人、委托代理人，要求其在《冻结财产告知书》上签名。冻结股票、债券、基金份额等财产，应当告知权利人或者其法定代理人、委托代理人有权申请出售。

对于被冻结的股票、债券、基金份额等财产，权利人或者其法定代理人、委托代理人申请出售，不损害国家利益、被害人利益，不影响调查正常进行的，经审批可以在案件办结前由相关机构依法出售或者变现。对于被冻结的汇票、本票、支票即将到期的，经审批可以在案件办结前由相关机构依法出售或者变现。出售上述财产的，应当出具《许可出售冻结财产通知书》。

出售或者变现所得价款应当继续冻结在其对应的银行账户中；

没有对应的银行账户的，应当存入监察机关指定的专用账户保管，并将存款凭证送监察机关登记。监察机关应当及时向权利人或者其法定代理人、委托代理人出具《出售冻结财产通知书》，并要求其签名。拒绝签名的，调查人员应当在文书上记明。

第一百一十一条　【对冻结财产的核查与解除】对于冻结的财产，应当及时核查。经查明与案件无关的，经审批，应当在查明后三日以内将《解除冻结财产通知书》送交有关单位执行。解除情况应当告知被冻结财产的权利人或者其法定代理人、委托代理人。

第八节　搜　　查

第一百一十二条　【搜查适用情形】监察机关调查职务犯罪案件，为了收集犯罪证据、查获被调查人，按规定报批后，可以依法对被调查人以及可能隐藏被调查人或者犯罪证据的人的身体、物品、住处、工作地点和其他有关地方进行搜查。

第一百一十三条　【搜查程序】搜查应当在调查人员主持下进行，调查人员不得少于二人。搜查女性的身体，由女性工作人员进行。

搜查时，应当有被搜查人或者其家属、其所在单位工作人员或者其他见证人在场。监察人员不得作为见证人。调查人员应当向被搜查人或者其家属、见证人出示《搜查证》，要求其签名。被搜查人或者其家属不在场，或者拒绝签名的，调查人员应当在文书上记明。

第一百一十四条　【对阻碍搜查行为的处理】搜查时，应当要求在场人员予以配合，不得进行阻碍。对以暴力、威胁等方法阻碍搜查的，应当依法制止。对阻碍搜查构成违法犯罪的，依法追究法律责任。

第一百一十五条 【提请公安机关协助搜查工作要求】县级以上监察机关需要提请公安机关依法协助采取搜查措施的，应当按规定报批，请同级公安机关予以协助。提请协助时，应当出具《提请协助采取搜查措施函》，列明提请协助的具体事项和建议，搜查时间、地点、目的等内容，附《搜查证》复印件。

需要提请异地公安机关协助采取搜查措施的，应当按规定报批，向协作地同级监察机关出具协作函件和相关文书，由协作地监察机关提请当地公安机关予以协助。

第一百一十六条 【搜查取证工作全程同步录音录像、制作搜查笔录】对搜查取证工作，应当全程同步录音录像。

对搜查情况应当制作《搜查笔录》，由调查人员和被搜查人或者其家属、见证人签名。被搜查人或者其家属不在场，或者拒绝签名的，调查人员应当在笔录中记明。

对于查获的重要物证、书证、视听资料、电子数据及其放置、存储位置应当拍照，并在《搜查笔录》中作出文字说明。

第一百一十七条 【搜查工作要求】搜查时，应当避免未成年人或者其他不适宜在搜查现场的人在场。

搜查人员应当服从指挥、文明执法，不得擅自变更搜查对象和扩大搜查范围。搜查的具体时间、方法，在实施前应当严格保密。

第一百一十八条 【搜查过程中查封、扣押财物和文件要求】在搜查过程中查封、扣押财物和文件的，按照查封、扣押的有关规定办理。

第九节 调 取

第一百一十九条 【调取适用情形】监察机关按规定报批后，可以依法向有关单位和个人调取用以证明案件事实的证据材料。

第一百二十条　【调取证据材料工作要求】 调取证据材料时，调查人员不得少于二人。调查人员应当依法出具《调取证据通知书》，必要时附《调取证据清单》。

有关单位和个人配合监察机关调取证据，应当严格保密。

第一百二十一条　【调取物证、书证、视听资料应当调取原物、原件】 调取物证应当调取原物。原物不便搬运、保存，或者依法应当返还，或者因保密工作需要不能调取原物的，可以将原物封存，并拍照、录像。对原物拍照或者录像时，应当足以反映原物的外形、内容。

调取书证、视听资料应当调取原件。取得原件确有困难或者因保密工作需要不能调取原件的，可以调取副本或者复制件。

调取物证的照片、录像和书证、视听资料的副本、复制件的，应当书面记明不能调取原物、原件的原因，原物、原件存放地点，制作过程，是否与原物、原件相符，并由调查人员和物证、书证、视听资料原持有人签名或者盖章。持有人无法签名、盖章或者拒绝签名、盖章的，应当在笔录中记明，由见证人签名。

第一百二十二条　【调取外文材料作为证据使用的要求】 调取外文材料作为证据使用的，应当交由具有资质的机构和人员出具中文译本。中文译本应当加盖翻译机构公章。

第一百二十三条　【收集、提取电子数据的要求】 收集、提取电子数据，能够扣押原始存储介质的，应当予以扣押、封存并在笔录中记录封存状态。无法扣押原始存储介质的，可以提取电子数据，但应当在笔录中记明不能扣押的原因、原始存储介质的存放地点或者电子数据的来源等情况。

由于客观原因无法或者不宜采取前款规定方式收集、提取电子数据的，可以采取打印、拍照或者录像等方式固定相关证据，并在笔录中说明原因。

收集、提取的电子数据，足以保证完整性，无删除、修改、增加等情形的，可以作为证据使用。

收集、提取电子数据，应当制作笔录，记录案由、对象、内容，收集、提取电子数据的时间、地点、方法、过程，并附电子数据清单，注明类别、文件格式、完整性校验值等，由调查人员、电子数据持有人（提供人）签名或者盖章；电子数据持有人（提供人）无法签名或者拒绝签名的，应当在笔录中记明，由见证人签名或者盖章。有条件的，应当对相关活动进行录像。

第一百二十四条 【调取的物证、书证、视听资料等原件退还】调取的物证、书证、视听资料等原件，经查明与案件无关的，经审批，应当在查明后三日以内退还，并办理交接手续。

第十节 查封、扣押

第一百二十五条 【查封、扣押适用情形】监察机关按规定报批后，可以依法查封、扣押用以证明被调查人涉嫌违法犯罪以及情节轻重的财物、文件、电子数据等证据材料。

对于被调查人到案时随身携带的物品，以及被调查人或者其他相关人员主动上交的财物和文件，依法需要扣押的，依照前款规定办理。对于被调查人随身携带的与案件无关的个人用品，应当逐件登记，随案移交或者退还。

第一百二十六条 【查封、扣押工作要求】查封、扣押时，应当出具《查封/扣押通知书》，调查人员不得少于二人。持有人拒绝交出应当查封、扣押的财物和文件的，可以依法强制查封、扣押。

调查人员对于查封、扣押的财物和文件，应当会同在场见证人和被查封、扣押财物持有人进行清点核对，开列《查封/扣押财物、文件清单》，由调查人员、见证人和持有人签名或者盖章。持有人不在场或者拒绝签名、盖章的，调查人员应当在清单上记明。

查封、扣押财物，应当为被调查人及其所扶养的亲属保留必需的生活费用和物品。

第一百二十七条　【查封、扣押特定财物时可以封存、保管】查封、扣押不动产和置于该不动产上不宜移动的设施、家具和其他相关财物，以及车辆、船舶、航空器和大型机械、设备等财物，必要时可以依法扣押其权利证书，经拍照或者录像后原地封存。调查人员应当在查封清单上记明相关财物的所在地址和特征，已经拍照或者录像及其权利证书被扣押的情况，由调查人员、见证人和持有人签名或者盖章。持有人不在场或者拒绝签名、盖章的，调查人员应当在清单上记明。

查封、扣押前款规定财物的，必要时可以将被查封财物交给持有人或者其近亲属保管。调查人员应当告知保管人妥善保管，不得对被查封财物进行转移、变卖、毁损、抵押、赠予等处理。

调查人员应当将《查封/扣押通知书》送达不动产、生产设备或者车辆、船舶、航空器等财物的登记、管理部门，告知其在查封期间禁止办理抵押、转让、出售等权属关系变更、转移登记手续。相关情况应当在查封清单上记明。被查封、扣押的财物已经办理抵押登记的，监察机关在执行没收、追缴、责令退赔等决定时应当及时通知抵押权人。

第一百二十八条　【查封、扣押物品处理方式】查封、扣押下列物品，应当依法进行相应的处理：

（一）查封、扣押外币、金银珠宝、文物、名贵字画以及其他不易辨别真伪的贵重物品，具备当场密封条件的，应当当场密封，由二名以上调查人员在密封材料上签名并记明密封时间。不具备当场密封条件的，应当在笔录中记明，以拍照、录像等方法加以保全后进行封存。查封、扣押的贵重物品需要鉴定的，应当及时鉴定。

（二）查封、扣押存折、银行卡、有价证券等支付凭证和具有一定特征能够证明案情的现金，应当记明特征、编号、种类、面值、张数、金额等，当场密封，由二名以上调查人员在密封材料上签名并记明密封时间。

（三）查封、扣押易损毁、灭失、变质等不宜长期保存的物品以及有消费期限的卡、券，应当在笔录中记明，以拍照、录像等方法加以保全后进行封存，或者经审批委托有关机构变卖、拍卖。变卖、拍卖的价款存入专用账户保管，待调查终结后一并处理。

（四）对于可以作为证据使用的录音录像、电子数据存储介质，应当记明案由、对象、内容，录制、复制的时间、地点、规格、类别、应用长度、文件格式及长度等，制作清单。具备查封、扣押条件的电子设备、存储介质应当密封保存。必要时，可以请有关机关协助。

（五）对被调查人使用违法犯罪所得与合法收入共同购置的不可分割的财产，可以先行查封、扣押。对无法分割退还的财产，涉及违法的，可以在结案后委托有关单位拍卖、变卖，退还不属于违法所得的部分及孳息；涉及职务犯罪的，依法移送司法机关处置。

（六）查封、扣押危险品、违禁品，应当及时送交有关部门，或者根据工作需要严格封存保管。

第一百二十九条　【启封财物和文件办理要求】对于需要启封的财物和文件，应当由二名以上调查人员共同办理。重新密封时，由二名以上调查人员在密封材料上签名、记明时间。

第一百三十条　【涉案财物信息、款项、物品处理方式】查封、扣押涉案财物，应当按规定将涉案财物详细信息、《查封/扣押财物、文件清单》录入并上传监察机关涉案财物信息管理系统。

对于涉案款项，应当在采取措施后十五日以内存入监察机关指定的专用账户。对于涉案物品，应当在采取措施后三十日以内移交涉案财物保管部门保管。因特殊原因不能按时存入专用账户或者移交保管的，应当按规定报批，将保管情况录入涉案财物信息管理系统，在原因消除后及时存入或者移交。

第一百三十一条　【已移交涉案财物的调用和归还】对于已移交涉案财物保管部门保管的涉案财物，根据调查工作需要，经审批可以临时调用，并应当确保完好。调用结束后，应当及时归还。调用和归还时，调查人员、保管人员应当当面清点查验。保管部门应当对调用和归还情况进行登记，全程录像并上传涉案财物信息管理系统。

第一百三十二条　【被扣押的股票、汇票等出售或变现要求】对于被扣押的股票、债券、基金份额等财产，以及即将到期的汇票、本票、支票，依法需要出售或者变现的，按照本条例关于出售冻结财产的规定办理。

第一百三十三条　【续行查封、扣押的顺位】监察机关接受司法机关、其他监察机关等国家机关移送的涉案财物后，该国家机关采取的查封、扣押期限届满，监察机关续行查封、扣押的顺位与该国家机关查封、扣押的顺位相同。

第一百三十四条　【对查封、扣押的财物和文件的核查与解除】对查封、扣押的财物和文件，应当及时进行核查。经查明与案件无关的，经审批，应当在查明后三日以内解除查封、扣押，予以退还。解除查封、扣押的，应当向有关单位、原持有人或者近亲属送达《解除查封/扣押通知书》，附《解除查封/扣押财物、文件清单》，要求其签名或者盖章。

第一百三十五条 【对主动上交的涉案财物接收要求】在立案调查之前，对监察对象及相关人员主动上交的涉案财物，经审批可以接收。

接收时，应当由二名以上调查人员，会同持有人和见证人进行清点核对，当场填写《主动上交财物登记表》。调查人员、持有人和见证人应当在登记表上签名或者盖章。

对于主动上交的财物，应当根据立案及调查情况及时决定是否依法查封、扣押。

第十一节 勘验检查

第一百三十六条 【勘验检查适用情形】监察机关按规定报批后，可以依法对与违法犯罪有关的场所、物品、人身、尸体、电子数据等进行勘验检查。

第一百三十七条 【勘验检查办理要求】依法需要勘验检查的，应当制作《勘验检查证》；需要委托勘验检查的，应当出具《委托勘验检查书》，送具有专门知识、勘验检查资格的单位（人员）办理。

第一百三十八条 【勘验检查程序】勘验检查应当由二名以上调查人员主持，邀请与案件无关的见证人在场。勘验检查情况应当制作笔录，并由参加勘验检查人员和见证人签名。

勘验检查现场、拆封电子数据存储介质应当全程同步录音录像。对现场情况应当拍摄现场照片、制作现场图，并由勘验检查人员签名。

第一百三十九条 【对被调查人或者相关人员人身检查要求】为了确定被调查人或者相关人员的某些特征、伤害情况或者生理状态，可以依法对其人身进行检查。必要时可以聘请法医或者医师进行人身检查。检查女性身体，应当由女性工作人员或者医师进行。被调查人拒绝检查的，可以依法强制检查。

人身检查不得采用损害被检查人生命、健康或者贬低其名誉、人格的方法。对人身检查过程中知悉的个人隐私，应当严格保密。

对人身检查的情况应当制作笔录，由参加检查的调查人员、检查人员、被检查人员和见证人签名。被检查人员拒绝签名的，调查人员应当在笔录中记明。

第一百四十条　【调查实验】为查明案情，在必要的时候，经审批可以依法进行调查实验。调查实验，可以聘请有关专业人员参加，也可以要求被调查人、被害人、证人参加。

进行调查实验，应当全程同步录音录像，制作调查实验笔录，由参加实验的人签名。进行调查实验，禁止一切足以造成危险、侮辱人格的行为。

第一百四十一条　【辨认】调查人员在必要时，可以依法让被害人、证人和被调查人对与违法犯罪有关的物品、文件、尸体或者场所进行辨认；也可以让被害人、证人对被调查人进行辨认，或者让被调查人对涉案人员进行辨认。

辨认工作应当由二名以上调查人员主持进行。在辨认前，应当向辨认人详细询问辨认对象的具体特征，避免辨认人见到辨认对象，并告知辨认人作虚假辨认应当承担的法律责任。几名辨认人对同一辨认对象进行辨认时，应当由辨认人个别进行。辨认应当形成笔录，并由调查人员、辨认人签名。

第一百四十二条　【被辨认人数要求、为辨认人保密】辨认人员时，被辨认的人数不得少于七人，照片不得少于十张。

辨认人不愿公开进行辨认时，应当在不暴露辨认人的情况下进行辨认，并为其保守秘密。

第一百四十三条 【辨认物品要求】 组织辨认物品时一般应当辨认实物。被辨认的物品系名贵字画等贵重物品或者存在不便搬运等情况的，可以对实物照片进行辨认。辨认人进行辨认时，应当在辨认出的实物照片与附纸骑缝上捺指印予以确认，在附纸上写明该实物涉案情况并签名、捺指印。

辨认物品时，同类物品不得少于五件，照片不得少于五张。

对于难以找到相似物品的特定物，可以将该物品照片交由辨认人进行确认后，在照片与附纸骑缝上捺指印，在附纸上写明该物品涉案情况并签名、捺指印。在辨认人确认前，应当向其详细询问物品的具体特征，并对确认过程和结果形成笔录。

第一百四十四条 【辨认笔录不得作为认定案件依据的情形】 辨认笔录具有下列情形之一的，不得作为认定案件的依据：

（一）辨认开始前使辨认人见到辨认对象的；

（二）辨认活动没有个别进行的；

（三）辨认对象没有混杂在具有类似特征的其他对象中，或者供辨认的对象数量不符合规定的，但特定辨认对象除外；

（四）辨认中给辨认人明显暗示或者明显有指认嫌疑的；

（五）辨认不是在调查人员主持下进行的；

（六）违反有关规定，不能确定辨认笔录真实性的其他情形。

辨认笔录存在其他瑕疵的，应当结合全案证据审查其真实性和关联性，作出综合判断。

第十二节 鉴 定

第一百四十五条 【鉴定适用情形】 监察机关为解决案件中的专门性问题，按规定报批后，可以依法进行鉴定。

鉴定时应当出具《委托鉴定书》，由二名以上调查人员送交具有鉴定资格的鉴定机构、鉴定人进行鉴定。

第一百四十六条　【鉴定种类】 监察机关可以依法开展下列鉴定：

（一）对笔迹、印刷文件、污损文件、制成时间不明的文件和以其他形式表现的文件等进行鉴定；

（二）对案件中涉及的财务会计资料及相关财物进行会计鉴定；

（三）对被调查人、证人的行为能力进行精神病鉴定；

（四）对人体造成的损害或者死因进行人身伤亡医学鉴定；

（五）对录音录像资料进行鉴定；

（六）对因电子信息技术应用而出现的材料及其派生物进行电子证据鉴定；

（七）其他可以依法进行的专业鉴定。

第一百四十七条　【鉴定工作要求】 监察机关应当为鉴定提供必要条件，向鉴定人送交有关检材和对比样本等原始材料，介绍与鉴定有关的情况。调查人员应当明确提出要求鉴定事项，但不得暗示或者强迫鉴定人作出某种鉴定意见。

监察机关应当做好检材的保管和送检工作，记明检材送检环节的责任人，确保检材在流转环节的同一性和不被污染。

第一百四十八条　【鉴定意见签名】 鉴定人应当在出具的鉴定意见上签名，并附鉴定机构和鉴定人的资质证明或者其他证明文件。多个鉴定人的鉴定意见不一致的，应当在鉴定意见上记明分歧的内容和理由，并且分别签名。

监察机关对于法庭审理中依法决定鉴定人出庭作证的，应当予以协调。

鉴定人故意作虚假鉴定的，应当依法追究法律责任。

第一百四十九条　【鉴定意见审查】 调查人员应当对鉴定意见

进行审查。对经审查作为证据使用的鉴定意见，应当告知被调查人及相关单位、人员，送达《鉴定意见告知书》。

被调查人或者相关单位、人员提出补充鉴定或者重新鉴定申请，经审查符合法定要求的，应当按规定报批，进行补充鉴定或者重新鉴定。

对鉴定意见告知情况可以制作笔录，载明告知内容和被告知人的意见等。

第一百五十条 【补充鉴定情形】经审查具有下列情形之一的，应当补充鉴定：

（一）鉴定内容有明显遗漏的；

（二）发现新的有鉴定意义的证物的；

（三）对鉴定证物有新的鉴定要求的；

（四）鉴定意见不完整，委托事项无法确定的；

（五）其他需要补充鉴定的情形。

第一百五十一条 【重新鉴定情形】经审查具有下列情形之一的，应当重新鉴定：

（一）鉴定程序违法或者违反相关专业技术要求的；

（二）鉴定机构、鉴定人不具备鉴定资质和条件的；

（三）鉴定人故意作出虚假鉴定或者违反回避规定的；

（四）鉴定意见依据明显不足的；

（五）检材虚假或者被损坏的；

（六）其他应当重新鉴定的情形。

决定重新鉴定的，应当另行确定鉴定机构和鉴定人。

第一百五十二条 【指派、聘请具有专门知识的人出具报告】因无鉴定机构，或者根据法律法规等规定，监察机关可以指派、聘请具有专门知识的人就案件的专门性问题出具报告。

第十三节　技 术 调 查

第一百五十三条　【技术调查措施适用情形】监察机关根据调查涉嫌重大贪污贿赂等职务犯罪需要，依照规定的权限和程序报经批准，可以依法采取技术调查措施，按照规定交公安机关或者国家有关执法机关依法执行。

前款所称重大贪污贿赂等职务犯罪，是指具有下列情形之一：

（一）案情重大复杂，涉及国家利益或者重大公共利益的；

（二）被调查人可能被判处十年以上有期徒刑、无期徒刑或者死刑的；

（三）案件在全国或者本省、自治区、直辖市范围内有较大影响的。

第一百五十四条　【采取技术调查措施要求】依法采取技术调查措施的，监察机关应当出具《采取技术调查措施委托函》《采取技术调查措施决定书》和《采取技术调查措施适用对象情况表》，送交有关机关执行。其中，设区的市级以下监察机关委托有关执行机关采取技术调查措施，还应当提供《立案决定书》。

第一百五十五条　【技术调查措施期限与解除、变更】技术调查措施的期限按照监察法的规定执行，期限届满前未办理延期手续的，到期自动解除。

对于不需要继续采取技术调查措施的，监察机关应当按规定及时报批，将《解除技术调查措施决定书》送交有关机关执行。

需要依法变更技术调查措施种类或者增加适用对象的，监察机关应当重新办理报批和委托手续，依法送交有关机关执行。

第一百五十六条　【采取技术调查措施收集的信息和材料使用、制作要求】对于采取技术调查措施收集的信息和材料，依法需要作为刑事诉讼证据使用的，监察机关应当按规定报批，出具《调取技术调查证据材料通知书》向有关执行机关调取。

对于采取技术调查措施收集的物证、书证及其他证据材料，监察机关应当制作书面说明，写明获取证据的时间、地点、数量、特征以及采取技术调查措施的批准机关、种类等。调查人员应当在书面说明上签名。

对于采取技术调查措施获取的证据材料，如果使用该证据材料可能危及有关人员的人身安全，或者可能产生其他严重后果的，应当采取不暴露有关人员身份、技术方法等保护措施。必要时，可以建议由审判人员在庭外进行核实。

第一百五十七条　【技术调查保密要求、对采取技术调查措施获取的材料的处理要求】 调查人员对采取技术调查措施过程中知悉的国家秘密、商业秘密、个人隐私，应当严格保密。

采取技术调查措施获取的证据、线索及其他有关材料，只能用于对违法犯罪的调查、起诉和审判，不得用于其他用途。

对采取技术调查措施获取的与案件无关的材料，应当经审批及时销毁。对销毁情况应当制作记录，由调查人员签名。

第十四节　通　　缉

第一百五十八条　【通缉程序】 县级以上监察机关对在逃的应当被留置人员，依法决定在本行政区域内通缉的，应当按规定报批，送交同级公安机关执行。送交执行时，应当出具《通缉决定书》，附《留置决定书》等法律文书和被通缉人员信息，以及承办单位、承办人员等有关情况。

通缉范围超出本行政区域的，应当报有决定权的上级监察机关出具《通缉决定书》，并附《留置决定书》及相关材料，送交同级公安机关执行。

第一百五十九条　【发布通缉令】国家监察委员会依法需要提请公安部对在逃人员发布公安部通缉令的，应当先提请公安部采取网上追逃措施。如情况紧急，可以向公安部同时出具《通缉决定书》和《提请采取网上追逃措施函》。

省级以下监察机关报请国家监察委员会提请公安部发布公安部通缉令的，应当先提请本地公安机关采取网上追逃措施。

第一百六十条　【被通缉人员抓获后移交】监察机关接到公安机关抓获被通缉人员的通知后，应当立即核实被抓获人员身份，并在接到通知后二十四小时以内派员办理交接手续。边远或者交通不便地区，至迟不得超过三日。

公安机关在移交前，将被抓获人员送往当地监察机关留置场所临时看管的，当地监察机关应当接收，并保障临时看管期间的安全，对工作信息严格保密。

监察机关需要提请公安机关协助将被抓获人员带回的，应当按规定报批，请本地同级公安机关依法予以协助。提请协助时，应当出具《提请协助采取留置措施函》，附《留置决定书》复印件及相关材料。

第一百六十一条　【撤销通缉】监察机关对于被通缉人员已经归案、死亡，或者依法撤销留置决定以及发现有其他不需要继续采取通缉措施情形的，应当经审批出具《撤销通缉通知书》，送交协助采取原措施的公安机关执行。

第十五节　限制出境

第一百六十二条　【限制出境程序】监察机关为防止被调查人及相关人员逃匿境外，按规定报批后，可以依法决定采取限制出境措施，交由移民管理机构依法执行。

第一百六十三条 【采取限制出境措施要求】监察机关采取限制出境措施应当出具有关函件，与《采取限制出境措施决定书》一并送交移民管理机构执行。其中，采取边控措施的，应当附《边控对象通知书》；采取法定不批准出境措施的，应当附《法定不准出境人员报备表》。

第一百六十四条 【限制出境期限】限制出境措施有效期不超过三个月，到期自动解除。

到期后仍有必要继续采取措施的，应当按原程序报批。承办部门应当出具有关函件，在到期前与《延长限制出境措施期限决定书》一并送交移民管理机构执行。延长期限每次不得超过三个月。

第一百六十五条 【查获被决定采取留置措施的边控对象移交】监察机关接到口岸移民管理机构查获被决定采取留置措施的边控对象的通知后，应当于二十四小时以内到达口岸办理移交手续。无法及时到达的，应当委托当地监察机关及时前往口岸办理移交手续。当地监察机关应当予以协助。

第一百六十六条 【限制出境解除】对于不需要继续采取限制出境措施的，应当按规定报批，及时予以解除。承办部门应当出具有关函件，与《解除限制出境措施决定书》一并送交移民管理机构执行。

第一百六十七条 【提请办理临时限制出境措施】县级以上监察机关在重要紧急情况下，经审批可以依法直接向口岸所在地口岸移民管理机构提请办理临时限制出境措施。

第五章 监察程序

第一节 线索处置

第一百六十八条 【问题线索处置原则】监察机关应当对问题线索归口受理、集中管理、分类处置、定期清理。

第一百六十九条 【对报案或举报的处理】监察机关对于报案或者举报应当依法接受。属于本级监察机关管辖的，依法予以受理；属于其他监察机关管辖的，应当在五个工作日以内予以转送。

监察机关可以向下级监察机关发函交办检举控告，并进行督办，下级监察机关应当按期回复办理结果。

第一百七十条 【主动投案接待和办理】对于涉嫌职务违法或者职务犯罪的公职人员主动投案的，应当依法接待和办理。

第一百七十一条 【其他机关移送的问题线索办理方式】监察机关对于执法机关、司法机关等其他机关移送的问题线索，应当及时审核，并按照下列方式办理：

（一）本单位有管辖权的，及时研究提出处置意见；

（二）本单位没有管辖权但其他监察机关有管辖权的，在五个工作日以内转送有管辖权的监察机关；

（三）本单位对部分问题线索有管辖权的，对有管辖权的部分提出处置意见，并及时将其他问题线索转送有管辖权的机关；

（四）监察机关没有管辖权的，及时退回移送机关。

第一百七十二条 【信访举报部门、案件监督管理部门、监督检查部门、调查部门对问题线索的处理】信访举报部门归口受理本机关管辖监察对象涉嫌职务违法和职务犯罪问题的检举控告，统一接收有关监察机关以及其他单位移送的相关检举控告，移交本机关监督检查部门或者相关部门，并将移交情况通报案件监督管理部门。

案件监督管理部门统一接收巡视巡察机构和审计机关、执法机关、司法机关等其他机关移送的职务违法和职务犯罪问题线索，按程序移交本机关监督检查部门或者相关部门办理。

监督检查部门、调查部门在工作中发现的相关问题线索，属于本部门受理范围的，应当报送案件监督管理部门备案；属于本机关其他部门受理范围的，经审批后移交案件监督管理部门分办。

第一百七十三条　【案件监督管理部门、问题线索承办部门工作程序】案件监督管理部门应当对问题线索实行集中管理、动态更新，定期汇总、核对问题线索及处置情况，向监察机关主要负责人报告，并向相关部门通报。

问题线索承办部门应当指定专人负责管理线索，逐件编号登记、建立管理台账。线索管理处置各环节应当由经手人员签名，全程登记备查，及时与案件监督管理部门核对。

第一百七十四条　【监督检查部门问题线索处置方式】监督检查部门应当结合问题线索所涉及地区、部门、单位总体情况进行综合分析，提出处置意见并制定处置方案，经审批按照谈话、函询、初步核实、暂存待查、予以了结等方式进行处置，或者按照职责移送调查部门处置。

函询应当以监察机关办公厅（室）名义发函给被反映人，并抄送其所在单位和派驻监察机构主要负责人。被函询人应当在收到函件后十五个工作日以内写出说明材料，由其所在单位主要负责人签署意见后发函回复。被函询人为所在单位主要负责人的，或者被函询人所作说明涉及所在单位主要负责人的，应当直接发函回复监察机关。

被函询人已经退休的，按照第二款规定程序办理。

监察机关根据工作需要，经审批可以对谈话、函询情况进行核实。

第一百七十五条 【实名检举控告】 检举控告人使用本人真实姓名或者本单位名称，有电话等具体联系方式的，属于实名检举控告。监察机关对实名检举控告应当优先办理、优先处置，依法给予答复。虽有署名但不是检举控告人真实姓名（单位名称）或者无法验证的检举控告，按照匿名检举控告处理。

信访举报部门对属于本机关受理的实名检举控告，应当在收到检举控告之日起十五个工作日以内按规定告知实名检举控告人受理情况，并做好记录。

调查人员应当将实名检举控告的处理结果在办结之日起十五个工作日以内向检举控告人反馈，并记录反馈情况。对检举控告人提出异议的应当如实记录，并向其进行说明；对提供新证据材料的，应当依法核查处理。

第二节 初步核实

第一百七十六条 【初步核实的条件】 监察机关对具有可查性的职务违法和职务犯罪问题线索，应当按规定报批后，依法开展初步核实工作。

第一百七十七条 【初步核实程序】 采取初步核实方式处置问题线索，应当确定初步核实对象，制定工作方案，明确需要核实的问题和采取的措施，成立核查组。

在初步核实中应当注重收集客观性证据，确保真实性和准确性。

第一百七十八条 【初步核实中对新问题线索的处理】 在初步

核实中发现或者受理被核查人新的具有可查性的问题线索的，应当经审批纳入原初核方案开展核查。

第一百七十九条 【初步核实结果处理】核查组在初步核实工作结束后应当撰写初步核实情况报告，列明被核查人基本情况、反映的主要问题、办理依据、初步核实结果、存在疑点、处理建议，由全体人员签名。

承办部门应当综合分析初步核实情况，按照拟立案调查、予以了结、谈话提醒、暂存待查，或者移送有关部门、机关处理等方式提出处置建议，按照批准初步核实的程序报批。

第三节 立 案

第一百八十条 【立案的条件和程序】监察机关经过初步核实，对于已经掌握监察对象涉嫌职务违法或者职务犯罪的部分事实和证据，认为需要追究其法律责任的，应当按规定报批后，依法立案调查。

第一百八十一条 【立案手续】监察机关立案调查职务违法或者职务犯罪案件，需要对涉嫌行贿犯罪、介绍贿赂犯罪或者共同职务犯罪的涉案人员立案调查的，应当一并办理立案手续。需要交由下级监察机关立案的，经审批交由下级监察机关办理立案手续。

对单位涉嫌受贿、行贿等职务犯罪，需要追究法律责任的，依法对该单位办理立案调查手续。对事故（事件）中存在职务违法或者职务犯罪问题，需要追究法律责任，但相关责任人员尚不明确的，可以以事立案。对单位立案或者以事立案后，经调查确定相关责任人员的，按照管理权限报批确定被调查人。

监察机关根据人民法院生效刑事判决、裁定和人民检察院不起诉决定认定的事实，需要对监察对象给予政务处分的，可以由相关监督检查部门依据司法机关的生效判决、裁定、决定及其认定的事实、性质和情节，提出给予政务处分的意见，按程序移送审理。对依法被追究行政法律责任的监察对象，需要给予政务处分的，应当依法办理立案手续。

第一百八十二条　【立案和移送审理一并报批情形】对案情简单、经过初步核实已查清主要职务违法事实，应当追究监察对象法律责任，不再需要开展调查的，立案和移送审理可以一并报批，履行立案程序后再移送审理。

第一百八十三条　【指定下级监察机关立案调查】上级监察机关需要指定下级监察机关立案调查的，应当按规定报批，向被指定管辖的监察机关出具《指定管辖决定书》，由其办理立案手续。

第一百八十四条　【立案后宣布和通知程序】批准立案后，应当由二名以上调查人员出示证件，向被调查人宣布立案决定。宣布立案决定后，应当及时向被调查人所在单位等相关组织送达《立案通知书》，并向被调查人所在单位主要负责人通报。

对涉嫌严重职务违法或者职务犯罪的公职人员立案调查并采取留置措施的，应当按规定通知被调查人家属，并向社会公开发布。

第四节　调　　查

第一百八十五条　【调查范围和期限】监察机关对已经立案的职务违法或者职务犯罪案件应当依法进行调查，收集证据查明违法犯罪事实。

调查职务违法或者职务犯罪案件，对被调查人没有采取留置措施的，应当在立案后一年以内作出处理决定；对被调查人解除留置措施的，应当在解除留置措施后一年以内作出处理决定。案情重大复杂的案件，经上一级监察机关批准，可以适当延长，但延长期限不得超过六个月。

被调查人在监察机关立案调查以后逃匿的，调查期限自被调查人到案之日起重新计算。

第一百八十六条 【调查方案、调查工作要求】案件立案后，监察机关主要负责人应当依照法定程序批准确定调查方案。

监察机关应当组成调查组依法开展调查。调查工作应当严格按照批准的方案执行，不得随意扩大调查范围、变更调查对象和事项，对重要事项应当及时请示报告。调查人员在调查工作期间，未经批准不得单独接触任何涉案人员及其特定关系人，不得擅自采取调查措施。

第一百八十七条 【调查组工作程序】调查组应当将调查认定的涉嫌违法犯罪事实形成书面材料，交给被调查人核对，听取其意见。被调查人应当在书面材料上签署意见。对被调查人签署不同意见或者拒不签署意见的，调查组应当作出说明或者注明情况。对被调查人提出申辩的事实、理由和证据应当进行核实，成立的予以采纳。

调查组对于立案调查的涉嫌行贿犯罪、介绍贿赂犯罪或者共同职务犯罪的涉案人员，在查明其涉嫌犯罪问题后，依照前款规定办理。

对于按照本条例规定，对立案和移送审理一并报批的案件，应当在报批前履行本条第一款规定的程序。

第一百八十八条 【调查报告】调查组在调查工作结束后应当集体讨论，形成调查报告。调查报告应当列明被调查人基本情况、问题线索来源及调查依据、调查过程，涉嫌的主要职务违法或者职务犯罪事实，被调查人的态度和认识，处置建议及法律依据，并由调查组组长以及有关人员签名。

对调查过程中发现的重要问题和形成的意见建议，应当形成专题报告。

第一百八十九条　【起诉建议书和调查材料内容】调查组对被调查人涉嫌职务犯罪拟依法移送人民检察院审查起诉的，应当起草《起诉建议书》。《起诉建议书》应当载明被调查人基本情况，调查简况，认罪认罚情况，采取留置措施的时间，涉嫌职务犯罪事实以及证据，对被调查人从重、从轻、减轻或者免除处罚等情节，提出对被调查人移送起诉的理由和法律依据，采取强制措施的建议，并注明移送案卷数及涉案财物等内容。

调查组应当形成被调查人到案经过及量刑情节方面的材料，包括案件来源、到案经过，自动投案、如实供述、立功等量刑情节，认罪悔罪态度、退赃、避免和减少损害结果发生等方面的情况说明及相关材料。被检举揭发的问题已被立案、查破，被检举揭发人已被采取调查措施或者刑事强制措施、起诉或者审判的，还应当附有关法律文书。

第一百九十条　【调查材料移送审理】经调查认为被调查人构成职务违法或者职务犯罪的，应当区分不同情况提出相应处理意见，经审批将调查报告、职务违法或者职务犯罪事实材料、涉案财物报告、涉案人员处理意见等材料，连同全部证据和文书手续移送审理。

对涉嫌职务犯罪的案件材料应当按照刑事诉讼要求单独立卷，与《起诉建议书》、涉案财物报告、同步录音录像资料及其自查报告等材料一并移送审理。

调查全过程形成的材料应当案结卷成、事毕归档。

第五节　审　　理

第一百九十一条　【审理工作要求】案件审理部门收到移送审

理的案件后，应当审核材料是否齐全、手续是否完备。对被调查人涉嫌职务犯罪的，还应当审核相关案卷材料是否符合职务犯罪案件立卷要求，是否在调查报告中单独表述已查明的涉嫌犯罪问题，是否形成《起诉建议书》。

经审核符合移送条件的，应当予以受理；不符合移送条件的，经审批可以暂缓受理或者不予受理，并要求调查部门补充完善材料。

第一百九十二条　【审理程序、依据、原则】案件审理部门受理案件后，应当成立由二人以上组成的审理组，全面审理案卷材料。

案件审理部门对于受理的案件，应当以监察法、政务处分法、刑法、《中华人民共和国刑事诉讼法》等法律法规为准绳，对案件事实证据、性质认定、程序手续、涉案财物等进行全面审理。

案件审理部门应当强化监督制约职能，对案件严格审核把关，坚持实事求是、独立审理，依法提出审理意见。坚持调查与审理相分离的原则，案件调查人员不得参与审理。

第一百九十三条　【坚持民主集中制原则】审理工作应当坚持民主集中制原则，经集体审议形成审理意见。

第一百九十四条　【审理期限】审理工作应当在受理之日起一个月以内完成，重大复杂案件经批准可以适当延长。

第一百九十五条　【与被调查人谈话情形】案件审理部门根据案件审理情况，经审批可以与被调查人谈话，告知其在审理阶段的权利义务，核对涉嫌违法犯罪事实，听取其辩解意见，了解有关情况。与被调查人谈话时，案件审理人员不得少于二人。

具有下列情形之一的，一般应当与被调查人谈话：

（一）对被调查人采取留置措施，拟移送起诉的；

（二）可能存在以非法方法收集证据情形的；

（三）被调查人对涉嫌违法犯罪事实材料签署不同意见或者拒不签署意见的；

（四）被调查人要求向案件审理人员当面陈述的；

（五）其他有必要与被调查人进行谈话的情形。

第一百九十六条　【退回重新调查和补充调查】经审理认为主要违法犯罪事实不清、证据不足的，应当经审批将案件退回承办部门重新调查。

有下列情形之一，需要补充完善证据的，经审批可以退回补充调查：

（一）部分事实不清、证据不足的；

（二）遗漏违法犯罪事实的；

（三）其他需要进一步查清案件事实的情形。

案件审理部门将案件退回重新调查或者补充调查的，应当出具审核意见，写明调查事项、理由、调查方向、需要补充收集的证据及其证明作用等，连同案卷材料一并送交承办部门。

承办部门补充调查结束后，应当经审批将补证情况报告及相关证据材料，连同案卷材料一并移送案件审理部门；对确实无法查明的事项或者无法补充的证据，应当作出书面说明。重新调查终结后，应当重新形成调查报告，依法移送审理。

重新调查完毕移送审理的，审理期限重新计算。补充调查期间不计入审理期限。

第一百九十七条　【审理报告、起诉意见书、撤销案件建议】审理工作结束后应当形成审理报告，载明被调查人基本情况、调查简况、涉嫌违法或者犯罪事实、被调查人态度和认识、涉案财物处置、承办部门意见、审理意见等内容，提请监察机关集体审议。

对被调查人涉嫌职务犯罪需要追究刑事责任的，应当形成《起诉意见书》，作为审理报告附件。《起诉意见书》应当忠实于事实真象，载明被调查人基本情况，调查简况，采取留置措施的时间，依法查明的犯罪事实和证据，从重、从轻、减轻或者免除处罚等情节，涉案财物情况，涉嫌罪名和法律依据，采取强制措施的建议，以及其他需要说明的情况。

案件审理部门经审理认为现有证据不足以证明被调查人存在违法犯罪行为，且通过退回补充调查仍无法达到证明标准的，应当提出撤销案件的建议。

第一百九十八条　【案件审理后处置方式】上级监察机关办理下级监察机关管辖案件的，可以经审理后按程序直接进行处置，也可以经审理形成处置意见后，交由下级监察机关办理。

第一百九十九条　【被指定管辖的监察机关调查结束后移送审理】被指定管辖的监察机关在调查结束后应当将案件移送审理，提请监察机关集体审议。

上级监察机关将其所管辖的案件指定管辖的，被指定管辖的下级监察机关应当按照前款规定办理后，将案件报上级监察机关依法作出政务处分决定。上级监察机关在作出决定前，应当进行审理。

上级监察机关将下级监察机关管辖的案件指定其他下级监察机关管辖的，被指定管辖的监察机关应当按照第一款规定办理后，将案件送交有管理权限的监察机关依法作出政务处分决定。有管理权限的监察机关应当进行审理，审理意见与被指定管辖的监察机关意见不一致的，双方应当进行沟通；经沟通不能取得一致意见的，报请有权决定的上级监察机关决定。经协商，有管理权限的监察机关在被指定管辖的监察机关审理阶段可以提前阅卷，沟通了解情况。

对于前款规定的重大、复杂案件，被指定管辖的监察机关经集体审议后将处理意见报有权决定的上级监察机关审核同意的，有管理权限的监察机关可以经集体审议后依法处置。

第六节　处　置

第二百条　【处置依据】 监察机关根据监督、调查结果，依据监察法、政务处分法等规定进行处置。

第二百零一条　【对情节较轻的职务违法行为的处置方式】 监察机关对于公职人员有职务违法行为但情节较轻的，可以依法进行谈话提醒、批评教育、责令检查，或者予以诫勉。上述方式可以单独使用，也可以依据规定合并使用。

谈话提醒、批评教育应当由监察机关相关负责人或者承办部门负责人进行，可以由被谈话提醒、批评教育人所在单位有关负责人陪同；经批准也可以委托其所在单位主要负责人进行。对谈话提醒、批评教育情况应当制作记录。

被责令检查的公职人员应当作出书面检查并进行整改。整改情况在一定范围内通报。

诫勉由监察机关以谈话或者书面方式进行。以谈话方式进行的，应当制作记录。

第二百零二条　【政务处分】 对违法的公职人员依法需要给予政务处分的，应当根据情节轻重作出警告、记过、记大过、降级、撤职、开除的政务处分决定，制作政务处分决定书。

第二百零三条　【政务处分决定送达和生效】 监察机关应当将政务处分决定书在作出后一个月以内送达被处分人和被处分人所在机关、单位，并依法履行宣布、书面告知程序。

政务处分决定自作出之日起生效。有关机关、单位、组织应当依法及时执行处分决定，并将执行情况向监察机关报告。处分决定应当在作出之日起一个月以内执行完毕，特殊情况下经监察机关批准可以适当延长办理期限，最迟不得超过六个月。

第二百零四条　【问责】监察机关对不履行或者不正确履行职责造成严重后果或者恶劣影响的领导人员，可以按照管理权限采取通报、诫勉、政务处分等方式进行问责；提出组织处理的建议。

第二百零五条　【监察建议书】监察机关依法向监察对象所在单位提出监察建议的，应当经审批制作监察建议书。

监察建议书一般应当包括下列内容：

（一）监督调查情况；

（二）调查中发现的主要问题及其产生的原因；

（三）整改建议、要求和期限；

（四）向监察机关反馈整改情况的要求。

第二百零六条　【撤销案件】监察机关经调查，对没有证据证明或者现有证据不足以证明被调查人存在违法犯罪行为的，应当依法撤销案件。省级以下监察机关撤销案件后，应当在七个工作日以内向上一级监察机关报送备案报告。上一级监察机关监督检查部门负责备案工作。

省级以下监察机关拟撤销上级监察机关指定管辖或者交办案件的，应当将《撤销案件意见书》连同案卷材料，在法定调查期限到期七个工作日前报指定管辖或者交办案件的监察机关审查。对于重大、复杂案件，在法定调查期限到期十个工作日前报指定管辖或者交办案件的监察机关审查。

指定管辖或者交办案件的监察机关由监督检查部门负责审查工作。指定管辖或者交办案件的监察机关同意撤销案件的，下级监察机关应当作出撤销案件决定，制作《撤销案件决定书》；指定管辖或者交办案件的监察机关不同意撤销案件的，下级监察机关应当执行该决定。

监察机关对于撤销案件的决定应当向被调查人宣布，由其在《撤销案件决定书》上签名、捺指印，立即解除留置措施，并通知其所在机关、单位。

撤销案件后又发现重要事实或者有充分证据，认为被调查人有违法犯罪事实需要追究法律责任的，应当重新立案调查。

第二百零七条　【移送起诉以及对行贿单位、人员信息和违法所得财物的处理】对于涉嫌行贿等犯罪的非监察对象，案件调查终结后依法移送起诉。综合考虑行为性质、手段、后果、时间节点、认罪悔罪态度等具体情况，对于情节较轻，经审批不予移送起诉的，应当采取批评教育、责令具结悔过等方式处置；应当给予行政处罚的，依法移送有关行政执法部门。

对于有行贿行为的涉案单位和人员，按规定记入相关信息记录，可以作为信用评价的依据。

对于涉案单位和人员通过行贿等非法手段取得的财物及孳息，应当依法予以没收、追缴或者责令退赔。对于违法取得的其他不正当利益，依照法律法规及有关规定予以纠正处理。

第二百零八条　【涉案财物处置】对查封、扣押、冻结的涉嫌职务犯罪所得财物及孳息应当妥善保管，并制作《移送司法机关涉案财物清单》随案移送人民检察院。对作为证据使用的实物应当随案移送；对不宜移送的，应当将清单、照片和其他证明文件随案移送。

对于移送人民检察院的涉案财物，价值不明的，应当在移送起诉前委托进行价格认定。在价格认定过程中，需要对涉案财物先行作出真伪鉴定或者出具技术、质量检测报告的，应当委托有关鉴定机构或者检测机构进行真伪鉴定或者技术、质量检测。

对不属于犯罪所得但属于违法取得的财物及孳息，应当依法予以没收、追缴或者责令退赔，并出具有关法律文书。

对经认定不属于违法所得的财物及孳息，应当及时予以返还，并办理签收手续。

第二百零九条　【涉案财物追缴或责令退赔】监察机关经调查，对违法取得的财物及孳息决定追缴或者责令退赔的，可以依法要求公安、自然资源、住房城乡建设、市场监管、金融监管等部门以及银行等机构、单位予以协助。

追缴涉案财物以追缴原物为原则，原物已经转化为其他财物的，应当追缴转化后的财物；有证据证明依法应当追缴、没收的涉案财物无法找到、被他人善意取得、价值灭失减损或者与其他合法财产混合且不可分割的，可以依法追缴、没收其他等值财产。

追缴或者责令退赔应当自处置决定作出之日起一个月以内执行完毕。因被调查人的原因逾期执行的除外。

人民检察院、人民法院依法将不认定为犯罪所得的相关涉案财物退回监察机关的，监察机关应当依法处理。

第二百一十条　【复审、复核】监察对象对监察机关作出的涉及本人的处理决定不服的，可以在收到处理决定之日起一个月以内，向作出决定的监察机关申请复审。复审机关应当依法受理，并在受理后一个月以内作出复审决定。监察对象对复审决定仍不服的，可以在收到复审决定之日起一个月以内，向上一级监察机关申请复核。复核机关应当依法受理，并在受理后二个月以内作出复核决定。

上一级监察机关的复核决定和国家监察委员会的复审、复核决定为最终决定。

第二百一十一条　【复审、复核工作要求】复审、复核机关承办部门应当成立工作组，调阅原案卷宗，必要时可以进行调查取证。承办部门应当集体研究，提出办理意见，经审批作出复审、复核决定。决定应当送达申请人，抄送相关单位，并在一定范围内宣布。

复审、复核期间，不停止原处理决定的执行。复审、复核机关经审查认定处理决定有错误或者不当的，应当依法撤销、变更原处理决定，或者责令原处理机关及时予以纠正。复审、复核机关经审查认定处理决定事实清楚、适用法律正确的，应当予以维持。

坚持复审复核与调查审理分离，原案调查、审理人员不得参与复审复核。

第七节　移送审查起诉

第二百一十二条　【涉嫌职务犯罪被调查人移送起诉和材料移送】监察机关决定对涉嫌职务犯罪的被调查人移送起诉的，应当出具《起诉意见书》，连同案卷材料、证据等，一并移送同级人民检察院。

监察机关案件审理部门负责与人民检察院审查起诉的衔接工作，调查、案件监督管理等部门应当予以协助。

国家监察委员会派驻或者派出的监察机构、监察专员调查的职务犯罪案件，应当依法移送省级人民检察院审查起诉。

第二百一十三条　【从轻、减轻或者免除处罚等从宽处罚建议】涉嫌职务犯罪的被调查人和涉案人员符合监察法第三十一条、第三十二条规定情形的，结合其案发前的一贯表现、违法犯罪行为的情节、后果和影响等因素，监察机关经综合研判和集体审议，报上一级监察机关批准，可以在移送人民检察院时依法提出从轻、减轻或者免除处罚等从宽处罚建议。报请批准时，应当一并提供主要证据材料、忏悔反思材料。

上级监察机关相关监督检查部门负责审查工作，重点审核拟认定的从宽处罚情形、提出的从宽处罚建议，经审批在十五个工作日以内作出批复。

第二百一十四条 【自动投案，真诚悔罪悔过情形】涉嫌职务犯罪的被调查人有下列情形之一，如实交代自己主要犯罪事实的，可以认定为监察法第三十一条第一项规定的自动投案，真诚悔罪悔过：

（一）职务犯罪问题未被监察机关掌握，向监察机关投案的；

（二）在监察机关谈话、函询过程中，如实交代监察机关未掌握的涉嫌职务犯罪问题的；

（三）在初步核实阶段，尚未受到监察机关谈话时投案的；

（四）职务犯罪问题虽被监察机关立案，但尚未受到讯问或者采取留置措施，向监察机关投案的；

（五）因伤病等客观原因无法前往投案，先委托他人代为表达投案意愿，或者以书信、网络、电话、传真等方式表达投案意愿，后到监察机关接受处理的；

（六）涉嫌职务犯罪潜逃后又投案，包括在被通缉、抓捕过程中投案的；

（七）经查实确已准备去投案，或者正在投案途中被有关机关抓获的；

（八）经他人规劝或者在他人陪同下投案的；

（九）虽未向监察机关投案，但向其所在党组织、单位或者有关负责人员投案，向有关巡视巡察机构投案，以及向公安机关、人民检察院、人民法院投案的；

（十）具有其他应当视为自动投案的情形的。

被调查人自动投案后不能如实交代自己的主要犯罪事实，或者自动投案并如实供述自己的罪行后又翻供的，不能适用前款规定。

第二百一十五条　【积极配合调查工作，如实供述监察机关还未掌握的违法犯罪行为情形】涉嫌职务犯罪的被调查人有下列情形之一的，可以认定为监察法第三十一条第二项规定的积极配合调查工作，如实供述监察机关还未掌握的违法犯罪行为：

（一）监察机关所掌握线索针对的犯罪事实不成立，在此范围外被调查人主动交代其他罪行的；

（二）主动交代监察机关尚未掌握的犯罪事实，与监察机关已掌握的犯罪事实属不同种罪行的；

（三）主动交代监察机关尚未掌握的犯罪事实，与监察机关已掌握的犯罪事实属同种罪行的；

（四）监察机关掌握的证据不充分，被调查人如实交代有助于收集定案证据的。

前款所称同种罪行和不同种罪行，一般以罪名区分。被调查人如实供述其他罪行的罪名与监察机关已掌握犯罪的罪名不同，但属选择性罪名或者在法律、事实上密切关联的，应当认定为同种罪行。

第二百一十六条　【积极退赃，减少损失情形】涉嫌职务犯罪的被调查人有下列情形之一的，可以认定为监察法第三十一条第三项规定的积极退赃，减少损失：

（一）全额退赃的；

（二）退赃能力不足，但被调查人及其亲友在监察机关追缴赃款赃物过程中积极配合，且大部分已追缴到位的；

（三）犯罪后主动采取措施避免损失发生，或者积极采取有效措施减少、挽回大部分损失的。

第二百一十七条　【具有重大立功表现情形】涉嫌职务犯罪的

被调查人有下列情形之一的，可以认定为监察法第三十一条第四项规定的具有重大立功表现：

（一）检举揭发他人重大犯罪行为且经查证属实的；

（二）提供其他重大案件的重要线索且经查证属实的；

（三）阻止他人重大犯罪活动的；

（四）协助抓捕其他重大职务犯罪案件被调查人、重大犯罪嫌疑人（包括同案犯）的；

（五）为国家挽回重大损失等对国家和社会有其他重大贡献的。

前款所称重大犯罪一般是指依法可能被判处无期徒刑以上刑罚的犯罪行为；重大案件一般是指在本省、自治区、直辖市或者全国范围内有较大影响的案件；查证属实一般是指有关案件已被监察机关或者司法机关立案调查、侦查，被调查人、犯罪嫌疑人被监察机关采取留置措施或者被司法机关采取强制措施，或者被告人被人民法院作出有罪判决，并结合案件事实、证据进行判断。

监察法第三十一条第四项规定的案件涉及国家重大利益，是指案件涉及国家主权和领土完整、国家安全、外交、社会稳定、经济发展等情形。

第二百一十八条　【揭发有关被调查人职务违法犯罪行为，查证属实或者提供重要线索情形】涉嫌行贿等犯罪的涉案人员有下列情形之一的，可以认定为监察法第三十二条规定的揭发有关被调查人职务违法犯罪行为，查证属实或者提供重要线索，有助于调查其他案件：

（一）揭发所涉案件以外的被调查人职务犯罪行为，经查证属实的；

（二）提供的重要线索指向具体的职务犯罪事实，对调查其他案件起到实质性推动作用的；

（三）提供的重要线索有助于加快其他案件办理进度，或者对其他案件固定关键证据、挽回损失、追逃追赃等起到积极作用的。

第二百一十九条　【从宽处罚建议的提出和移送】从宽处罚建议一般应当在移送起诉时作为《起诉意见书》内容一并提出，特殊情况下也可以在案件移送后、人民检察院提起公诉前，单独形成从宽处罚建议书移送人民检察院。对于从宽处罚建议所依据的证据材料，应当一并移送人民检察院。

监察机关对于被调查人在调查阶段认罪认罚，但不符合监察法规定的提出从宽处罚建议条件，在移送起诉时没有提出从宽处罚建议的，应当在《起诉意见书》中写明其自愿认罪认罚的情况。

第二百二十条　【向人民检察院预告移送】监察机关一般应当在正式移送起诉十日前，向拟移送的人民检察院采取书面通知等方式预告移送事宜。对于已采取留置措施的案件，发现被调查人因身体等原因存在不适宜羁押等可能影响刑事强制措施执行情形的，应当通报人民检察院。对于未采取留置措施的案件，可以根据案件具体情况，向人民检察院提出对被调查人采取刑事强制措施的建议。

第二百二十一条　【职务犯罪案件移送起诉情形】监察机关办理的职务犯罪案件移送起诉，需要指定起诉、审判管辖的，应当与同级人民检察院协商有关程序事宜。需要由同级人民检察院的上级人民检察院指定管辖的，应当商请同级人民检察院办理指定管辖事宜。

监察机关一般应当在移送起诉二十日前，将商请指定管辖函送交同级人民检察院。商请指定管辖函应当附案件基本情况，对于被调查人已被其他机关立案侦查的犯罪认为需要并案审查起诉的，一并进行说明。

派驻或者派出的监察机构、监察专员调查的职务犯罪案件需要指定起诉、审判管辖的，应当报派出机关办理指定管辖手续。

第二百二十二条　【指定下级监察机关调查的移送起诉情形】上级监察机关指定下级监察机关进行调查，移送起诉时需要人民检察院依法指定管辖的，应当在移送起诉前由上级监察机关与同级人民检察院协商有关程序事宜。

第二百二十三条　【补充移送起诉】监察机关对已经移送起诉的职务犯罪案件，发现遗漏被调查人罪行需要补充移送起诉的，应当经审批出具《补充起诉意见书》，连同相关案卷材料、证据等一并移送同级人民检察院。

对于经人民检察院指定管辖的案件需要补充移送起诉的，可以直接移送原受理移送起诉的人民检察院；需要追加犯罪嫌疑人、被告人的，应当再次商请人民检察院办理指定管辖手续。

第二百二十四条　【关联案件随主案确定管辖】对于涉嫌行贿犯罪、介绍贿赂犯罪或者共同职务犯罪等关联案件的涉案人员，移送起诉时一般应当随主案确定管辖。

主案与关联案件由不同监察机关立案调查的，调查关联案件的监察机关在移送起诉前，应当报告或者通报调查主案的监察机关，由其统一协调案件管辖事宜。因特殊原因，关联案件不宜随主案确定管辖的，调查主案的监察机关应当及时通报和协调有关事项。

第二百二十五条　【审查起诉中监察机关配合人民检察院的工作要求】监察机关对于人民检察院在审查起诉中书面提出的下列要求应当予以配合：

（一）认为可能存在以非法方法收集证据情形，要求监察机关对证据收集的合法性作出说明或者提供相关证明材料的；

（二）排除非法证据后，要求监察机关另行指派调查人员重新取证的；

（三）对物证、书证、视听资料、电子数据及勘验检查、辨认、调查实验等笔录存在疑问，要求调查人员提供获取、制作的有关情况的；

（四）要求监察机关对案件中某些专门性问题进行鉴定，或者对勘验检查进行复验、复查的；

（五）认为主要犯罪事实已经查清，仍有部分证据需要补充完善，要求监察机关补充提供证据的；

（六）人民检察院依法提出的其他工作要求。

第二百二十六条　【退回补充调查案件报告制度】监察机关对于人民检察院依法退回补充调查的案件，应当向主要负责人报告，并积极开展补充调查工作。

第二百二十七条　【退回补充调查案件处理方式】对人民检察院退回补充调查的案件，经审批分别作出下列处理：

（一）认定犯罪事实的证据不够充分的，应当在补充证据后，制作补充调查报告书，连同相关材料一并移送人民检察院审查，对无法补充完善的证据，应当作出书面情况说明，并加盖监察机关或者承办部门公章；

（二）在补充调查中发现新的同案犯或者增加、变更犯罪事实，需要追究刑事责任的，应当重新提出处理意见，移送人民检察院审查；

（三）犯罪事实的认定出现重大变化，认为不应当追究被调查人刑事责任的，应当重新提出处理意见，将处理结果书面通知人民检察院并说明理由；

（四）认为移送起诉的犯罪事实清楚，证据确实、充分的，应当说明理由，移送人民检察院依法审查。

第二百二十八条　【新问题线索处置】人民检察院在审查起诉

过程中发现新的职务违法或者职务犯罪问题线索并移送监察机关的，监察机关应当依法处置。

第二百二十九条 【案件审判过程中监察机关配合人民检察院、人民法院工作】在案件审判过程中，人民检察院书面要求监察机关补充提供证据，对证据进行补正、解释，或者协助人民检察院补充侦查的，监察机关应当予以配合。监察机关不能提供有关证据材料的，应当书面说明情况。

人民法院在审判过程中就证据收集合法性问题要求有关调查人员出庭说明情况时，监察机关应当依法予以配合。

第二百三十条 【提请复议】监察机关认为人民检察院不起诉决定有错误的，应当在收到不起诉决定书后三十日以内，依法向其上一级人民检察院提请复议。监察机关应当将上述情况及时向上一级监察机关书面报告。

第二百三十一条 【移送起诉案件处理与政务处分衔接】对于监察机关移送起诉的案件，人民检察院作出不起诉决定，人民法院作出无罪判决，或者监察机关经人民检察院退回补充调查后不再移送起诉，涉及对被调查人已生效政务处分事实认定的，监察机关应当依法对政务处分决定进行审核。认为原政务处分决定认定事实清楚、适用法律正确的，不再改变；认为原政务处分决定确有错误或者不当的，依法予以撤销或者变更。

第二百三十二条 【被调查人逃匿、死亡案件没收违法所得移送审理】对于贪污贿赂、失职渎职等职务犯罪案件，被调查人逃匿，在通缉一年后不能到案，或者被调查人死亡，依法应当追缴其违法所得及其他涉案财产的，承办部门在调查终结后应当依法移送审理。

监察机关应当经集体审议，出具《没收违法所得意见书》，连同案卷材料、证据等，一并移送人民检察院依法提出没收违法所得的申请。

监察机关将《没收违法所得意见书》移送人民检察院后，在逃的被调查人自动投案或者被抓获的，监察机关应当及时通知人民检察院。

第二百三十三条　【适用缺席审判程序的贪污贿赂犯罪案件移送审理】监察机关立案调查拟适用缺席审判程序的贪污贿赂犯罪案件，应当逐级报送国家监察委员会同意。

监察机关承办部门认为在境外的被调查人犯罪事实已经查清，证据确实、充分，依法应当追究刑事责任的，应当依法移送审理。

监察机关应当经集体审议，出具《起诉意见书》，连同案卷材料、证据等，一并移送人民检察院审查起诉。

在审查起诉或者缺席审判过程中，犯罪嫌疑人、被告人向监察机关自动投案或者被抓获的，监察机关应当立即通知人民检察院、人民法院。

第六章　反腐败国际合作

第一节　工作职责和领导体制

第二百三十四条　【国家监察委员会统筹协调反腐败国际合作】国家监察委员会统筹协调与其他国家、地区、国际组织开展反腐败国际交流、合作。

国家监察委员会组织《联合国反腐败公约》等反腐败国际条约的实施以及履约审议等工作，承担《联合国反腐败公约》司法协助中央机关有关工作。

国家监察委员会组织协调有关单位建立集中统一、高效顺畅的反腐败国际追逃追赃和防逃协调机制，统筹协调、督促指导各级监察机关反腐败国际追逃追赃等涉外案件办理工作，具体履行下列职责：

（一）制定反腐败国际追逃追赃和防逃工作计划，研究工作中的重要问题；

（二）组织协调反腐败国际追逃追赃等重大涉外案件办理工作；

（三）办理由国家监察委员会管辖的涉外案件；

（四）指导地方各级监察机关依法开展涉外案件办理工作；

（五）汇总和通报全国职务犯罪外逃案件信息和追逃追赃工作信息；

（六）建立健全反腐败国际追逃追赃和防逃合作网络；

（七）承担监察机关开展国际刑事司法协助的主管机关职责；

（八）承担其他与反腐败国际追逃追赃等涉外案件办理工作相关的职责。

第二百三十五条　【地方各级监察机关办理涉外案件工作职责】地方各级监察机关在国家监察委员会领导下，统筹协调、督促指导本地区反腐败国际追逃追赃等涉外案件办理工作，具体履行下列职责：

（一）落实上级监察机关关于反腐败国际追逃追赃和防逃工作部署，制定工作计划；

（二）按照管辖权限或者上级监察机关指定管辖，办理涉外案件；

（三）按照上级监察机关要求，协助配合其他监察机关开展涉外案件办理工作；

（四）汇总和通报本地区职务犯罪外逃案件信息和追逃追赃工作信息；

（五）承担本地区其他与反腐败国际追逃追赃等涉外案件办理工作相关的职责。

省级监察委员会应当会同有关单位，建立健全本地区反腐败国际追逃追赃和防逃协调机制。

国家监察委员会派驻或者派出的监察机构、监察专员统筹协调、督促指导本部门反腐败国际追逃追赃等涉外案件办理工作，参照第一款规定执行。

第二百三十六条　【监察机关涉外案件办理工作归口管理部门】国家监察委员会国际合作局归口管理监察机关反腐败国际追逃追赃等涉外案件办理工作。地方各级监察委员会应当明确专责部门，归口管理本地区涉外案件办理工作。

国家监察委员会派驻或者派出的监察机构、监察专员和地方各级监察机关办理涉外案件中有关执法司法国际合作事项，应当逐级报送国家监察委员会审批。由国家监察委员会依法直接或者协调有关单位与有关国家（地区）相关机构沟通，以双方认可的方式实施。

第二百三十七条　【建立追逃追赃和防逃工作内部联络机制】监察机关应当建立追逃追赃和防逃工作内部联络机制。承办部门在调查过程中，发现被调查人或者重要涉案人员外逃、违法所得及其他涉案财产被转移到境外的，可以请追逃追赃部门提供工作协助。监察机关将案件移送人民检察院审查起诉后，仍有重要涉案人员外逃或者未追缴的违法所得及其他涉案财产的，应当由追逃追赃部门继续办理，或者由追逃追赃部门指定协调有关单位办理。

第二节　国（境）内工作

第二百三十八条　【建立健全防逃责任机制、预警机制】监察机关应当将防逃工作纳入日常监督内容，督促相关机关、单位建立健全防逃责任机制。

监察机关在监督、调查工作中，应当根据情况制定对监察对象、重要涉案人员的防逃方案，防范人员外逃和资金外流风险。监察机关应当会同同级组织人事、外事、公安、移民管理等单位健全防逃预警机制，对存在外逃风险的监察对象早发现、早报告、早处置。

第二百三十九条 【预防、打击向境外转移涉案财产】监察机关应当加强与同级人民银行、公安等单位的沟通协作，推动预防、打击利用离岸公司和地下钱庄等向境外转移违法所得及其他涉案财产，对涉及职务违法和职务犯罪的行为依法进行调查。

第二百四十条 【监察对象和涉案财产信息报送】国家监察委员会派驻或者派出的监察机构、监察专员和地方各级监察委员会发现监察对象出逃、失踪、出走，或者违法所得及其他涉案财产被转移至境外的，应当在二十四小时以内将有关信息逐级报送至国家监察委员会国际合作局，并迅速开展相关工作。

第二百四十一条 【追逃追赃部门统一接收外逃信息】监察机关追逃追赃部门统一接收巡视巡察机构、审计机关、行政执法部门、司法机关等单位移交的外逃信息。

监察机关对涉嫌职务违法和职务犯罪的外逃人员，应当明确承办部门，建立案件档案。

第二百四十二条 【外逃人员涉嫌职务违法和职务犯罪证据收集】监察机关应当依法全面收集外逃人员涉嫌职务违法和职务犯罪证据。

第二百四十三条 【开展反腐败国际追逃追赃工作原则】开展反腐败国际追逃追赃等涉外案件办理工作，应当把思想教育贯穿始终，落实宽严相济刑事政策，依法适用认罪认罚从宽制度，促使外逃人员回国投案或者配合调查、主动退赃。开展相关工作，应当尊重所在国家（地区）的法律规定。

第二百四十四条　【外逃人员归案、涉案财产被追缴后情况报送】外逃人员归案、违法所得及其他涉案财产被追缴后，承办案件的监察机关应当将情况逐级报送国家监察委员会国际合作局。监察机关应当依法对涉案人员和违法所得及其他涉案财产作出处置，或者请有关单位依法处置。对不需要继续采取相关措施的，应当及时解除或者撤销。

第三节　对外合作

第二百四十五条　【发布、延期、暂停、撤销国际刑警组织红色通报】监察机关对依法应当留置或者已经决定留置的外逃人员，需要申请发布国际刑警组织红色通报的，应当逐级报送国家监察委员会审核。国家监察委员会审核后，依法通过公安部向国际刑警组织提出申请。

需要延期、暂停、撤销红色通报的，申请发布红色通报的监察机关应当逐级报送国家监察委员会审核，由国家监察委员会依法通过公安部联系国际刑警组织办理。

第二百四十六条　【通过引渡方式办理相关涉外案件程序】地方各级监察机关通过引渡方式办理相关涉外案件的，应当按照引渡法、相关双边及多边国际条约等规定准备引渡请求书及相关材料，逐级报送国家监察委员会审核。由国家监察委员会依法通过外交等渠道向外国提出引渡请求。

第二百四十七条　【通过刑事司法协助方式办理相关涉外案件程序】地方各级监察机关通过刑事司法协助方式办理相关涉外案件

的，应当按照国际刑事司法协助法、相关双边及多边国际条约等规定准备刑事司法协助请求书及相关材料，逐级报送国家监察委员会审核。由国家监察委员会依法直接或者通过对外联系机关等渠道，向外国提出刑事司法协助请求。

国家监察委员会收到外国提出的刑事司法协助请求书及所附材料，经审查认为符合有关规定的，作出决定并交由省级监察机关执行，或者转交其他有关主管机关。省级监察机关应当立即执行，或者交由下级监察机关执行，并将执行结果或者妨碍执行的情形及时报送国家监察委员会。在执行过程中，需要依法采取查询、调取、查封、扣押、冻结等措施或者需要返还涉案财物的，根据我国法律规定和国家监察委员会的执行决定办理有关法律手续。

第二百四十八条 【通过执法合作方式办理相关涉外案件程序】地方各级监察机关通过执法合作方式办理相关涉外案件的，应当将合作事项及相关材料逐级报送国家监察委员会审核。由国家监察委员会依法直接或者协调有关单位，向有关国家（地区）相关机构提交并开展合作。

第二百四十九条 【通过境外追诉方式办理相关涉外案件程序】地方各级监察机关通过境外追诉方式办理相关涉外案件的，应当提供外逃人员相关违法线索和证据，逐级报送国家监察委员会审核。由国家监察委员会依法直接或者协调有关单位向有关国家（地区）相关机构提交，请其依法对外逃人员调查、起诉和审判，并商有关国家（地区）遣返外逃人员。

第二百五十条 【境外涉案财产追缴方式】监察机关对依法应当追缴的境外违法所得及其他涉案财产，应当责令涉案人员以合法方式退赔。涉案人员拒不退赔的，可以依法通过下列方式追缴：

（一）在开展引渡等追逃合作时，随附请求有关国家（地区）

移交相关违法所得及其他涉案财产；

（二）依法启动违法所得没收程序，由人民法院对相关违法所得及其他涉案财产作出冻结、没收裁定，请有关国家（地区）承认和执行，并予以返还；

（三）请有关国家（地区）依法追缴相关违法所得及其他涉案财产，并予以返还；

（四）通过其他合法方式追缴。

第七章　对监察机关和监察人员的监督

第二百五十一条　【人大监督、外部监督、内部监督】监察机关和监察人员必须自觉坚持党的领导，在党组织的管理、监督下开展工作，依法接受本级人民代表大会及其常务委员会的监督，接受民主监督、司法监督、社会监督、舆论监督，加强内部监督制约机制建设，确保权力受到严格的约束和监督。

第二百五十二条　【向本级人大常委会报告专项工作】各级监察委员会应当按照监察法第五十三条第二款规定，由主任在本级人民代表大会常务委员会全体会议上报告专项工作。

在报告专项工作前，应当与本级人民代表大会有关专门委员会沟通协商，并配合开展调查研究等工作。各级人民代表大会常务委员会审议专项工作报告时，本级监察委员会应当根据要求派出领导成员列席相关会议，听取意见。

各级监察委员会应当认真研究办理本级人民代表大会常务委员会反馈的审议意见，并按照要求书面报告办理情况。

第二百五十三条　【接受、配合本级人大常委会组织执法检查】各级监察委员会应当积极接受、配合本级人民代表大会常务委员会组织的执法检查。对本级人民代表大会常务委员会的执法检查报告，应当认真研究处理，并向其报告处理情况。

第二百五十四条 【回答询问、质询】各级监察委员会在本级人民代表大会常务委员会会议审议与监察工作有关的议案和报告时，应当派相关负责人到会听取意见，回答询问。

监察机关对依法交由监察机关答复的质询案应当按照要求进行答复。口头答复的，由监察机关主要负责人或者委派相关负责人到会答复。书面答复的，由监察机关主要负责人签署。

第二百五十五条 【监察工作信息公开】各级监察机关应当通过互联网政务媒体、报刊、广播、电视等途径，向社会及时准确公开下列监察工作信息：

（一）监察法规；

（二）依法应当向社会公开的案件调查信息；

（三）检举控告地址、电话、网站等信息；

（四）其他依法应当公开的信息。

第二百五十六条 【特约监察员选聘】各级监察机关可以根据工作需要，按程序选聘特约监察员履行监督、咨询等职责。特约监察员名单应当向社会公布。

监察机关应当为特约监察员依法开展工作提供必要条件和便利。

第二百五十七条 【严格监察人员准入制度】监察机关实行严格的人员准入制度，严把政治关、品行关、能力关、作风关、廉洁关。监察人员必须忠诚坚定、担当尽责、遵纪守法、清正廉洁。

第二百五十八条 【建立监督检查、调查、案件监督管理、案件审理等部门相互协调制约工作机制】监察机关应当建立监督检查、调查、案件监督管理、案件审理等部门相互协调制约的工作机制。

监督检查和调查部门实行分工协作、相互制约。监督检查部门主要负责联系地区、部门、单位的日常监督检查和对涉嫌一般违法问题线索处置。调查部门主要负责对涉嫌严重职务违法和职务犯罪问题线索进行初步核实和立案调查。

案件监督管理部门负责对监督检查、调查工作全过程进行监督管理，做好线索管理、组织协调、监督检查、督促办理、统计分析等工作。案件监督管理部门发现监察人员在监督检查、调查中有违规办案行为的，及时督促整改；涉嫌违纪违法的，根据管理权限移交相关部门处理。

第二百五十九条　【对关键环节经常性监督检查、适时专项督查，建立案件质量评查机制】监察机关应当对监察权运行关键环节进行经常性监督检查，适时开展专项督查。案件监督管理、案件审理等部门应当按照各自职责，对问题线索处置、调查措施使用、涉案财物管理等进行监督检查，建立常态化、全覆盖的案件质量评查机制。

第二百六十条　【对监察人员执行职务和遵纪守法情况监督】监察机关应当加强对监察人员执行职务和遵纪守法情况的监督，按照管理权限依法对监察人员涉嫌违法犯罪问题进行调查处置。

第二百六十一条　【加强对调查全过程监督】监察机关及其监督检查、调查部门负责人应当定期检查调查期间的录音录像、谈话笔录、涉案财物登记资料，加强对调查全过程的监督，发现问题及时纠正并报告。

第二百六十二条　【对监察人员打听案情、过问案件、说情干预、未经批准接触被调查人等情况的报告备案】对监察人员打听案情、过问案件、说情干预的，办理监察事项的监察人员应当及时向上级负责人报告。有关情况应当登记备案。

发现办理监察事项的监察人员未经批准接触被调查人、涉案人员及其特定关系人，或者存在交往情形的，知情的监察人员应当及时向上级负责人报告。有关情况应当登记备案。

第二百六十三条 【回避制度】办理监察事项的监察人员有监察法第五十八条所列情形之一的，应当自行提出回避；没有自行提出回避的，监察机关应当依法决定其回避，监察对象、检举人及其他有关人员也有权要求其回避。

选用借调人员、看护人员、调查场所，应当严格执行回避制度。

第二百六十四条 【回避提出方式和回避决定】监察人员自行提出回避，或者监察对象、检举人及其他有关人员要求监察人员回避的，应当书面或者口头提出，并说明理由。口头提出的，应当形成记录。

监察机关主要负责人的回避，由上级监察机关主要负责人决定；其他监察人员的回避，由本级监察机关主要负责人决定。

第二百六十五条 【对下级监察机关及监察人员监督方式】上级监察机关应当通过专项检查、业务考评、开展复查等方式，强化对下级监察机关及监察人员执行职务和遵纪守法情况的监督。

第二百六十六条 【政治、理论和业务培训要求】监察机关应当对监察人员有计划地进行政治、理论和业务培训。培训应当坚持理论联系实际、按需施教、讲求实效，突出政治机关特色，建设高素质专业化监察队伍。

第二百六十七条 【保密制度】监察机关应当严格执行保密制度，控制监察事项知悉范围和时间。监察人员不准私自留存、隐匿、查阅、摘抄、复制、携带问题线索和涉案资料，严禁泄露监察工作秘密。

监察机关应当建立健全检举控告保密制度，对检举控告人的姓名（单位名称）、工作单位、住址、电话和邮箱等有关情况以及检举控告内容必须严格保密。

第二百六十八条　【涉密人员脱密期管理】监察机关涉密人员离岗离职后，应当遵守脱密期管理规定，严格履行保密义务，不得泄露相关秘密。

第二百六十九条　【监察人员离任后从业限制】监察人员离任三年以内，不得从事与监察和司法工作相关联且可能发生利益冲突的职业。

监察人员离任后，不得担任原任职监察机关办理案件的诉讼代理人或者辩护人，但是作为当事人的监护人或者近亲属代理诉讼或者进行辩护的除外。

第二百七十条　【监察人员严格遵守有关规范亲属经商办企业行为规定】监察人员应当严格遵守有关规范领导干部配偶、子女及其配偶经商办企业行为的规定。

第二百七十一条　【保护涉案企业产权和自主经营权】监察机关在履行职责过程中应当依法保护企业产权和自主经营权，严禁利用职权非法干扰企业生产经营。需要企业经营者协助调查的，应当依法保障其合法的人身、财产等权益，避免或者减少对涉案企业正常生产、经营活动的影响。

查封企业厂房、机器设备等生产资料，企业继续使用对该财产价值无重大影响的，可以允许其使用。对于正在运营或者正在用于科技创新、产品研发的设备和技术资料等，一般不予查封、扣押，确需调取违法犯罪证据的，可以采取拍照、复制等方式。

第二百七十二条　【申诉制度】被调查人及其近亲属认为监察机关及监察人员存在监察法第六十条第一款规定的有关情形，向监察机关提出申诉的，由监察机关案件监督管理部门依法受理，并按照法定的程序和时限办理。

第二百七十三条　【一案双查和办案质量责任制】监察机关在维护监督执法调查工作纪律方面失职失责的，依法追究责任。监察人员涉嫌严重职务违法、职务犯罪或者对案件处置出现重大失误的，既应当追究直接责任，还应当严肃追究负有责任的领导人员责任。

监察机关应当建立办案质量责任制，对滥用职权、失职失责造成严重后果的，实行终身责任追究。

第八章　法律责任

第二百七十四条　【对拒不执行处理决定的有关单位和人员的处理】有关单位拒不执行监察机关依法作出的下列处理决定的，应当由其主管部门、上级机关责令改正，对单位给予通报批评，对负有责任的领导人员和直接责任人员依法给予处理：

（一）政务处分决定；

（二）问责决定；

（三）谈话提醒、批评教育、责令检查，或者予以诫勉的决定；

（四）采取调查措施的决定；

（五）复审、复核决定；

（六）监察机关依法作出的其他处理决定。

第二百七十五条　【对报复陷害的处理】监察对象对控告人、申诉人、批评人、检举人、证人、监察人员进行打击、压制等报复陷害的，监察机关应当依法给予政务处分。构成犯罪的，依法追究刑事责任。

第二百七十六条　【对诬告陷害的处理】控告人、检举人、证人采取捏造事实、伪造材料等方式诬告陷害的，监察机关应当依法给予政务处分，或者移送有关机关处理。构成犯罪的，依法追究刑事责任。

监察人员因依法履行职责遭受不实举报、诬告陷害、侮辱诽谤，致使名誉受到损害的，监察机关应当会同有关部门及时澄清事实，消除不良影响，并依法追究相关单位或者个人的责任。

第二百七十七条　【建立健全办案安全责任制】监察机关应当建立健全办案安全责任制。承办部门主要负责人和调查组组长是调查安全第一责任人。调查组应当指定专人担任安全员。

地方各级监察机关履行管理、监督职责不力发生严重办案安全事故的，或者办案中存在严重违规违纪违法行为的，省级监察机关主要负责人应当向国家监察委员会作出检讨，并予以通报、严肃追责问责。

案件监督管理部门应当对办案安全责任制落实情况组织经常性检查和不定期抽查，发现问题及时报告并督促整改。

第二百七十八条　【对监察人员违法行使职权的责任追究】监察人员在履行职责中有下列行为之一的，依法严肃处理；构成犯罪的，依法追究刑事责任：

（一）贪污贿赂、徇私舞弊的；

（二）不履行或者不正确履行监督职责，应当发现的问题没有发现，或者发现问题不报告、不处置，造成严重影响的；

（三）未经批准、授权处置问题线索，发现重大案情隐瞒不报，或者私自留存、处理涉案材料的；

（四）利用职权或者职务上的影响干预调查工作的；

（五）违法窃取、泄露调查工作信息，或者泄露举报事项、举报受理情况以及举报人信息的；

（六）对被调查人或者涉案人员逼供、诱供，或者侮辱、打骂、虐待、体罚或者变相体罚的；

（七）违反规定处置查封、扣押、冻结的财物的；

（八）违反规定导致发生办案安全事故，或者发生安全事故后隐瞒不报、报告失实、处置不当的；

（九）违反规定采取留置措施的；

（十）违反规定限制他人出境，或者不按规定解除出境限制的；

（十一）其他职务违法和职务犯罪行为。

第二百七十九条　【对监察人员违法行为的政务处分方式和刑事责任追究】对监察人员在履行职责中存在违法行为的，可以根据情节轻重，依法进行谈话提醒、批评教育、责令检查、诫勉，或者给予政务处分。构成犯罪的，依法追究刑事责任。

第二百八十条　【申请国家赔偿情形】监察机关及其工作人员在行使职权时，有下列情形之一的，受害人可以申请国家赔偿：

（一）采取留置措施后，决定撤销案件的；

（二）违法没收、追缴或者违法查封、扣押、冻结财物造成损害的；

（三）违法行使职权，造成被调查人、涉案人员或者证人身体伤害或者死亡的；

（四）非法剥夺他人人身自由的；

（五）其他侵犯公民、法人和其他组织合法权益造成损害的。

受害人死亡的，其继承人和其他有扶养关系的亲属有权要求赔偿；受害的法人或者其他组织终止的，其权利承受人有权要求赔偿。

第二百八十一条　【赔偿义务机关和赔偿方式】监察机关及其工作人员违法行使职权侵犯公民、法人和其他组织的合法权益造成损害的，该机关为赔偿义务机关。申请赔偿应当向赔偿义务机关提出，由该机关负责复审复核工作的部门受理。

赔偿以支付赔偿金为主要方式。能够返还财产或者恢复原状的，予以返还财产或者恢复原状。

第九章　附　　则

第二百八十二条　【监察机关范围】本条例所称监察机关，包括各级监察委员会及其派驻或者派出监察机构、监察专员。

第二百八十三条　【近亲属范围】本条例所称“近亲属”，是指夫、妻、父、母、子、女、同胞兄弟姊妹。

第二百八十四条　【以上、以下、以内范围】本条例所称以上、以下、以内，包括本级、本数。

第二百八十五条　【期间计算】期间以时、日、月、年计算，期间开始的时和日不算在期间以内。本条例另有规定的除外。

按照年、月计算期间的，到期月的对应日为期间的最后一日；没有对应日的，月末日为期间的最后一日。

期间的最后一日是法定休假日的，以法定休假日结束的次日为期间的最后一日。但被调查人留置期间应当至到期之日为止，不得因法定休假日而延长。

第二百八十六条　【本条例解释权】本条例由国家监察委员会负责解释。

第二百八十七条　【施行时间】本条例自发布之日起施行。

中华人民共和国公职人员政务处分法

（2020年6月20日第十三届全国人民代表大会常务委员会第十九次会议通过 2020年6月20日中华人民共和国主席令第46号公布 自2020年7月1日起施行）

第一章 总 则

第一条 【立法目的和依据】为了规范政务处分，加强对所有行使公权力的公职人员的监督，促进公职人员依法履职、秉公用权、廉洁从政从业、坚持道德操守，根据《中华人民共和国监察法》，制定本法。

第二条 【适用范围】本法适用于监察机关对违法的公职人员给予政务处分的活动。

本法第二章、第三章适用于公职人员任免机关、单位对违法的公职人员给予处分。处分的程序、申诉等适用其他法律、行政法规、国务院部门规章和国家有关规定。

本法所称公职人员，是指《中华人民共和国监察法》第十五条规定的人员。

第三条 【政务处分决定主体】监察机关应当按照管理权限，加强对公职人员的监督，依法给予违法的公职人员政务处分。

公职人员任免机关、单位应当按照管理权限，加强对公职人员的教育、管理、监督，依法给予违法的公职人员处分。

监察机关发现公职人员任免机关、单位应当给予处分而未给予，或者给予的处分违法、不当的，应当及时提出监察建议。

第四条 【政务处分原则】给予公职人员政务处分，坚持党管干部原则，集体讨论决定；坚持法律面前一律平等，以事实为根据，以法律为准绳，给予的政务处分与违法行为的性质、情节、危害程度相当；坚持惩戒与教育相结合，宽严相济。

第五条　【政务处分工作方针】给予公职人员政务处分，应当事实清楚、证据确凿、定性准确、处理恰当、程序合法、手续完备。

第六条　【公职人员依法履职受法律保护】公职人员依法履行职责受法律保护，非因法定事由、非经法定程序，不受政务处分。

第二章　政务处分的种类和适用

第七条　【政务处分的种类】政务处分的种类为：

（一）警告；

（二）记过；

（三）记大过；

（四）降级；

（五）撤职；

（六）开除。

第八条　【政务处分的期间】政务处分的期间为：

（一）警告，六个月；

（二）记过，十二个月；

（三）记大过，十八个月；

（四）降级、撤职，二十四个月。

政务处分决定自作出之日起生效，政务处分期自政务处分决定生效之日起计算。

第九条　【共同违法分别给予政务处分】公职人员二人以上共同违法，根据各自在违法行为中所起的作用和应当承担的法律责任，分别给予政务处分。

第十条　【集体违法的政务处分】有关机关、单位、组织集体作出的决定违法或者实施违法行为的，对负有责任的领导人员和直接责任人员中的公职人员依法给予政务处分。

第十一条　【从轻或减轻给予政务处分】公职人员有下列情形之一的，可以从轻或者减轻给予政务处分：

（一）主动交代本人应当受到政务处分的违法行为的；

（二）配合调查，如实说明本人违法事实的；

（三）检举他人违纪违法行为，经查证属实的；

（四）主动采取措施，有效避免、挽回损失或者消除不良影响的；

（五）在共同违法行为中起次要或者辅助作用的；

（六）主动上交或者退赔违法所得的；

（七）法律、法规规定的其他从轻或者减轻情节。

第十二条　【免予或不予政务处分】公职人员违法行为情节轻微，且具有本法第十一条规定的情形之一的，可以对其进行谈话提醒、批评教育、责令检查或者予以诫勉，免予或者不予政务处分。

公职人员因不明真相被裹挟或者被胁迫参与违法活动，经批评教育后确有悔改表现的，可以减轻、免予或者不予政务处分。

第十三条　【从重给予政务处分】公职人员有下列情形之一的，应当从重给予政务处分：

（一）在政务处分期内再次故意违法，应当受到政务处分的；

（二）阻止他人检举、提供证据的；

（三）串供或者伪造、隐匿、毁灭证据的；

（四）包庇同案人员的；

（五）胁迫、唆使他人实施违法行为的；

（六）拒不上交或者退赔违法所得的；

（七）法律、法规规定的其他从重情节。

第十四条　【开除与撤职】公职人员犯罪，有下列情形之一的，予以开除：

（一）因故意犯罪被判处管制、拘役或者有期徒刑以上刑罚（含宣告缓刑）的；

（二）因过失犯罪被判处有期徒刑，刑期超过三年的；

（三）因犯罪被单处或者并处剥夺政治权利的。

因过失犯罪被判处管制、拘役或者三年以下有期徒刑的，一般应当予以开除；案件情况特殊，予以撤职更为适当的，可以不予开除，但是应当报请上一级机关批准。

公职人员因犯罪被单处罚金，或者犯罪情节轻微，人民检察院依法作出不起诉决定或者人民法院依法免予刑事处罚的，予以撤职；造成不良影响的，予以开除。

第十五条　【有两个以上违法行为的政务处分合并适用】公职人员有两个以上违法行为的，应当分别确定政务处分。应当给予两种以上政务处分的，执行其中最重的政务处分；应当给予撤职以下多个相同政务处分的，可以在一个政务处分期以上、多个政务处分期之和以下确定政务处分期，但是最长不得超过四十八个月。

第十六条　【对同一违法行为不得重复给予政务处分】对公职人员的同一违法行为，监察机关和公职人员任免机关、单位不得重复给予政务处分和处分。

第十七条　【组织处理与政务处分的并行】公职人员有违法行为，有关机关依照规定给予组织处理的，监察机关可以同时给予政务处分。

第十八条　【担任领导职务的公职人员的政务处分】担任领导

职务的公职人员有违法行为，被罢免、撤销、免去或者辞去领导职务的，监察机关可以同时给予政务处分。

第十九条　【公务员在政务处分期内的晋升限制】公务员以及参照《中华人民共和国公务员法》管理的人员在政务处分期内，不得晋升职务、职级、衔级和级别；其中，被记过、记大过、降级、撤职的，不得晋升工资档次。被撤职的，按照规定降低职务、职级、衔级和级别，同时降低工资和待遇。

第二十条　【有关组织中从事公务的人员、事业单位管理人员在政务处分期内的晋升限制】法律、法规授权或者受国家机关依法委托管理公共事务的组织中从事公务的人员，以及公办的教育、科研、文化、医疗卫生、体育等单位中从事管理的人员，在政务处分期内，不得晋升职务、岗位和职员等级、职称；其中，被记过、记大过、降级、撤职的，不得晋升薪酬待遇等级。被撤职的，降低职务、岗位或者职员等级，同时降低薪酬待遇。

第二十一条　【国有企业管理人员在政务处分期内的晋升限制】国有企业管理人员在政务处分期内，不得晋升职务、岗位等级和职称；其中，被记过、记大过、降级、撤职的，不得晋升薪酬待遇等级。被撤职的，降低职务或者岗位等级，同时降低薪酬待遇。

第二十二条　【基层群众性自治组织管理人员的政务处分类型】基层群众性自治组织中从事管理的人员有违法行为的，监察机关可以予以警告、记过、记大过。

基层群众性自治组织中从事管理的人员受到政务处分的，应当由县级或者乡镇人民政府根据具体情况减发或者扣发补贴、奖金。

第二十三条　【其他公职人员的政务处分】《中华人民共和国监察法》第十五条第六项规定的人员有违法行为的，监察机关可以予以警告、记过、记大过。情节严重的，由所在单位直接给予或者监察机关建议有关机关、单位给予降低薪酬待遇、调离岗位、解除人事关系或者劳动关系等处理。

《中华人民共和国监察法》第十五条第二项规定的人员，未担任公务员、参照《中华人民共和国公务员法》管理的人员、事业单位工作人员或者国有企业人员职务的，对其违法行为依照前款规定处理。

第二十四条　【被开除后不得录用为公务员】公职人员被开除，或者依照本法第二十三条规定，受到解除人事关系或者劳动关系处理的，不得录用为公务员以及参照《中华人民共和国公务员法》管理的人员。

第二十五条　【对违法财物、利益的处理】公职人员违法取得的财物和用于违法行为的本人财物，除依法应当由其他机关没收、追缴或者责令退赔的，由监察机关没收、追缴或者责令退赔；应当退还原所有人或者原持有人的，依法予以退还；属于国家财产或者不应当退还以及无法退还的，上缴国库。

公职人员因违法行为获得的职务、职级、衔级、级别、岗位和职员等级、职称、待遇、资格、学历、学位、荣誉、奖励等其他利益，监察机关应当建议有关机关、单位、组织按规定予以纠正。

第二十六条　【政务处分的解除】公职人员被开除的，自政务处分决定生效之日起，应当解除其与所在机关、单位的人事关系或者劳动关系。

公职人员受到开除以外的政务处分，在政务处分期内有悔改表现，并且没有再发生应当给予政务处分的违法行为的，政务处分期满后自动解除，晋升职务、职级、衔级、级别、岗位和职员等级、职称、薪酬待遇不再受原政务处分影响。但是，解除降级、撤职的，不恢复原职务、职级、衔级、级别、岗位和职员等级、职称、薪酬待遇。

第二十七条　【退休、离职、死亡的公职人员的政务处分】已经退休的公职人员退休前或者退休后有违法行为的，不再给予政务处分，但是可以对其立案调查；依法应当予以降级、撤职、开除的，应当按照规定相应调整其享受的待遇，对其违法取得的财物和用于违法行为的本人财物依照本法第二十五条的规定处理。

已经离职或者死亡的公职人员在履职期间有违法行为的，依照前款规定处理。

第三章　违法行为及其适用的政务处分

第二十八条　【对损害宪法权威、党的领导、国家利益等行为的政务处分】有下列行为之一的，予以记过或者记大过；情节较重的，予以降级或者撤职；情节严重的，予以开除：

（一）散布有损宪法权威、中国共产党领导和国家声誉的言论的；

（二）参加旨在反对宪法、中国共产党领导和国家的集会、游行、示威等活动的；

（三）拒不执行或者变相不执行中国共产党和国家的路线方针政策、重大决策部署的；

（四）参加非法组织、非法活动的；

（五）挑拨、破坏民族关系，或者参加民族分裂活动的；

（六）利用宗教活动破坏民族团结和社会稳定的；

（七）在对外交往中损害国家荣誉和利益的。

有前款第二项、第四项、第五项和第六项行为之一的，对策划者、组织者和骨干分子，予以开除。

公开发表反对宪法确立的国家指导思想，反对中国共产党领导，反对社会主义制度，反对改革开放的文章、演说、宣言、声明等的，予以开除。

第二十九条 【对不按规定请示、报告及篡改档案资料等行为的政务处分】不按照规定请示、报告重大事项，情节较重的，予以警告、记过或者记大过；情节严重的，予以降级或者撤职。

违反个人有关事项报告规定，隐瞒不报，情节较重的，予以警告、记过或者记大过。

篡改、伪造本人档案资料的，予以记过或者记大过；情节严重的，予以降级或者撤职。

第三十条 【对违反民主集中制、拒不执行上级决定行为的政务处分】有下列行为之一的，予以警告、记过或者记大过；情节严重的，予以降级或者撤职：

（一）违反民主集中制原则，个人或者少数人决定重大事项，或者拒不执行、擅自改变集体作出的重大决定的；

（二）拒不执行或者变相不执行、拖延执行上级依法作出的决定、命令的。

第三十一条 【对违规出境、办理因私出境证件、取得外国国籍等行为的政务处分】违反规定出境或者办理因私出境证件的，予以记过或者记大过；情节严重的，予以降级或者撤职。

违反规定取得外国国籍或者获取境外永久居留资格、长期居留许可的，予以撤职或者开除。

第三十二条 【对违反干部人事工作规定、骗取职务、打击报复、诬告陷害、破坏选举等行为的政务处分】有下列行为之一的，予以警告、记过或者记大过；情节较重的，予以降级或者撤职；情节严重的，予以开除：

（一）在选拔任用、录用、聘用、考核、晋升、评选等干部人事工作中违反有关规定的；

（二）弄虚作假，骗取职务、职级、衔级、级别、岗位和职员等级、职称、待遇、资格、学历、学位、荣誉、奖励或者其他利益的；

（三）对依法行使批评、申诉、控告、检举等权利的行为进行压制或者打击报复的；

（四）诬告陷害，意图使他人受到名誉损害或者责任追究等不良影响的；

（五）以暴力、威胁、贿赂、欺骗等手段破坏选举的。

第三十三条　【对贪污贿赂、以权谋私等行为的政务处分】 有下列行为之一的，予以警告、记过或者记大过；情节较重的，予以降级或者撤职；情节严重的，予以开除：

（一）贪污贿赂的；

（二）利用职权或者职务上的影响为本人或者他人谋取私利的；

（三）纵容、默许特定关系人利用本人职权或者职务上的影响谋取私利的。

拒不按照规定纠正特定关系人违规任职、兼职或者从事经营活动，且不服从职务调整的，予以撤职。

第三十四条　【对违规收受、赠送礼品及接受宴请等行为的政务处分】 收受可能影响公正行使公权力的礼品、礼金、有价证券等财物的，予以警告、记过或者记大过；情节较重的，予以降级或者撤职；情节严重的，予以开除。

向公职人员及其特定关系人赠送可能影响公正行使公权力的礼品、礼金、有价证券等财物，或者接受、提供可能影响公正行使公权力的宴请、旅游、健身、娱乐等活动安排，情节较重的，予以警告、记过或者记大过；情节严重的，予以降级或者撤职。

第三十五条　【对违规发放薪酬福利、享受超标准待遇、违规公款消费行为的政务处分】有下列行为之一，情节较重的，予以警告、记过或者记大过；情节严重的，予以降级或者撤职：

（一）违反规定设定、发放薪酬或者津贴、补贴、奖金的；

（二）违反规定，在公务接待、公务交通、会议活动、办公用房以及其他工作生活保障等方面超标准、超范围的；

（三）违反规定公款消费的。

第三十六条　【对违规从事营利性活动或兼职行为的政务处分】违反规定从事或者参与营利性活动，或者违反规定兼任职务、领取报酬的，予以警告、记过或者记大过；情节较重的，予以降级或者撤职；情节严重的，予以开除。

第三十七条　【对利用、包庇宗族、黑恶势力行为的政务处分】利用宗族或者黑恶势力等欺压群众，或者纵容、包庇黑恶势力活动的，予以撤职；情节严重的，予以开除。

第三十八条　【对侵犯管理服务对象利益行为的政务处分】有下列行为之一，情节较重的，予以警告、记过或者记大过；情节严重的，予以降级或者撤职：

（一）违反规定向管理服务对象收取、摊派财物的；

（二）在管理服务活动中故意刁难、吃拿卡要的；

（三）在管理服务活动中态度恶劣粗暴，造成不良后果或者影响的；

（四）不按照规定公开工作信息，侵犯管理服务对象知情权，造成不良后果或者影响的；

（五）其他侵犯管理服务对象利益的行为，造成不良后果或者影响的。

有前款第一项、第二项和第五项行为，情节特别严重的，予以开除。

第三十九条 【对滥用职权、玩忽职守、形式主义、官僚主义、弄虚作假、泄露秘密等行为的政务处分】有下列行为之一，造成不良后果或者影响的，予以警告、记过或者记大过；情节较重的，予以降级或者撤职；情节严重的，予以开除：

（一）滥用职权，危害国家利益、社会公共利益或者侵害公民、法人、其他组织合法权益的；

（二）不履行或者不正确履行职责，玩忽职守，贻误工作的；

（三）工作中有形式主义、官僚主义行为的；

（四）工作中有弄虚作假，误导、欺骗行为的；

（五）泄露国家秘密、工作秘密，或者泄露因履行职责掌握的商业秘密、个人隐私的。

第四十条 【对严重违反家庭美德、社会公德行为的政务处分】有下列行为之一的，予以警告、记过或者记大过；情节较重的，予以降级或者撤职；情节严重的，予以开除：

（一）违背社会公序良俗，在公共场所有不当行为，造成不良影响的；

（二）参与或者支持迷信活动，造成不良影响的；

（三）参与赌博的；

（四）拒不承担赡养、抚养、扶养义务的；

（五）实施家庭暴力，虐待、遗弃家庭成员的；

（六）其他严重违反家庭美德、社会公德的行为。

吸食、注射毒品，组织赌博，组织、支持、参与卖淫、嫖娼、色情淫乱活动的，予以撤职或者开除。

第四十一条 【对其他影响公职人员形象、损害国家和人民利益行为的政务处分】公职人员有其他违法行为，影响公职人员形象，损害国家和人民利益的，可以根据情节轻重给予相应政务处分。

第四章　政务处分的程序

第四十二条　【调查程序】监察机关对涉嫌违法的公职人员进行调查，应当由二名以上工作人员进行。监察机关进行调查时，有权依法向有关单位和个人了解情况，收集、调取证据。有关单位和个人应当如实提供情况。

严禁以威胁、引诱、欺骗及其他非法方式收集证据。以非法方式收集的证据不得作为给予政务处分的依据。

第四十三条　【告知被调查人、听取陈述和申辩】作出政务处分决定前，监察机关应当将调查认定的违法事实及拟给予政务处分的依据告知被调查人，听取被调查人的陈述和申辩，并对其陈述的事实、理由和证据进行核实，记录在案。被调查人提出的事实、理由和证据成立的，应予采纳。不得因被调查人的申辩而加重政务处分。

第四十四条　【调查终结后的处理】调查终结后，监察机关应当根据下列不同情况，分别作出处理：

（一）确有应受政务处分的违法行为的，根据情节轻重，按照政务处分决定权限，履行规定的审批手续后，作出政务处分决定；

（二）违法事实不能成立的，撤销案件；

（三）符合免予、不予政务处分条件的，作出免予、不予政务处分决定；

（四）被调查人涉嫌其他违法或者犯罪行为的，依法移送主管机关处理。

第四十五条　【制作政务处分决定书】决定给予政务处分的，

应当制作政务处分决定书。

政务处分决定书应当载明下列事项：

（一）被处分人的姓名、工作单位和职务；

（二）违法事实和证据；

（三）政务处分的种类和依据；

（四）不服政务处分决定，申请复审、复核的途径和期限；

（五）作出政务处分决定的机关名称和日期。

政务处分决定书应当盖有作出决定的监察机关的印章。

第四十六条 【送达并告知相关单位】政务处分决定书应当及时送达被处分人和被处分人所在机关、单位，并在一定范围内宣布。

作出政务处分决定后，监察机关应当根据被处分人的具体身份书面告知相关的机关、单位。

第四十七条 【工作回避】参与公职人员违法案件调查、处理的人员有下列情形之一的，应当自行回避，被调查人、检举人及其他有关人员也有权要求其回避：

（一）是被调查人或者检举人的近亲属的；

（二）担任过本案的证人的；

（三）本人或者其近亲属与调查的案件有利害关系的；

（四）可能影响案件公正调查、处理的其他情形。

第四十八条 【回避决定】监察机关负责人的回避，由上级监察机关决定；其他参与违法案件调查、处理人员的回避，由监察机关负责人决定。

监察机关或者上级监察机关发现参与违法案件调查、处理人员有应当回避情形的，可以直接决定该人员回避。

第四十九条 【受到刑事追究或行政处罚后给予政务处分】公

职人员依法受到刑事责任追究的，监察机关应当根据司法机关的生效判决、裁定、决定及其认定的事实和情节，依照本法规定给予政务处分。

公职人员依法受到行政处罚，应当给予政务处分的，监察机关可以根据行政处罚决定认定的事实和情节，经立案调查核实后，依照本法给予政务处分。

监察机关根据本条第一款、第二款的规定作出政务处分后，司法机关、行政机关依法改变原生效判决、裁定、决定等，对原政务处分决定产生影响的，监察机关应当根据改变后的判决、裁定、决定等重新作出相应处理。

第五十条　【对各级人大代表、政协委员给予政务处分的特殊规定】监察机关对经各级人民代表大会、县级以上各级人民代表大会常务委员会选举或者决定任命的公职人员予以撤职、开除的，应当先依法罢免、撤销或者免去其职务，再依法作出政务处分决定。

监察机关对经中国人民政治协商会议各级委员会全体会议或者其常务委员会选举或者决定任命的公职人员予以撤职、开除的，应当先依章程免去其职务，再依法作出政务处分决定。

监察机关对各级人民代表大会代表、中国人民政治协商会议各级委员会委员给予政务处分的，应当向有关的人民代表大会常务委员会，乡、民族乡、镇的人民代表大会主席团或者中国人民政治协商会议委员会常务委员会通报。

第五十一条　【指定管辖调查终结后的处理】下级监察机关根据上级监察机关的指定管辖决定进行调查的案件，调查终结后，对不属于本监察机关管辖范围内的监察对象，应当交有管理权限的监察机关依法作出政务处分决定。

第五十二条　【立案调查期间暂停履职及其他限制】公职人员

涉嫌违法，已经被立案调查，不宜继续履行职责的，公职人员任免机关、单位可以决定暂停其履行职务。

公职人员在被立案调查期间，未经监察机关同意，不得出境、辞去公职；被调查公职人员所在机关、单位及上级机关、单位不得对其交流、晋升、奖励、处分或者办理退休手续。

第五十三条　【对受到不实检举、控告或诬告陷害的处理】监察机关在调查中发现公职人员受到不实检举、控告或者诬告陷害，造成不良影响的，应当按照规定及时澄清事实，恢复名誉，消除不良影响。

第五十四条　【政务处分决定书的存档及职务、工资待遇的变更】公职人员受到政务处分的，应当将政务处分决定书存入其本人档案。对于受到降级以上政务处分的，应当由人事部门按照管理权限在作出政务处分决定后一个月内办理职务、工资及其他有关待遇等的变更手续；特殊情况下，经批准可以适当延长办理期限，但是最长不得超过六个月。

第五章　复审、复核

第五十五条　【申请复审、复核】公职人员对监察机关作出的涉及本人的政务处分决定不服的，可以依法向作出决定的监察机关申请复审；公职人员对复审决定仍不服的，可以向上一级监察机关申请复核。

监察机关发现本机关或者下级监察机关作出的政务处分决定确有错误的，应当及时予以纠正或者责令下级监察机关及时予以纠正。

第五十六条　【复审、复核期间不停止执行、不加重政务处分】复审、复核期间，不停止原政务处分决定的执行。

公职人员不因提出复审、复核而被加重政务处分。

第五十七条　【撤销原政务处分决定并重新作出决定的情形】有下列情形之一的，复审、复核机关应当撤销原政务处分决定，重新作出决定或者责令原作出决定的监察机关重新作出决定：

（一）政务处分所依据的违法事实不清或者证据不足的；

（二）违反法定程序，影响案件公正处理的；

（三）超越职权或者滥用职权作出政务处分决定的。

第五十八条　【变更原政务处分决定的情形】有下列情形之一的，复审、复核机关应当变更原政务处分决定，或者责令原作出决定的监察机关予以变更：

（一）适用法律、法规确有错误的；

（二）对违法行为的情节认定确有错误的；

（三）政务处分不当的。

第五十九条　【维持原政务处分决定】复审、复核机关认为政务处分决定认定事实清楚，适用法律正确的，应当予以维持。

第六十条　【政务处分决定被变更、撤销后的处理】公职人员的政务处分决定被变更，需要调整该公职人员的职务、职级、衔级、级别、岗位和职员等级或者薪酬待遇等的，应当按照规定予以调整。政务处分决定被撤销的，应当恢复该公职人员的级别、薪酬待遇，按照原职务、职级、衔级、岗位和职员等级安排相应的职务、职级、衔级、岗位和职员等级，并在原政务处分决定公布范围内为其恢复名誉。没收、追缴财物错误的，应当依法予以返还、赔偿。

公职人员因有本法第五十七条、第五十八条规定的情形被撤销政务处分或者减轻政务处分的，应当对其薪酬待遇受到的损失予以补偿。

第六章 法律责任

第六十一条 【对无正当理由拒不采纳监察建议的处理】 有关机关、单位无正当理由拒不采纳监察建议的，由其上级机关、主管部门责令改正，对该机关、单位给予通报批评，对负有责任的领导人员和直接责任人员依法给予处理。

第六十二条 【对拒不执行政务处分决定、拒不配合调查、打击报复、诬告陷害等行为的处理】 有关机关、单位、组织或者人员有下列情形之一的，由其上级机关，主管部门，任免机关、单位或者监察机关责令改正，依法给予处理：

（一）拒不执行政务处分决定的；

（二）拒不配合或者阻碍调查的；

（三）对检举人、证人或者调查人员进行打击报复的；

（四）诬告陷害公职人员的；

（五）其他违反本法规定的情形。

第六十三条 【对监察机关及其工作人员违规办案行为的处理】 监察机关及其工作人员有下列情形之一的，对负有责任的领导人员和直接责任人员依法给予处理：

（一）违反规定处置问题线索的；

（二）窃取、泄露调查工作信息，或者泄露检举事项、检举受理情况以及检举人信息的；

（三）对被调查人或者涉案人员逼供、诱供，或者侮辱、打骂、虐待、体罚或者变相体罚的；

（四）收受被调查人或者涉案人员的财物以及其他利益的；

（五）违反规定处置涉案财物的；

（六）违反规定采取调查措施的；

（七）利用职权或者职务上的影响干预调查工作、以案谋私的；

（八）违反规定发生办案安全事故，或者发生安全事故后隐瞒不报、报告失实、处置不当的；

（九）违反回避等程序规定，造成不良影响的；

（十）不依法受理和处理公职人员复审、复核的；

（十一）其他滥用职权、玩忽职守、徇私舞弊的行为。

第六十四条　【构成犯罪的依法追究刑事责任】违反本法规定，构成犯罪的，依法追究刑事责任。

第七章　附　　则

第六十五条　【对事业单位、国有企业公职人员的政务处分的具体规定制定】国务院及其相关主管部门根据本法的原则和精神，结合事业单位、国有企业等的实际情况，对事业单位、国有企业等的违法的公职人员处分事宜作出具体规定。

第六十六条　【中央军事委员会根据本法制定具体规定】中央军事委员会可以根据本法制定相关具体规定。

第六十七条　【时间效力】本法施行前，已结案的案件如果需要复审、复核，适用当时的规定。尚未结案的案件，如果行为发生时的规定不认为是违法的，适用当时的规定；如果行为发生时的规定认为是违法的，依照当时的规定处理，但是如果本法不认为是违法或者根据本法处理较轻的，适用本法。

第六十八条　【施行时间】本法自 2020 年 7 月 1 日起施行。

中华人民共和国刑法（节录）

（1979年7月1日第五届全国人民代表大会第二次会议通过　1997年3月14日第八届全国人民代表大会第五次会议修订　根据1998年12月29日第九届全国人民代表大会常务委员会第六次会议通过的《全国人民代表大会常务委员会关于惩治骗购外汇、逃汇和非法买卖外汇犯罪的决定》、1999年12月25日第九届全国人民代表大会常务委员会第十三次会议通过的《中华人民共和国刑法修正案》、2001年8月31日第九届全国人民代表大会常务委员会第二十三次会议通过的《中华人民共和国刑法修正案（二）》、2001年12月29日第九届全国人民代表大会常务委员会第二十五次会议通过的《中华人民共和国刑法修正案（三）》、2002年12月28日第九届全国人民代表大会常务委员会第三十一次会议通过的《中华人民共和国刑法修正案（四）》、2005年2月28日第十届全国人民代表大会常务委员会第十四次会议通过的《中华人民共和国刑法修正案（五）》、2006年6月29日第十届全国人民代表大会常务委员会第二十二次会议通过的《中华人民共和国刑法修正案（六）》、2009年2月28日第十一届全国人民代表大会常务委员会第七次会议通过的《中华人民共和国刑法修正案（七）》、2009年8月27日第十一届全国人民代表大会常务委员会第十次会议通过的《全国人民代表大会常务委员会关于修改部分法律的决定》、2011年2月25日第十一届全国人民代表大会常务委员会第十九次会议通过的《中华人民共和国刑法修正案（八）》、2015年8月29日第十二届全国人民代表大会常务委员会第十六次会议通过的《中华人民共和国刑法修正案（九）》、2017年11月4日第十二届全国人民代表大会常务委员会第三十次会议通过的《中华人民共和国刑法修正案（十）》、2020年12月26日第十三届全国人民代表大会常务委员会第二十四次会议通过的《中华人民共和国刑法修正案（十一）》和2023年12月29日第十四届全国人民代表大会常务委员会第七次会议通过的《中华人民共和国刑法修正案（十二）》修正)①

……

第一百三十一条　【重大飞行事故罪】航空人员违反规章制度，致使发生重大飞行事故，造成严重后果的，处三年以下有期徒刑或者拘役；造成飞机坠毁或者人员死亡的，处三年以上七年以下有期徒刑。

第一百三十二条　【铁路运营安全事故罪】铁路职工违反规章制度，致使发生铁路运营安全事故，造成严重后果的，处三年以下有期徒刑或者拘役；造成特别严重后果的，处三年以上七年以下有期徒刑。

……

第一百三十四条　【重大责任事故罪】在生产、作业中违反有

① 刑法、历次刑法修正案、涉及修改刑法的决定的施行日期，分别依据各法律所规定的施行日期确定。

另，总则部分条文主旨为编者所加，分则部分条文主旨是根据司法解释确定罪名所加。

关安全管理的规定，因而发生重大伤亡事故或者造成其他严重后果的，处三年以下有期徒刑或者拘役；情节特别恶劣的，处三年以上七年以下有期徒刑。

【强令、组织他人违章冒险作业罪】 强令他人违章冒险作业，或者明知存在重大事故隐患而不排除，仍冒险组织作业，因而发生重大伤亡事故或者造成其他严重后果的，处五年以下有期徒刑或者拘役；情节特别恶劣的，处五年以上有期徒刑。

第一百三十四条之一　【危险作业罪】 在生产、作业中违反有关安全管理的规定，有下列情形之一，具有发生重大伤亡事故或者其他严重后果的现实危险的，处一年以下有期徒刑、拘役或者管制：

（一）关闭、破坏直接关系生产安全的监控、报警、防护、救生设备、设施，或者篡改、隐瞒、销毁其相关数据、信息的；

（二）因存在重大事故隐患被依法责令停产停业、停止施工、停止使用有关设备、设施、场所或者立即采取排除危险的整改措施，而拒不执行的；

（三）涉及安全生产的事项未经依法批准或者许可，擅自从事矿山开采、金属冶炼、建筑施工，以及危险物品生产、经营、储存等高度危险的生产作业活动的。

第一百三十五条　【重大劳动安全事故罪】 安全生产设施或者安全生产条件不符合国家规定，因而发生重大伤亡事故或者造成其他严重后果的，对直接负责的主管人员和其他直接责任人员，处三年以下有期徒刑或者拘役；情节特别恶劣的，处三年以上七年以下有期徒刑。

第一百三十五条之一　【大型群众性活动重大安全事故罪】 举办大型群众性活动违反安全管理规定，因而发生重大伤亡事故或者造成其他严重后果的，对直接负责的主管人员和其他直接责任人员，处三年以下有期徒刑或者拘役；情节特别恶劣的，处三年以上七年以下有期徒刑。

第一百三十六条　【危险物品肇事罪】违反爆炸性、易燃性、放射性、毒害性、腐蚀性物品的管理规定，在生产、储存、运输、使用中发生重大事故，造成严重后果的，处三年以下有期徒刑或者拘役；后果特别严重的，处三年以上七年以下有期徒刑。

第一百三十七条　【工程重大安全事故罪】建设单位、设计单位、施工单位、工程监理单位违反国家规定，降低工程质量标准，造成重大安全事故的，对直接责任人员，处五年以下有期徒刑或者拘役，并处罚金；后果特别严重的，处五年以上十年以下有期徒刑，并处罚金。

第一百三十八条　【教育设施重大安全事故罪】明知校舍或者教育教学设施有危险，而不采取措施或者不及时报告，致使发生重大伤亡事故的，对直接责任人员，处三年以下有期徒刑或者拘役；后果特别严重的，处三年以上七年以下有期徒刑。

第一百三十九条　【消防责任事故罪】违反消防管理法规，经消防监督机构通知采取改正措施而拒绝执行，造成严重后果的，对直接责任人员，处三年以下有期徒刑或者拘役；后果特别严重的，处三年以上七年以下有期徒刑。

第一百三十九条之一　【不报、谎报安全事故罪】在安全事故发生后，负有报告职责的人员不报或者谎报事故情况，贻误事故抢救，情节严重的，处三年以下有期徒刑或者拘役；情节特别严重的，处三年以上七年以下有期徒刑。

……

第一百六十三条　【非国家工作人员受贿罪】公司、企业或者其他单位的工作人员，利用职务上的便利，索取他人财物或者非法收受他人财物，为他人谋取利益，数额较大的，处三年以下有期徒刑或者拘役，并处罚金；数额巨大或者有其他严重情节的，处三年以上十年以下有期徒刑，并处罚金；数额特别巨大或者有其他特别严重情节的，处十年以上有期徒刑或者无期徒刑，并处罚金。

公司、企业或者其他单位的工作人员在经济往来中，利用职务上的便利，违反国家规定，收受各种名义的回扣、手续费，归个人所有的，依照前款的规定处罚。

国有公司、企业或者其他国有单位中从事公务的人员和国有公司、企业或者其他国有单位委派到非国有公司、企业以及其他单位从事公务的人员有前两款行为的，依照本法第三百八十五条、第三百八十六条的规定定罪处罚。

第一百六十四条 【对非国家工作人员行贿罪】为谋取不正当利益，给予公司、企业或者其他单位的工作人员以财物，数额较大的，处三年以下有期徒刑或者拘役，并处罚金；数额巨大的，处三年以上十年以下有期徒刑，并处罚金。

【对外国公职人员、国际公共组织官员行贿罪】为谋取不正当商业利益，给予外国公职人员或者国际公共组织官员以财物的，依照前款的规定处罚。

单位犯前两款罪的，对单位判处罚金，并对其直接负责的主管人员和其他直接责任人员，依照第一款的规定处罚。

行贿人在被追诉前主动交待行贿行为的，可以减轻处罚或者免除处罚。

第一百六十五条 【非法经营同类营业罪】国有公司、企业的董事、监事、高级管理人员，利用职务便利，自己经营或者为他人经营与其所任职公司、企业同类的营业，获取非法利益，数额巨大的，处三年以下有期徒刑或者拘役，并处或者单处罚金；数额特别巨大的，处三年以上七年以下有期徒刑，并处罚金。

其他公司、企业的董事、监事、高级管理人员违反法律、行政法规规定，实施前款行为，致使公司、企业利益遭受重大损失的，依照前款的规定处罚。

第一百六十六条　【为亲友非法牟利罪】国有公司、企业、事业单位的工作人员，利用职务便利，有下列情形之一，致使国家利益遭受重大损失的，处三年以下有期徒刑或者拘役，并处或者单处罚金；致使国家利益遭受特别重大损失的，处三年以上七年以下有期徒刑，并处罚金：

（一）将本单位的盈利业务交由自己的亲友进行经营的；

（二）以明显高于市场的价格从自己的亲友经营管理的单位采购商品、接受服务或者以明显低于市场的价格向自己的亲友经营管理的单位销售商品、提供服务的；

（三）从自己的亲友经营管理的单位采购、接受不合格商品、服务的。

其他公司、企业的工作人员违反法律、行政法规规定，实施前款行为，致使公司、企业利益遭受重大损失的，依照前款的规定处罚。

第一百六十七条　【签订、履行合同失职被骗罪】国有公司、企业、事业单位直接负责的主管人员，在签订、履行合同过程中，因严重不负责任被诈骗，致使国家利益遭受重大损失的，处三年以下有期徒刑或者拘役；致使国家利益遭受特别重大损失的，处三年以上七年以下有期徒刑。

第一百六十八条　【国有公司、企业、事业单位人员失职罪】【国有公司、企业、事业单位人员滥用职权罪】国有公司、企业的工作人员，由于严重不负责任或者滥用职权，造成国有公司、企业破产或者严重损失，致使国家利益遭受重大损失的，处三年以下有期徒刑或者拘役；致使国家利益遭受特别重大损失的，处三年以上七年以下有期徒刑。

国有事业单位的工作人员有前款行为，致使国家利益遭受重大损失的，依照前款的规定处罚。

国有公司、企业、事业单位的工作人员，徇私舞弊，犯前两款罪的，依照第一款的规定从重处罚。

第一百六十九条 【徇私舞弊低价折股、出售公司、企业资产罪】国有公司、企业或者其上级主管部门直接负责的主管人员，徇私舞弊，将国有资产低价折股或者低价出售，致使国家利益遭受重大损失的，处三年以下有期徒刑或者拘役；致使国家利益遭受特别重大损失的，处三年以上七年以下有期徒刑。

其他公司、企业直接负责的主管人员，徇私舞弊，将公司、企业资产低价折股或者低价出售，致使公司、企业利益遭受重大损失的，依照前款的规定处罚。

第一百六十九条之一 【背信损害上市公司利益罪】上市公司的董事、监事、高级管理人员违背对公司的忠实义务，利用职务便利，操纵上市公司从事下列行为之一，致使上市公司利益遭受重大损失的，处三年以下有期徒刑或者拘役，并处或者单处罚金；致使上市公司利益遭受特别重大损失的，处三年以上七年以下有期徒刑，并处罚金：

（一）无偿向其他单位或者个人提供资金、商品、服务或者其他资产的；

（二）以明显不公平的条件，提供或者接受资金、商品、服务或者其他资产的；

（三）向明显不具有清偿能力的单位或者个人提供资金、商品、服务或者其他资产的；

（四）为明显不具有清偿能力的单位或者个人提供担保，或者无正当理由为其他单位或者个人提供担保的；

（五）无正当理由放弃债权、承担债务的；

（六）采用其他方式损害上市公司利益的。

上市公司的控股股东或者实际控制人，指使上市公司董事、监事、高级管理人员实施前款行为的，依照前款的规定处罚。

犯前款罪的上市公司的控股股东或者实际控制人是单位的，对单位判处罚金，并对其直接负责的主管人员和其他直接责任人员，依照第一款的规定处罚。

……

第一百七十一条　【出售、购买、运输假币罪】出售、购买伪造的货币或者明知是伪造的货币而运输，数额较大的，处三年以下有期徒刑或者拘役，并处二万元以上二十万元以下罚金；数额巨大的，处三年以上十年以下有期徒刑，并处五万元以上五十万元以下罚金；数额特别巨大的，处十年以上有期徒刑或者无期徒刑，并处五万元以上五十万元以下罚金或者没收财产。

【金融工作人员购买假币、以假币换取货币罪】银行或者其他金融机构的工作人员购买伪造的货币或者利用职务上的便利，以伪造的货币换取货币的，处三年以上十年以下有期徒刑，并处二万元以上二十万元以下罚金；数额巨大或者有其他严重情节的，处十年以上有期徒刑或者无期徒刑，并处二万元以上二十万元以下罚金或者没收财产；情节较轻的，处三年以下有期徒刑或者拘役，并处或者单处一万元以上十万元以下罚金。

伪造货币并出售或者运输伪造的货币的，依照本法第一百七十条的规定定罪从重处罚。

……

第一百八十条　【内幕交易、泄露内幕信息罪】证券、期货交易内幕信息的知情人员或者非法获取证券、期货交易内幕信息的人员，在涉及证券的发行，证券、期货交易或者其他对证券、期货交易价格有重大影响的信息尚未公开前，买入或者卖出该证券，或者从事与该内幕信息有关的期货交易，或者泄露该信息，或者明示、暗示他人从事上述交易活动，情节严重的，处五年以下有期徒刑或者拘役，并处或者单处违法所得一倍以上五倍以下罚金；情节特别严重的，处五年以上十年以下有期徒刑，并处违法所得一倍以上五倍以下罚金。

单位犯前款罪的，对单位判处罚金，并对其直接负责的主管人员和其他直接责任人员，处五年以下有期徒刑或者拘役。

内幕信息、知情人员的范围，依照法律、行政法规的规定确定。

【利用未公开信息交易罪】证券交易所、期货交易所、证券公司、期货经纪公司、基金管理公司、商业银行、保险公司等金融机构的从业人员以及有关监管部门或者行业协会的工作人员，利用因职务便利获取的内幕信息以外的其他未公开的信息，违反规定，从事与该信息相关的证券、期货交易活动，或者明示、暗示他人从事相关交易活动，情节严重的，依照第一款的规定处罚。

第一百八十一条　【编造并传播证券、期货交易虚假信息罪】编造并且传播影响证券、期货交易的虚假信息，扰乱证券、期货交易市场，造成严重后果的，处五年以下有期徒刑或者拘役，并处或者单处一万元以上十万元以下罚金。

【诱骗投资者买卖证券、期货合约罪】证券交易所、期货交易所、证券公司、期货经纪公司的从业人员，证券业协会、期货业协会或者证券期货监督管理部门的工作人员，故意提供虚假信息或者伪造、变造、销毁交易记录，诱骗投资者买卖证券、期货合约，造成严重后果的，处五年以下有期徒刑或者拘役，并处或者单处一万元以上十万元以下罚金；情节特别恶劣的，处五年以上十年以下有期徒刑，并处二万元以上二十万元以下罚金。

单位犯前两款罪的，对单位判处罚金，并对其直接负责的主管人员和其他直接责任人员，处五年以下有期徒刑或者拘役。

……

第一百八十五条　【挪用资金罪】商业银行、证券交易所、期货交易所、证券公司、期货经纪公司、保险公司或者其他金融机构的工作人员利用职务上的便利，挪用本单位或者客户资金的，依照本法第二百七十二条的规定定罪处罚。

【挪用公款罪】国有商业银行、证券交易所、期货交易所、证券公司、期货经纪公司、保险公司或者其他国有金融机构的工作人员和国有商业银行、证券交易所、期货交易所、证券公司、期货经纪公司、保险公司或者其他国有金融机构委派到前款规定中的非国有机构从事公务的人员有前款行为的，依照本法第三百八十四条的规定定罪处罚。

第一百八十五条之一　【背信运用受托财产罪】商业银行、证券交易所、期货交易所、证券公司、期货经纪公司、保险公司或者其他金融机构，违背受托义务，擅自运用客户资金或者其他委托、信托的财产，情节严重的，对单位判处罚金，并对其直接负责的主管人员和其他直接责任人员，处三年以下有期徒刑或者拘役，并处三万元以上三十万元以下罚金；情节特别严重的，处三年以上十年以下有期徒刑，并处五万元以上五十万元以下罚金。

【违法运用资金罪】社会保障基金管理机构、住房公积金管理机构等公众资金管理机构，以及保险公司、保险资产管理公司、证券投资基金管理公司，违反国家规定运用资金的，对其直接负责的主管人员和其他直接责任人员，依照前款的规定处罚。

第一百八十六条 【违法发放贷款罪】银行或者其他金融机构的工作人员违反国家规定发放贷款，数额巨大或者造成重大损失的，处五年以下有期徒刑或者拘役，并处一万元以上十万元以下罚金；数额特别巨大或者造成特别重大损失的，处五年以上有期徒刑，并处二万元以上二十万元以下罚金。

银行或者其他金融机构的工作人员违反国家规定，向关系人发放贷款的，依照前款的规定从重处罚。

单位犯前两款罪的，对单位判处罚金，并对其直接负责的主管人员和其他直接责任人员，依照前两款的规定处罚。

关系人的范围，依照《中华人民共和国商业银行法》和有关金融法规确定。

第一百八十七条 【吸收客户资金不入账罪】银行或者其他金融机构的工作人员吸收客户资金不入帐，数额巨大或者造成重大损失的，处五年以下有期徒刑或者拘役，并处二万元以上二十万元以下罚金；数额特别巨大或者造成特别重大损失的，处五年以上有期徒刑，并处五万元以上五十万元以下罚金。

单位犯前款罪的，对单位判处罚金，并对其直接负责的主管人员和其他直接责任人员，依照前款的规定处罚。

第一百八十八条 【违规出具金融票证罪】银行或者其他金融机构的工作人员违反规定，为他人出具信用证或者其他保函、票据、存单、资信证明，情节严重的，处五年以下有期徒刑或者拘役；情节特别严重的，处五年以上有期徒刑。

单位犯前款罪的，对单位判处罚金，并对其直接负责的主管人员和其他直接责任人员，依照前款的规定处罚。

第一百八十九条　【对违法票据承兑、付款、保证罪】银行或者其他金融机构的工作人员在票据业务中，对违反票据法规定的票据予以承兑、付款或者保证，造成重大损失的，处五年以下有期徒刑或者拘役；造成特别重大损失的，处五年以上有期徒刑。

单位犯前款罪的，对单位判处罚金，并对其直接负责的主管人员和其他直接责任人员，依照前款的规定处罚。

……

第二百二十八条　【非法转让、倒卖土地使用权罪】以牟利为目的，违反土地管理法规，非法转让、倒卖土地使用权，情节严重的，处三年以下有期徒刑或者拘役，并处或者单处非法转让、倒卖土地使用权价额百分之五以上百分之二十以下罚金；情节特别严重的，处三年以上七年以下有期徒刑，并处非法转让、倒卖土地使用权价额百分之五以上百分之二十以下罚金。

……

第二百四十五条　【非法搜查罪】【非法侵入住宅罪】非法搜查他人身体、住宅，或者非法侵入他人住宅的，处三年以下有期徒刑或者拘役。

司法工作人员滥用职权，犯前款罪的，从重处罚。

……

第二百四十八条　【虐待被监管人罪】监狱、拘留所、看守所等监管机构的监管人员对被监管人进行殴打或者体罚虐待，情节严重的，处三年以下有期徒刑或者拘役；情节特别严重的，处三年以上十年以下有期徒刑。致人伤残、死亡的，依照本法第二百三十四条、第二百三十二条的规定定罪从重处罚。

监管人员指使被监管人殴打或者体罚虐待其他被监管人的，依照前款的规定处罚。

……

第二百五十一条 【非法剥夺公民宗教信仰自由罪】【侵犯少数民族风俗习惯罪】国家机关工作人员非法剥夺公民的宗教信仰自由和侵犯少数民族风俗习惯，情节严重的，处二年以下有期徒刑或者拘役。

第二百五十二条 【侵犯通信自由罪】隐匿、毁弃或者非法开拆他人信件，侵犯公民通信自由权利，情节严重的，处一年以下有期徒刑或者拘役。

第二百五十三条 【私自开拆、隐匿、毁弃邮件、电报罪】邮政工作人员私自开拆或者隐匿、毁弃邮件、电报的，处二年以下有期徒刑或者拘役。

犯前款罪而窃取财物的，依照本法第二百六十四条的规定定罪从重处罚。

第二百五十三条之一 【侵犯公民个人信息罪】违反国家有关规定，向他人出售或者提供公民个人信息，情节严重的，处三年以下有期徒刑或者拘役，并处或者单处罚金；情节特别严重的，处三年以上七年以下有期徒刑，并处罚金。

违反国家有关规定，将在履行职责或者提供服务过程中获得的公民个人信息，出售或者提供给他人的，依照前款的规定从重处罚。

窃取或者以其他方法非法获取公民个人信息的，依照第一款的规定处罚。

单位犯前三款罪的，对单位判处罚金，并对其直接负责的主管人员和其他直接责任人员，依照各该款的规定处罚。

第二百五十四条　【报复陷害罪】国家机关工作人员滥用职权、假公济私，对控告人、申诉人、批评人、举报人实行报复陷害的，处二年以下有期徒刑或者拘役；情节严重的，处二年以上七年以下有期徒刑。

第二百五十五条　【打击报复会计、统计人员罪】公司、企业、事业单位、机关、团体的领导人，对依法履行职责、抵制违反会计法、统计法行为的会计、统计人员实行打击报复，情节恶劣的，处三年以下有期徒刑或者拘役。

第二百五十六条　【破坏选举罪】在选举各级人民代表大会代表和国家机关领导人员时，以暴力、威胁、欺骗、贿赂、伪造选举文件、虚报选举票数等手段破坏选举或者妨害选民和代表自由行使选举权和被选举权，情节严重的，处三年以下有期徒刑、拘役或者剥夺政治权利。

……

第二百七十一条　【职务侵占罪】公司、企业或者其他单位的工作人员，利用职务上的便利，将本单位财物非法占为己有，数额较大的，处三年以下有期徒刑或者拘役，并处罚金；数额巨大的，处三年以上十年以下有期徒刑，并处罚金；数额特别巨大的，处十年以上有期徒刑或者无期徒刑，并处罚金。

国有公司、企业或者其他国有单位中从事公务的人员和国有公司、企业或者其他国有单位委派到非国有公司、企业以及其他单位从事公务的人员有前款行为的，依照本法第三百八十二条、第三百八十三条的规定定罪处罚。

第二百七十二条　【挪用资金罪】公司、企业或者其他单位的工作人员，利用职务上的便利，挪用本单位资金归个人使用或者借贷给他人，数额较大、超过三个月未还的，或者虽未超过三个月，但数额较大、进行营利活动的，或者进行非法活动的，处三年以下有期徒刑或者拘役；挪用本单位资金数额巨大的，处三年以上七年以下有期徒刑；数额特别巨大的，处七年以上有期徒刑。

国有公司、企业或者其他国有单位中从事公务的人员和国有公司、企业或者其他国有单位委派到非国有公司、企业以及其他单位从事公务的人员有前款行为的，依照本法第三百八十四条的规定定罪处罚。

有第一款行为，在提起公诉前将挪用的资金退还的，可以从轻或者减轻处罚。其中，犯罪较轻的，可以减轻或者免除处罚。

第二百七十三条　【挪用特定款物罪】挪用用于救灾、抢险、防汛、优抚、扶贫、移民、救济款物，情节严重，致使国家和人民群众利益遭受重大损害的，对直接责任人员，处三年以下有期徒刑或者拘役；情节特别严重的，处三年以上七年以下有期徒刑。

……

第三百零四条　【故意延误投递邮件罪】邮政工作人员严重不负责任，故意延误投递邮件，致使公共财产、国家和人民利益遭受重大损失的，处二年以下有期徒刑或者拘役。

……

第三百零八条　【打击报复证人罪】对证人进行打击报复的，处三年以下有期徒刑或者拘役；情节严重的，处三年以上七年以下有期徒刑。

第三百零八条之一　【泄露不应公开的案件信息罪】司法工作人员、辩护人、诉讼代理人或者其他诉讼参与人，泄露依法不公开审理的案件中不应当公开的信息，造成信息公开传播或者其他严重后果的，处三年以下有期徒刑、拘役或者管制，并处或者单处罚金。

有前款行为，泄露国家秘密的，依照本法第三百九十八条的规定定罪处罚。

【披露、报道不应公开的案件信息罪】公开披露、报道第一款规定的案件信息，情节严重的，依照第一款的规定处罚。

单位犯前款罪的，对单位判处罚金，并对其直接负责的主管人员和其他直接责任人员，依照第一款的规定处罚。

……

第三百七十四条　【接送不合格兵员罪】在征兵工作中徇私舞弊，接送不合格兵员，情节严重的，处三年以下有期徒刑或者拘役；造成特别严重后果的，处三年以上七年以下有期徒刑。

……

第三百八十二条　【贪污罪】国家工作人员利用职务上的便利，侵吞、窃取、骗取或者以其他手段非法占有公共财物的，是贪污罪。

受国家机关、国有公司、企业、事业单位、人民团体委托管理、经营国有财产的人员，利用职务上的便利，侵吞、窃取、骗取或者以其他手段非法占有国有财物的，以贪污论。

与前两款所列人员勾结，伙同贪污的，以共犯论处。

第三百八十三条　【对贪污罪的处罚】对犯贪污罪的，根据情节轻重，分别依照下列规定处罚：

（一）贪污数额较大或者有其他较重情节的，处三年以下有期徒刑或者拘役，并处罚金。

（二）贪污数额巨大或者有其他严重情节的，处三年以上十年以下有期徒刑，并处罚金或者没收财产。

（三）贪污数额特别巨大或者有其他特别严重情节的，处十年以上有期徒刑或者无期徒刑，并处罚金或者没收财产；数额特别巨大，并使国家和人民利益遭受特别重大损失的，处无期徒刑或者死刑，并处没收财产。

对多次贪污未经处理的，按照累计贪污数额处罚。

犯第一款罪，在提起公诉前如实供述自己罪行、真诚悔罪、积极退赃，避免、减少损害结果的发生，有第一项规定情形的，可以从轻、减轻或者免除处罚；有第二项、第三项规定情形的，可以从轻处罚。

犯第一款罪，有第三项规定情形被判处死刑缓期执行的，人民法院根据犯罪情节等情况可以同时决定在其死刑缓期执行二年期满依法减为无期徒刑后，终身监禁，不得减刑、假释。

第三百八十四条　【挪用公款罪】国家工作人员利用职务上的便利，挪用公款归个人使用，进行非法活动的，或者挪用公款数额较大、进行营利活动的，或者挪用公款数额较大、超过三个月未还的，是挪用公款罪，处五年以下有期徒刑或者拘役；情节严重的，处五年以上有期徒刑。挪用公款数额巨大不退还的，处十年以上有期徒刑或者无期徒刑。

挪用用于救灾、抢险、防汛、优抚、扶贫、移民、救济款物归个人使用的，从重处罚。

第三百八十五条　【受贿罪】国家工作人员利用职务上的便利，索取他人财物的，或者非法收受他人财物，为他人谋取利益的，是受贿罪。

国家工作人员在经济往来中，违反国家规定，收受各种名义的回扣、手续费，归个人所有的，以受贿论处。

第三百八十六条　【对受贿罪的处罚】对犯受贿罪的，根据受贿所得数额及情节，依照本法第三百八十三条的规定处罚。索贿的从重处罚。

第三百八十七条 【单位受贿罪】国家机关、国有公司、企业、事业单位、人民团体，索取、非法收受他人财物，为他人谋取利益，情节严重的，对单位判处罚金，并对其直接负责的主管人员和其他直接责任人员，处三年以下有期徒刑或者拘役；情节特别严重的，处三年以上十年以下有期徒刑。

前款所列单位，在经济往来中，在帐外暗中收受各种名义的回扣、手续费的，以受贿论，依照前款的规定处罚。

第三百八十八条 【受贿罪】国家工作人员利用本人职权或者地位形成的便利条件，通过其他国家工作人员职务上的行为，为请托人谋取不正当利益，索取请托人财物或者收受请托人财物的，以受贿论处。

第三百八十八条之一 【利用影响力受贿罪】国家工作人员的近亲属或者其他与该国家工作人员关系密切的人，通过该国家工作人员职务上的行为，或者利用该国家工作人员职权或者地位形成的便利条件，通过其他国家工作人员职务上的行为，为请托人谋取不正当利益，索取请托人财物或者收受请托人财物，数额较大或者有其他较重情节的，处三年以下有期徒刑或者拘役，并处罚金；数额巨大或者有其他严重情节的，处三年以上七年以下有期徒刑，并处罚金；数额特别巨大或者有其他特别严重情节的，处七年以上有期徒刑，并处罚金或者没收财产。

离职的国家工作人员或者其近亲属以及其他与其关系密切的人，利用该离职的国家工作人员原职权或者地位形成的便利条件实施前款行为的，依照前款的规定定罪处罚。

第三百八十九条 【行贿罪】为谋取不正当利益，给予国家工作人员以财物的，是行贿罪。

在经济往来中，违反国家规定，给予国家工作人员以财物，数额较大的，或者违反国家规定，给予国家工作人员以各种名义的回扣、手续费的，以行贿论处。

因被勒索给予国家工作人员以财物，没有获得不正当利益的，不是行贿。

第三百九十条　【对行贿罪的处罚】对犯行贿罪的，处三年以下有期徒刑或者拘役，并处罚金；因行贿谋取不正当利益，情节严重的，或者使国家利益遭受重大损失的，处三年以上十年以下有期徒刑，并处罚金；情节特别严重的，或者使国家利益遭受特别重大损失的，处十年以上有期徒刑或者无期徒刑，并处罚金或者没收财产。

有下列情形之一的，从重处罚：

（一）多次行贿或者向多人行贿的；

（二）国家工作人员行贿的；

（三）在国家重点工程、重大项目中行贿的；

（四）为谋取职务、职级晋升、调整行贿的；

（五）对监察、行政执法、司法工作人员行贿的；

（六）在生态环境、财政金融、安全生产、食品药品、防灾救灾、社会保障、教育、医疗等领域行贿，实施违法犯罪活动的；

（七）将违法所得用于行贿的。

行贿人在被追诉前主动交待行贿行为的，可以从轻或者减轻处罚。其中，犯罪较轻的，对调查突破、侦破重大案件起关键作用的，或者有重大立功表现的，可以减轻或者免除处罚。

第三百九十条之一　【对有影响力的人行贿罪】为谋取不正当利益，向国家工作人员的近亲属或者其他与该国家工作人员关系密切的人，或者向离职的国家工作人员或者其近亲属以及其他与其关系密切的人行贿的，处三年以下有期徒刑或者拘役，并处罚金；情节严重的，或者使国家利益遭受重大损失的，处三年以上七年以下有期徒刑，并处罚金；情节特别严重的，或者使国家利益遭受特别重大损失的，处七年以上十年以下有期徒刑，并处罚金。

单位犯前款罪的，对单位判处罚金，并对其直接负责的主管人员和其他直接责任人员，处三年以下有期徒刑或者拘役，并处罚金。

第三百九十一条　【对单位行贿罪】为谋取不正当利益，给予国家机关、国有公司、企业、事业单位、人民团体以财物的，或者在经济往来中，违反国家规定，给予各种名义的回扣、手续费的，处三年以下有期徒刑或者拘役，并处罚金；情节严重的，处三年以上七年以下有期徒刑，并处罚金。

单位犯前款罪的，对单位判处罚金，并对其直接负责的主管人员和其他直接责任人员，依照前款的规定处罚。

第三百九十二条　【介绍贿赂罪】向国家工作人员介绍贿赂，情节严重的，处三年以下有期徒刑或者拘役，并处罚金。

介绍贿赂人在被追诉前主动交待介绍贿赂行为的，可以减轻处罚或者免除处罚。

第三百九十三条　【单位行贿罪】单位为谋取不正当利益而行贿，或者违反国家规定，给予国家工作人员以回扣、手续费，情节严重的，对单位判处罚金，并对其直接负责的主管人员和其他直接责任人员，处三年以下有期徒刑或者拘役，并处罚金；情节特别严重的，处三年以上十年以下有期徒刑，并处罚金。因行贿取得的违法所得归个人所有的，依照本法第三百八十九条、第三百九十条的规定定罪处罚。

第三百九十四条　【贪污罪】国家工作人员在国内公务活动或者对外交往中接受礼物，依照国家规定应当交公而不交公，数额较大的，依照本法第三百八十二条、第三百八十三条的规定定罪处罚。

第三百九十五条 【巨额财产来源不明罪】 国家工作人员的财产、支出明显超过合法收入，差额巨大的，可以责令该国家工作人员说明来源，不能说明来源的，差额部分以非法所得论，处五年以下有期徒刑或者拘役；差额特别巨大的，处五年以上十年以下有期徒刑。财产的差额部分予以追缴。

【隐瞒境外存款罪】 国家工作人员在境外的存款，应当依照国家规定申报。数额较大、隐瞒不报的，处二年以下有期徒刑或者拘役；情节较轻的，由其所在单位或者上级主管机关酌情给予行政处分。

第三百九十六条 【私分国有资产罪】 国家机关、国有公司、企业、事业单位、人民团体，违反国家规定，以单位名义将国有资产集体私分给个人，数额较大的，对其直接负责的主管人员和其他直接责任人员，处三年以下有期徒刑或者拘役，并处或者单处罚金；数额巨大的，处三年以上七年以下有期徒刑，并处罚金。

【私分罚没财物罪】 司法机关、行政执法机关违反国家规定，将应当上缴国家的罚没财物，以单位名义集体私分给个人的，依照前款的规定处罚。

第三百九十七条 【滥用职权罪】【玩忽职守罪】 国家机关工作人员滥用职权或者玩忽职守，致使公共财产、国家和人民利益遭受重大损失的，处三年以下有期徒刑或者拘役；情节特别严重的，处三年以上七年以下有期徒刑。本法另有规定的，依照规定。

国家机关工作人员徇私舞弊，犯前款罪的，处五年以下有期徒刑或者拘役；情节特别严重的，处五年以上十年以下有期徒刑。本法另有规定的，依照规定。

第三百九十八条 【故意泄露国家秘密罪】【过失泄露国家秘密罪】国家机关工作人员违反保守国家秘密法的规定，故意或者过失泄露国家秘密，情节严重的，处三年以下有期徒刑或者拘役；情节特别严重的，处三年以上七年以下有期徒刑。

非国家机关工作人员犯前款罪的，依照前款的规定酌情处罚。

第三百九十九条 【徇私枉法罪】司法工作人员徇私枉法、徇情枉法，对明知是无罪的人而使他受追诉、对明知是有罪的人而故意包庇不使他受追诉，或者在刑事审判活动中故意违背事实和法律作枉法裁判的，处五年以下有期徒刑或者拘役；情节严重的，处五年以上十年以下有期徒刑；情节特别严重的，处十年以上有期徒刑。

【民事、行政枉法裁判罪】在民事、行政审判活动中故意违背事实和法律作枉法裁判，情节严重的，处五年以下有期徒刑或者拘役；情节特别严重的，处五年以上十年以下有期徒刑。

【执行判决、裁定失职罪】【执行判决、裁定滥用职权罪】在执行判决、裁定活动中，严重不负责任或者滥用职权，不依法采取诉讼保全措施、不履行法定执行职责，或者违法采取诉讼保全措施、强制执行措施，致使当事人或者其他人的利益遭受重大损失的，处五年以下有期徒刑或者拘役；致使当事人或者其他人的利益遭受特别重大损失的，处五年以上十年以下有期徒刑。

司法工作人员收受贿赂，有前三款行为的，同时又构成本法第三百八十五条规定之罪的，依照处罚较重的规定定罪处罚。

第三百九十九条之一 【枉法仲裁罪】依法承担仲裁职责的人员，在仲裁活动中故意违背事实和法律作枉法裁决，情节严重的，处三年以下有期徒刑或者拘役；情节特别严重的，处三年以上七年以下有期徒刑。

第四百条　【私放在押人员罪】司法工作人员私放在押的犯罪嫌疑人、被告人或者罪犯的，处五年以下有期徒刑或者拘役；情节严重的，处五年以上十年以下有期徒刑；情节特别严重的，处十年以上有期徒刑。

【失职致使在押人员脱逃罪】司法工作人员由于严重不负责任，致使在押的犯罪嫌疑人、被告人或者罪犯脱逃，造成严重后果的，处三年以下有期徒刑或者拘役；造成特别严重后果的，处三年以上十年以下有期徒刑。

第四百零一条　【徇私舞弊减刑、假释、暂予监外执行罪】司法工作人员徇私舞弊，对不符合减刑、假释、暂予监外执行条件的罪犯，予以减刑、假释或者暂予监外执行的，处三年以下有期徒刑或者拘役；情节严重的，处三年以上七年以下有期徒刑。

第四百零二条　【徇私舞弊不移交刑事案件罪】行政执法人员徇私舞弊，对依法应当移交司法机关追究刑事责任的不移交，情节严重的，处三年以下有期徒刑或者拘役；造成严重后果的，处三年以上七年以下有期徒刑。

第四百零三条　【滥用管理公司、证券职权罪】国家有关主管部门的国家机关工作人员，徇私舞弊，滥用职权，对不符合法律规定条件的公司设立、登记申请或者股票、债券发行、上市申请，予以批准或者登记，致使公共财产、国家和人民利益遭受重大损失的，处五年以下有期徒刑或者拘役。

上级部门强令登记机关及其工作人员实施前款行为的，对其直接负责的主管人员，依照前款的规定处罚。

第四百零四条　【徇私舞弊不征、少征税款罪】税务机关的工作人员徇私舞弊，不征或者少征应征税款，致使国家税收遭受重大损失的，处五年以下有期徒刑或者拘役；造成特别重大损失的，处五年以上有期徒刑。

第四百零五条　【徇私舞弊发售发票、抵扣税款、出口退税罪】税务机关的工作人员违反法律、行政法规的规定，在办理发售发票、抵扣税款、出口退税工作中，徇私舞弊，致使国家利益遭受重大损失的，处五年以下有期徒刑或者拘役；致使国家利益遭受特别重大损失的，处五年以上有期徒刑。

【违法提供出口退税凭证罪】其他国家机关工作人员违反国家规定，在提供出口货物报关单、出口收汇核销单等出口退税凭证的工作中，徇私舞弊，致使国家利益遭受重大损失的，依照前款的规定处罚。

第四百零六条　【国家机关工作人员签订、履行合同失职被骗罪】国家机关工作人员在签订、履行合同过程中，因严重不负责任被诈骗，致使国家利益遭受重大损失的，处三年以下有期徒刑或者拘役；致使国家利益遭受特别重大损失的，处三年以上七年以下有期徒刑。

第四百零七条　【违法发放林木采伐许可证罪】林业主管部门的工作人员违反森林法的规定，超过批准的年采伐限额发放林木采伐许可证或者违反规定滥发林木采伐许可证，情节严重，致使森林遭受严重破坏的，处三年以下有期徒刑或者拘役。

第四百零八条　【环境监管失职罪】负有环境保护监督管理职责的国家机关工作人员严重不负责任，导致发生重大环境污染事故，致使公私财产遭受重大损失或者造成人身伤亡的严重后果的，处三年以下有期徒刑或者拘役。

第四百零八条之一　【食品、药品监管渎职罪】负有食品药品安全监督管理职责的国家机关工作人员，滥用职权或者玩忽职守，有下列情形之一，造成严重后果或者有其他严重情节的，处五年以下有期徒刑或者拘役；造成特别严重后果或者有其他特别严重情节的，处五年以上十年以下有期徒刑：

（一）瞒报、谎报食品安全事故、药品安全事件的；

（二）对发现的严重食品药品安全违法行为未按规定查处的；

（三）在药品和特殊食品审批审评过程中，对不符合条件的申请准予许可的；

（四）依法应当移交司法机关追究刑事责任不移交的；

（五）有其他滥用职权或者玩忽职守行为的。

徇私舞弊犯前款罪的，从重处罚。

第四百零九条　【传染病防治失职罪】从事传染病防治的政府卫生行政部门的工作人员严重不负责任，导致传染病传播或者流行，情节严重的，处三年以下有期徒刑或者拘役。

第四百一十条　【非法批准征收、征用、占用土地罪】【非法低价出让国有土地使用权罪】国家机关工作人员徇私舞弊，违反土地管理法规，滥用职权，非法批准征收、征用、占用土地，或者非法低价出让国有土地使用权，情节严重的，处三年以下有期徒刑或者拘役；致使国家或者集体利益遭受特别重大损失的，处三年以上七年以下有期徒刑。

第四百一十一条　【放纵走私罪】海关工作人员徇私舞弊，放纵走私，情节严重的，处五年以下有期徒刑或者拘役；情节特别严重的，处五年以上有期徒刑。

第四百一十二条　【商检徇私舞弊罪】国家商检部门、商检机构的工作人员徇私舞弊，伪造检验结果的，处五年以下有期徒刑或者拘役；造成严重后果的，处五年以上十年以下有期徒刑。

【商检失职罪】前款所列人员严重不负责任，对应当检验的物品不检验，或者延误检验出证、错误出证，致使国家利益遭受重大损失的，处三年以下有期徒刑或者拘役。

第四百一十三条　【动植物检疫徇私舞弊罪】动植物检疫机关的检疫人员徇私舞弊，伪造检疫结果的，处五年以下有期徒刑或者拘役；造成严重后果的，处五年以上十年以下有期徒刑。

【动植物检疫失职罪】前款所列人员严重不负责任，对应当检疫的检疫物不检疫，或者延误检疫出证、错误出证，致使国家利益遭受重大损失的，处三年以下有期徒刑或者拘役。

第四百一十四条　【放纵制售伪劣商品犯罪行为罪】对生产、销售伪劣商品犯罪行为负有追究责任的国家机关工作人员，徇私舞弊，不履行法律规定的追究职责，情节严重的，处五年以下有期徒刑或者拘役。

第四百一十五条　【办理偷越国（边）境人员出入境证件罪】【放行偷越国（边）境人员罪】负责办理护照、签证以及其他出入境证件的国家机关工作人员，对明知是企图偷越国（边）境的人员，予以办理出入境证件的，或者边防、海关等国家机关工作人员，对明知是偷越国（边）境的人员，予以放行的，处三年以下有期徒刑或者拘役；情节严重的，处三年以上七年以下有期徒刑。

第四百一十六条　【不解救被拐卖、绑架妇女、儿童罪】对被拐卖、绑架的妇女、儿童负有解救职责的国家机关工作人员，接到被拐卖、绑架的妇女、儿童及其家属的解救要求或者接到其他人的举报，而对被拐卖、绑架的妇女、儿童不进行解救，造成严重后果的，处五年以下有期徒刑或者拘役。

【阻碍解救被拐卖、绑架妇女、儿童罪】负有解救职责的国家机关工作人员利用职务阻碍解救的，处二年以上七年以下有期徒刑；情节较轻的，处二年以下有期徒刑或者拘役。

第四百一十七条　【帮助犯罪分子逃避处罚罪】有查禁犯罪活

动职责的国家机关工作人员，向犯罪分子通风报信、提供便利，帮助犯罪分子逃避处罚的，处三年以下有期徒刑或者拘役；情节严重的，处三年以上十年以下有期徒刑。

第四百一十八条 【招收公务员、学生徇私舞弊罪】 国家机关工作人员在招收公务员、学生工作中徇私舞弊，情节严重的，处三年以下有期徒刑或者拘役。

第四百一十九条 【失职造成珍贵文物损毁、流失罪】 国家机关工作人员严重不负责任，造成珍贵文物损毁或者流失，后果严重的，处三年以下有期徒刑或者拘役。

……

中国共产党巡视工作条例

（2015年6月26日中共中央政治局会议审议批准 2015年8月3日中共中央发布 2024年1月31日中共中央政治局会议第二次修订 2024年2月8日中共中央发布）

第一章 总 则

第一条 【制定目的】 为了坚持和加强党对巡视工作的全面领导，推进新时代巡视工作高质量发展，根据《中国共产党章程》，制定本条例。

第二条 【政治巡视定位和巡视工作方针】 巡视工作是上级党组织对下级党组织履行党的领导职能责任的政治监督，根本任务是坚决维护习近平总书记党中央的核心、全党的核心地位，坚决维护以习近平同志为核心的党中央权威和集中统一领导。

巡视工作坚持发现问题、形成震慑，推动改革、促进发展的方针。

第三条　【指导思想和巡视目的】巡视工作以马克思列宁主义、毛泽东思想、邓小平理论、“三个代表”重要思想、科学发展观、习近平新时代中国特色社会主义思想为指导，深入贯彻落实习近平总书记关于党的自我革命的重要思想，深刻领悟“两个确立”的决定性意义，增强“四个意识”、坚定“四个自信”、做到“两个维护”，尊崇党章，依规治党，全面贯彻党的巡视工作方针，推进政治监督具体化、精准化、常态化，发挥政治巡视利剑作用，加强巡视整改和成果运用，促进完善党和国家监督体系、健全全面从严治党体系，为深入推进党的自我革命、解决大党独有难题提供有力保障，确保党始终成为中国特色社会主义事业的坚强领导核心。

第四条　【巡视工作的原则】巡视工作遵循下列原则：

（一）坚持党中央集中统一领导、分级负责；

（二）坚持围绕中心、服务大局；

（三）坚持人民立场、贯彻群众路线；

（四）坚持问题导向、发扬斗争精神；

（五）坚持实事求是、依规依纪依法。

第二章　组织领导和机构职责

第五条　【巡视领导体制和工作机制】巡视工作在党中央集中统一领导下，实行党组织分级负责、巡视机构组织实施、纪检监察机关和组织部门协助、有关职能部门支持、被巡视党组织配合、人民群众参与的体制机制。

第六条　【巡视巡察制度和机构设置】党的中央和省、自治区、直辖市委员会实行巡视制度，设立巡视机构，在一届任期内，对所管理的地方、部门、企事业单位党组织实现巡视全覆盖。

中央有关部委、中央国家机关部门党组（党委）和中管金融企业、中管企业、中管高校等党委（党组）根据工作需要，开展巡视工作，设立巡视机构，原则上按照党组织隶属关系和干部管理权限，对下一级单位党组织进行巡视监督。

第七条　【巡视工作主体责任】 开展巡视工作的党组织应当把巡视作为推进全面从严治党、履行全面监督职责的重要抓手，承担巡视工作的主体责任。主要职责是：

（一）贯彻落实党中央关于巡视工作的决策部署和习近平总书记关于巡视工作的重要指示要求；

（二）研究部署巡视工作的重大事项，按照权限制定巡视工作党内法规和规范性文件；

（三）审定巡视工作规划、年度计划和阶段任务安排，统筹谋划推进巡视全覆盖，定期听取巡视工作汇报；

（四）统筹加强巡视整改和成果运用；

（五）统筹构建巡视巡察上下联动工作格局；

（六）发挥巡视综合监督平台作用，推动巡视监督与其他监督贯通协调；

（七）统筹加强巡视机构和干部队伍建设；

（八）研究决定巡视工作其他重要事项。

党组织主要负责人承担巡视工作第一责任人责任。

第八条　【巡视工作的领导机构】 开展巡视工作的党组织设立巡视工作领导小组。巡视工作领导小组向同级党组织负责并报告工作。

中央巡视工作领导小组组长由中央纪律检查委员会书记担任，副组长一般由中央组织部部长和中央纪律检查委员会分管日常工作的副书记担任。

省、自治区、直辖市党委巡视工作领导小组组长由同级党的纪律检查委员会书记担任，副组长一般由同级党委组织部部长担任。

中央有关部委、中央国家机关部门党组（党委）和中管金融企业、中管企业、中管高校等党委（党组）巡视工作领导小组组长一般由党组、党委书记（包括不设党组、党委的单位领导班子主要负责人）担任，副组长一般由党组、党委分管有关工作的领导班子成员和纪检监察机构主要负责人担任。

第九条　【巡视工作领导小组的职责】巡视工作领导小组的主要职责是：

（一）贯彻落实党中央决策部署和同级党组织工作要求；

（二）研究提出巡视工作规划、年度计划和阶段任务安排，组织实施巡视全覆盖；

（三）听取巡视工作领导小组办公室、巡视组工作汇报；

（四）向同级党组织报告巡视工作情况；

（五）在同级党组织领导下，组织开展巡视反馈、通报和移交工作，督促推动有关责任主体落实巡视整改和成果运用责任；

（六）指导下级党组织巡视巡察工作；

（七）推动巡视监督与其他监督贯通协调；

（八）推进巡视干部队伍建设，对巡视组进行管理和监督；

（九）研究处理巡视工作其他重要事项。

第十条　【巡视工作领导小组办公室的设置】中央巡视工作领导小组办公室是中央巡视工作领导小组的日常办事机构，设在中央纪律检查委员会。

省、自治区、直辖市党委巡视工作领导小组办公室为党委工作部门，承担党委巡视工作领导小组日常工作，设在同级党的纪律检查委员会。

中央有关部委、中央国家机关部门党组（党委）和中管金融企业、中管企业、中管高校等党委（党组）巡视工作领导小组办公室可以单独设立，也可以与内设机构合署办公，应当配备相应专职人员，承担党组、党委巡视工作领导小组日常工作。

第十一条 【巡视工作领导小组办公室的职责】巡视工作领导小组办公室的主要职责是：

（一）贯彻落实党中央决策部署和同级党组织及其巡视工作领导小组的工作要求，对有关决定事项进行督办；

（二）向巡视工作领导小组报告工作情况和重要事项；

（三）统筹、协调、指导、保障巡视组开展工作；

（四）负责巡视整改和成果运用的统筹协调、跟踪督促、汇总报告；

（五）负责对下级巡视巡察机构进行指导；

（六）负责协调有关机关、部门协助、支持巡视工作，推动建立巡视监督与其他监督贯通协调的具体机制；

（七）负责巡视工作理论研究、政策调研、制度建设、信息化建设等工作；

（八）配合有关部门加强对巡视干部的教育、培训、考核、管理和监督；

（九）负责巡视工作领导小组办公室和巡视组党建工作；

（十）办理巡视工作领导小组交办的其他事项。

第十二条 【巡视组的设置】开展巡视工作的党组织设立巡视组。

巡视组分别设组长、副组长、巡视专员和其他职位。巡视组组长、副组长的具体人选根据每次巡视任务确定并授权。

巡视组应当按照民主集中制原则研究讨论决定重大事项。组长全面负责本组工作，副组长协助组长开展工作。

第十三条　【巡视组的职责】巡视组的主要职责是：

（一）根据同级党组织及其巡视工作领导小组的部署要求开展巡视；

（二）向巡视工作领导小组报告巡视情况，提出意见建议；

（三）向被巡视党组织反馈巡视意见，向纪检监察机关、组织部门和有关单位移交巡视发现的问题和问题线索，参与推动巡视整改和成果运用；

（四）对巡视组干部进行日常教育、管理和监督；

（五）办理巡视工作领导小组交办的其他事项。

第十四条　【纪检监察机关、组织部门等协助与支持】纪检监察机关、组织部门应当协助同级党组织开展巡视工作，宣传、统战、政法、保密、审计、财政、统计、信访等部门和单位应当支持巡视工作，协同做好人员选派、情况通报、政策咨询、问题研判、措施配合、整改监督、成果运用等工作。

纪检监察机关派驻机构应当依据有关规定，协助驻在单位（含综合监督单位）党组、党委开展巡视工作。

第十五条　【配合巡视工作和如实反映情况义务】被巡视党组织领导班子及其成员应当自觉接受巡视监督，积极配合巡视工作。

党员、干部有义务向巡视组如实反映情况。

第三章　巡视对象和内容

第十六条　【中央巡视对象】中央巡视对象是：

（一）省、自治区、直辖市党委及其领导班子，省、自治区、直辖市人大常委会、政府、政协党组，省、自治区、直辖市高级人民法院、人民检察院党组主要负责人，副省级城市党委和人大常委会、政府、政协党组主要负责人；

（二）中央部委领导班子，中央国家机关部门、人民团体党组（党委）；

（三）中管金融企业、中管企业、中管高校以及其他中管单位党委（党组）；

（四）党中央要求巡视的其他党组织。

第十七条　【省、自治区、直辖市党委巡视对象】 省、自治区、直辖市党委巡视对象是：

（一）市（地、州、盟）、县（市、区、旗）党委及其领导班子，市（地、州、盟）、县（市、区、旗）人大常委会、政府、政协党组，市（地、州、盟）中级人民法院、人民检察院和县（市、区、旗）人民法院、人民检察院党组主要负责人；

（二）省、自治区、直辖市党委工作部门领导班子，省一级国家机关部门、人民团体党组（党委）；

（三）省、自治区、直辖市管理的国有企业、事业单位党委（党组）；

（四）省、自治区、直辖市党委要求巡视的其他党组织。

第十八条　【巡视监督的内容】 巡视工作应当紧盯权力和责任加强政治监督，严明政治纪律和政治规矩，重点检查下列情况：

（一）落实党的理论和路线方针政策、党中央重大决策部署特别是贯彻习近平总书记重要讲话和重要指示批示精神的情况，执行党章和其他党内法规、履行职能责任的情况，落实意识形态工作责任制的情况；

（二）落实全面从严治党主体责任和监督责任、推进党风廉政建设和反腐败斗争的情况，领导干部树立和践行正确政绩观、加强作风建设、落实中央八项规定及其实施细则精神、廉洁自律的情况；

（三）落实新时代党的组织路线，贯彻执行民主集中制，加强领导班子和干部人才队伍建设、基层党组织和党员队伍建设的情况；

（四）落实巡视监督以及审计、财会、统计等其他监督发现问题整改的情况；

（五）开展巡视工作的党组织要求了解的其他情况。

第十九条　【对“一把手”的巡视监督】巡视工作应当加强对被巡视党组织主要负责人的监督，重点检查其对党忠诚、履行全面从严治党第一责任人责任、依规依法履职用权、担当作为、廉洁自律等情况，对反映的重要问题进行深入了解，形成专题材料。

第二十条　【巡视监督的组织方式】开展巡视工作的党组织根据工作需要，采取常规巡视、专项巡视、机动巡视、“回头看”等方式组织开展巡视监督，必要时可以提级巡视。

第四章　工作程序、方式和权限

第二十一条　【巡视前准备工作】巡视组开展巡视前，根据工作需要，应当听取同级纪检监察机关和组织、宣传、统战、政法、保密、审计、财政、统计、信访等部门和单位关于被巡视党组织领导班子及其成员的有关情况通报。

第二十二条　【巡视组进驻后工作的开展】巡视组进驻后，应当向被巡视党组织通报巡视任务，按照规定的工作方式和权限，开展巡视了解工作。

巡视组对反映被巡视党组织领导班子及其成员的重要问题和问题线索，应当进行深入了解。

第二十三条　【巡视组了解情况的方式】巡视组采取下列方式

了解情况：

（一）听取被巡视党组织的工作汇报和有关机关、部门的专题汇报；

（二）与被巡视党组织领导班子成员和其他干部群众进行个别谈话；

（三）受理反映被巡视党组织领导班子及其成员和下一级党组织领导班子主要负责人问题的来信、来电、来访等；

（四）抽查核实领导干部报告个人有关事项的情况；

（五）向有关知情人询问情况；

（六）调阅、复制有关文件、档案、会议记录等资料；

（七）召开座谈会；

（八）列席有关会议；

（九）进行民主测评、问卷调查；

（十）下沉调研了解情况；

（十一）开展专项检查；

（十二）提请有关单位予以协助；

（十三）开展巡视工作的党组织批准的其他方式。

第二十四条　【巡视组请示报告制度及开展工作的限制性规定】巡视组应当严格执行请示报告制度，对巡视工作中的重要情况和重大问题及时向巡视工作领导小组请示报告。

巡视组依靠被巡视党组织开展工作，不干预被巡视党组织的正常工作，不履行执纪审查的职责。

第二十五条　【巡视期间立行立改、边巡边查】巡视期间，对干部群众反映强烈、明显违反政策规定并属于被巡视党组织职权范围、能够及时解决的问题，巡视组应当按程序督促被巡视党组织立行立改。

巡视期间，对反映集中的党员、干部涉嫌违纪违法的问题线索，巡视组可以按程序移交有关纪检监察机关及时处置。

第二十六条　【巡视报告、专题报告及沟通制度】巡视组对了解的重要情况和问题，应当形成巡视报告；对普遍性、倾向性问题和体制机制等方面的重大问题，可以形成专题报告。

巡视组对巡视报告、专题报告等反映的问题，应当制作底稿。

巡视组对巡视报告反映的重要问题、提出的整改建议，应当按规定与被巡视党组织主要负责人进行沟通、听取其意见；对巡视报告反映的重要政策性问题，可以与有关职能部门进行沟通、听取其意见。

第二十七条　【巡视整改和成果运用意见建议的提出】巡视工作领导小组应当及时听取巡视组的巡视情况汇报，研究提出巡视整改和成果运用的意见建议，报同级党组织决定。

第二十八条　【巡视整改和成果运用事项的决定】开展巡视工作的党组织应当及时听取巡视工作领导小组有关情况汇报，研究并决定巡视整改和成果运用事项。必要时，可以直接听取巡视组的巡视情况汇报。

第二十九条　【巡视情况反馈和通报】经同级党组织同意后，巡视工作领导小组应当及时组织向被巡视党组织领导班子及其主要负责人分别反馈巡视情况，指出问题，有针对性地提出整改意见。

根据同级党组织及其巡视工作领导小组要求，巡视工作领导小组办公室将巡视的有关情况通报有关职能部门及其分管领导。

第三十条　【巡视移交的内容和方式】对巡视发现的问题和反映党员、干部涉嫌违纪违法的问题线索，巡视工作领导小组办公室和巡视组依据干部管理权限和职责分工，按程序分别移交纪检监察机关、组织部门或者有关单位。

对巡视发现的普遍性、倾向性问题和体制机制等方面的重大问题，可以采取制发巡视建议书或者其他适当方式，向有关职能部门提出加强监管、健全制度、深化改革等意见建议。

第三十一条 【巡视工作公开接受监督】 巡视进驻、反馈、整改等情况，应当以适当方式公开，接受党员、干部和人民群众监督。

第五章 巡视整改和成果运用

第三十二条 【党组织对巡视整改和成果运用的组织领导】 开展巡视工作的党组织应当加强对巡视整改和成果运用的组织领导，定期听取巡视整改和成果运用情况汇报。

党组织领导班子成员应当结合职责分工，统筹抓好分管领域的巡视整改和成果运用。

第三十三条 【被巡视党组织的整改主体责任】 被巡视党组织承担巡视整改主体责任，应当把整改作为履行管党治党责任、推动高质量发展的重要抓手，融入日常工作、融入深化改革、融入全面从严治党、融入领导班子和干部队伍建设。

党组织主要负责人承担巡视整改第一责任人责任，领导班子其他成员承担“一岗双责”。

党组织主要负责人和领导班子其他成员有调整的，应当做好巡视整改交接工作，持续落实整改责任。

第三十四条 【被巡视党组织集中整改的主要任务】 被巡视党组织应当自收到巡视反馈意见之日起，组织开展为期6个月的集中整改：

（一）研究制定巡视整改方案，建立问题清单、任务清单、责任清单，明确责任人、整改措施和时限；

（二）召开领导班子巡视整改专题民主生活会；

（三）全面抓好巡视反馈问题的整改落实；

（四）认真处置巡视移交的问题线索以及群众反映的信访事项；

（五）对巡视反馈的问题举一反三，健全制度、补齐短板、堵塞漏洞；

（六）向开展巡视工作的党组织的同级纪检监察机关、组织部门、巡视工作领导小组办公室报送集中整改进展情况报告。

集中整改结束后，被巡视党组织应当建立常态化、长效化整改工作机制，对尚未解决的问题持续抓好整改落实，根据工作实际适时报告后续整改情况。

第三十五条　【纪检监察机关的整改监督责任】开展巡视工作的党组织的同级纪检监察机关承担巡视整改监督责任，全面监督被巡视党组织落实巡视整改任务。主要职责是：

（一）对被巡视党组织制定的巡视整改方案进行审核把关，列席巡视整改专题民主生活会；

（二）建立巡视整改监督台账，综合运用听取汇报、召开推进会议、专题会商、调研督导、现场检查、开展整改评估、谈话提醒、约谈函询、提出纪检监察建议等方式加强日常监督；

（三）对巡视发现的全面从严治党等方面的突出问题督促推动开展集中整治、专项治理；

（四）依规依纪依法处置巡视移交的问题线索，自收到移交问题线索之日起 6 个月内，向巡视工作领导小组办公室反馈处置进展情况；

（五）牵头审核被巡视党组织的集中整改进展情况报告；

（六）指导派驻（派出）机构和下级纪检监察机关加强对被巡视党组织落实巡视整改情况的监督；

（七）通过巡视工作领导小组办公室向巡视工作领导小组报送巡视整改监督情况。

纪检监察机关派驻机构应当依据有关规定，将驻在单位（含综合监督单位）党组、党委开展巡视发现问题的整改情况纳入日常监督，推动整改落实。

第三十六条　【组织部门的整改监督责任】开展巡视工作的党组织的组织部门结合职责履行巡视整改监督责任，监督被巡视党组织落实巡视整改任务。主要职责是：

（一）参与对被巡视党组织制定的巡视整改方案进行审核把关，列席巡视整改专题民主生活会；

（二）督促被巡视党组织落实新时代党的组织路线方面问题的整改，加强日常监督，对突出问题组织开展集中整治、专项治理；

（三）把巡视整改落实情况纳入被巡视党组织领导班子和领导干部年度考核重要内容，把巡视发现的问题以及整改落实情况作为领导班子建设和干部考核评价、选拔任用、管理监督的重要参考；

（四）对巡视移交的领导班子建设、贯彻执行民主集中制、干部选拔任用、人才队伍建设、基层党组织和党员队伍建设、干部担当作为等方面问题依规处置，自收到移交问题之日起6个月内，向巡视工作领导小组办公室反馈处置进展情况；

（五）审核被巡视党组织的集中整改进展情况报告中涉及新时代党的组织路线方面的内容；

（六）指导下级组织部门加强对被巡视党组织落实巡视整改情况的监督；

（七）通过巡视工作领导小组办公室向巡视工作领导小组报送巡视整改监督情况。

第三十七条　【有关职能部门的巡视成果运用责任】有关职能

部门应当结合职责运用巡视成果，针对巡视通报的问题和移交的工作建议，加强调查研究，提出改进措施，推动改革、完善制度、深化治理，并自通报和移交之日起6个月内，向巡视工作领导小组办公室反馈办理进展情况。

第三十八条　【巡视机构的统筹督促责任】巡视机构应当加强对巡视整改和成果运用的统筹督促，推动建立巡视整改会商、评估、问责等机制。

巡视机构应当向同级党组织报告巡视整改和成果运用的综合情况，对整改不到位的突出问题，推动有关机关、部门对有关党组织和责任人严肃问责。

第六章　队 伍 建 设

第三十九条　【建设高素质专业化干部队伍】开展巡视工作的党组织应当加强对巡视干部队伍建设的整体谋划，结合巡视工作特点建立健全制度机制，建设高素质专业化干部队伍。

选优配强巡视组组长、副组长，配备与巡视任务相适应的专职干部，防止照顾性安排。加强巡视干部规范管理，加大教育培训、轮岗交流力度。

重视在巡视岗位发现、培养、锻炼干部，有计划地安排优秀年轻干部、新提拔干部到巡视岗位锻炼，并将参加巡视工作的经历和表现，作为干部考核评价、选拔任用的参考。

第四十条　【巡视干部应当具备的条件】巡视干部应当具备下列条件：

（一）理想信念坚定，对党忠诚，自觉在思想上政治上行动上同以习近平同志为核心的党中央保持高度一致；

（二）坚持原则，敢于斗争，担当作为，依法办事，公道正派，清正廉洁；

（三）模范遵守党的纪律和国家法律法规，严守党和国家的秘密；

（四）具有履行巡视监督职责的专业知识和较强的发现问题、沟通协调、文字综合等能力；

（五）具有正常履行职责的身体条件和心理素质。

抽调人员参加巡视工作，应当按照上述条件，严把政治关、品行关、能力关、作风关、廉洁关，按程序征求党风廉政意见。

对不适合从事巡视工作的人员，应当及时予以调整。

第四十一条 【巡视干部纪律建设要求】巡视机构应当加强作风建设和纪律建设，督促巡视干部严守政治纪律和政治规矩，严格落实中央八项规定及其实施细则精神，带头反对形式主义、官僚主义、享乐主义和奢靡之风，严格执行巡视工作纪律，做到忠诚干净担当、敢于善于斗争。

第四十二条 【巡视机构和巡视干部自觉接受监督】巡视机构、巡视干部应当自觉接受党组织监督、民主监督、群众监督等各方面监督，带头强化自我监督。建立健全内控机制，加强对巡视干部特别是巡视组组长、副组长等关键岗位人员的监督，严格执行回避、保密、重大事项请示报告、作风纪律评估等制度规定，依规依纪依法开展巡视工作。

任何单位和个人对巡视机构、巡视干部的违规违纪违法行为有权提出检举、控告。

第七章 责任追究

第四十三条 【巡视工作领导责任追究】开展巡视工作的党组织及其巡视工作领导小组领导巡视工作不力，发生严重问题的，依据有关规定追究有关责任人员的责任。

第四十四条　【巡视工作协助、支持义务及责任追究】有关机关、部门和单位违反规定不协助、支持巡视工作，造成严重后果的，依据有关规定追究有关责任人员的责任。

第四十五条　【巡视工作人员违反工作纪律责任追究】巡视工作人员有下列情形之一的，视情节轻重，依据有关规定给予批评教育、责令检查、诫勉、组织处理或者党纪、政务处分；构成犯罪的，依法追究刑事责任：

（一）对应当发现的重要问题没有发现；

（二）不如实报告巡视情况，隐瞒、歪曲、捏造事实；

（三）私自留存巡视工作资料，泄露与巡视工作有关的国家秘密、工作秘密、商业秘密和个人隐私等未公开信息；

（四）工作中超越权限，造成不良后果；

（五）利用巡视工作的便利谋取私利或者为他人谋取不正当利益；

（六）违反巡视工作纪律的其他行为。

第四十六条　【不配合或者干扰巡视工作的责任追究】被巡视党组织及其工作人员有下列情形之一的，视情节轻重，依据有关规定对该党组织领导班子主要负责人或者其他有关责任人员，给予批评教育、责令检查、诫勉、组织处理或者党纪、政务处分；构成犯罪的，依法追究刑事责任：

（一）隐瞒不报或者故意向巡视组提供虚假情况；

（二）拒绝或者不按照要求向巡视组提供有关文件资料；

（三）指使、强令有关单位或者人员干扰、阻挠巡视工作，或者诬告、陷害他人；

（四）组织领导巡视整改不力，落实巡视整改要求不到位，敷衍应付、虚假整改；

（五）对反映问题的干部群众进行威胁、打击、报复、陷害；

（六）其他不配合或者干扰巡视工作的情形。

第八章 巡 察 工 作

第四十七条 【开展巡察工作的主体】党的市（地、州、盟）和县（市、区、旗）委员会建立巡察制度，设立巡察机构，在一届任期内，对所管理的党组织实现巡察全覆盖。

其他党组织需要开展巡察工作的，应当通过上级党委（党组）巡视工作领导小组报党委（党组）批准。

第四十八条 【市县党委巡察对象】市（地、州、盟）党委巡察对象是：党委工作部门领导班子，市一级国家机关部门、人民团体党组（党委），市（地、州、盟）管理的国有企业、事业单位党组织，以及党委要求巡察的其他党组织。

县（市、区、旗）党委巡察对象是：党委工作部门领导班子，县一级国家机关部门、人民团体党组（党委），县（市、区、旗）管理的国有企业、事业单位党组织，所辖的乡镇（街道）、村（社区）党组织，以及党委要求巡察的其他党组织。

第四十九条 【巡察监督内容】巡察工作应当坚守政治监督定位，聚焦党中央决策部署在基层落实情况、群众身边不正之风和腐败问题、基层党组织和党员队伍建设、巡察整改和成果运用等加强监督检查。

第五十条 【巡察工作参照巡视工作规定】巡察工作的组织领导和机构职责、工作程序和方式权限、整改和成果运用、队伍建设、责任追究等，参照本条例关于巡视工作的规定，结合实际确定。

第九章　附　　则

第五十一条　【中央军委参照制定巡视制度规定】中国人民解放军和中国人民武装警察部队的党组织实行巡视制度的规定，由中央军委参照本条例制定。

第五十二条　【解释机关】本条例由中央巡视工作领导小组办公室负责解释。

第五十三条　【生效时间】本条例自发布之日起施行。此前发布的其他有关巡视工作的规定，凡与本条例不一致的，按照本条例执行。

中国共产党纪律处分条例

（2003 年 12 月 23 日中共中央政治局会议审议批准　2003 年 12 月 31 日中共中央发布　2023 年 12 月 8 日中共中央政治局会议第三次修订　2023 年 12 月 19 日中共中央发布）

第一编　总　　则

第一章　总体要求和适用范围

第一条　【制定目的】为了维护党章和其他党内法规，严肃党的纪律，纯洁党的组织，保障党员民主权利，教育党员遵纪守法，维护党的团结统一，保证党的理论、路线、方针、政策、决议和国家法律法规的贯彻执行，根据《中国共产党章程》，制定本条例。

第二条　【指导思想】党的纪律建设必须坚持以马克思列宁主

义、毛泽东思想、邓小平理论、“三个代表”重要思想、科学发展观、习近平新时代中国特色社会主义思想为指导，坚持和加强党的全面领导，坚决维护习近平总书记党中央的核心、全党的核心地位，坚决维护以习近平同志为核心的党中央权威和集中统一领导，弘扬伟大建党精神，坚持自我革命，贯彻全面从严治党战略方针，落实新时代党的建设总要求，推动解决大党独有难题、健全全面从严治党体系，全面加强党的纪律建设，为以中国式现代化全面推进强国建设、民族复兴伟业提供坚强纪律保障。

第三条　【遵守党章党纪】党章是最根本的党内法规，是管党治党的总规矩。党的纪律是党的各级组织和全体党员必须遵守的行为规则。党组织和党员必须坚守初心使命，牢固树立政治意识、大局意识、核心意识、看齐意识，始终坚定道路自信、理论自信、制度自信、文化自信，切实践行正确的权力观、政绩观、事业观，自觉遵守和维护党章，严格执行和维护党的纪律，自觉接受党的纪律约束，模范遵守国家法律法规。

第四条　【党的纪律处分工作的原则】党的纪律处分工作遵循下列原则：

（一）坚持党要管党、全面从严治党。把严的基调、严的措施、严的氛围长期坚持下去，加强对党的各级组织和全体党员的教育、管理和监督，把纪律挺在前面，抓早抓小、防微杜渐。

（二）党纪面前一律平等。对违犯党纪的党组织和党员必须严肃、公正执行纪律，党内不允许有任何不受纪律约束的党组织和党员。

（三）实事求是。对党组织和党员违犯党纪的行为，应当以事实为依据，以党章、其他党内法规和国家法律法规为准绳，执纪执法贯通，准确认定行为性质，区别不同情况，恰当予以处理。

（四）民主集中制。实施党纪处分，应当按照规定程序经党组织集体讨论决定，不允许任何个人或者少数人擅自决定和批准。上级党组织对违犯党纪的党组织和党员作出的处理决定，下级党组织必须执行。

（五）惩前毖后、治病救人。处理违犯党纪的党组织和党员，应当实行惩戒与教育相结合，做到宽严相济。

第五条　【监督执纪的四种形态】深化运用监督执纪“四种形态”，经常开展批评和自我批评，及时进行谈话提醒、批评教育、责令检查、诫勉，让“红红脸、出出汗”成为常态；党纪轻处分、组织调整成为违纪处理的大多数；党纪重处分、重大职务调整的成为少数；严重违纪涉嫌犯罪追究刑事责任的成为极少数。

第六条　【适用范围】本条例适用于违犯党纪应当受到党纪责任追究的党组织和党员。

第二章　违纪与纪律处分

第七条　【违纪必究及重点查处的问题】党组织和党员违反党章和其他党内法规，违反国家法律法规，违反党和国家政策，违反社会主义道德，危害党、国家和人民利益的行为，依照规定应当给予纪律处理或者处分的，都必须受到追究。

重点查处党的十八大以来不收敛、不收手，问题线索反映集中、群众反映强烈，政治问题和经济问题交织的腐败案件，违反中央八项规定精神的问题。

第八条　【对党员的纪律处分种类】对党员的纪律处分种类：

（一）警告；

（二）严重警告；

（三）撤销党内职务；

（四）留党察看；

（五）开除党籍。

第九条　【对党组织的纪律处分】 对于违犯党纪的党组织，上级党组织应当责令其作出书面检查或者给予通报批评。对于严重违犯党纪、本身又不能纠正的党组织，上一级党的委员会在查明核实后，根据情节严重的程度，可以予以：

（一）改组；

（二）解散。

第十条　【警告和严重警告】 党员受到警告处分一年内、受到严重警告处分一年半内，不得在党内提拔职务或者进一步使用，也不得向党外组织推荐担任高于其原任职务的党外职务或者进一步使用。

第十一条　【撤销党内职务、党外职务】 撤销党内职务处分，是指撤销受处分党员由党内选举或者组织任命的党内职务。对于在党内担任两个以上职务的，党组织在作处分决定时，应当明确是撤销其一切职务还是一个或者几个职务。如果决定撤销其一个职务，必须撤销其担任的最高职务。如果决定撤销其两个以上职务，则必须从其担任的最高职务开始依次撤销。对于在党外组织担任职务的，应当建议党外组织撤销其党外职务。

对于在立案审查中因涉嫌违犯党纪被免职的党员，审查后依照本条例规定应当给予撤销党内职务处分的，应当按照其原任职务给予撤销党内职务处分。对于应当受到撤销党内职务处分，但是本人没有担任党内职务的，应当给予其严重警告处分。同时，在党外组织担任职务的，应当建议党外组织撤销其党外职务。

党员受到撤销党内职务处分，或者依照前款规定受到严重警告处分的，二年内不得在党内担任和向党外组织推荐担任与其原任职务相当或者高于其原任职务的职务。

第十二条 【留党察看】留党察看处分，分为留党察看一年、留党察看二年。对于受到留党察看处分一年的党员，期满后仍不符合恢复党员权利条件的，应当延长一年留党察看期限。留党察看期限最长不得超过二年。

党员受留党察看处分期间，没有表决权、选举权和被选举权。留党察看期间，确有悔改表现的，期满后恢复其党员权利；坚持不改或者又发现其他应当受到党纪处分的违纪行为的，应当开除党籍。

党员受到留党察看处分，其党内职务自然撤销。对于担任党外职务的，应当建议党外组织撤销其党外职务。受到留党察看处分的党员，恢复党员权利后二年内，不得在党内担任和向党外组织推荐担任与其原任职务相当或者高于其原任职务的职务。

第十三条 【开除党籍】党员受到开除党籍处分，五年内不得重新入党，也不得推荐担任与其原任职务相当或者高于其原任职务的党外职务。另有规定不准重新入党的，依照规定。

第十四条 【组织处理与终止党代表资格】党员干部受到党纪处分，需要同时进行组织处理的，党组织应当按照规定给予组织处理。

党的各级代表大会的代表受到留党察看以上处分的，党组织应当终止其代表资格。

第十五条 【党组织改组的领导机构成员均免职】对于受到改组处理的党组织领导机构成员，除应当受到撤销党内职务以上处分的外，均自然免职。

第十六条 【党组织解散的应逐个审查党员】对于受到解散处理的党组织中的党员，应当逐个审查。其中，符合党员条件的，应当重新登记，并参加新的组织过党的生活；不符合党员条件的，应当对其进行教育、限期改正，经教育仍无转变的，予以劝退或者除名；有违纪行为的，依照规定予以追究。

第三章 纪律处分运用规则

第十七条 【从轻或者减轻处分的情形】有下列情形之一的，可以从轻或者减轻处分：

（一）主动交代本人应当受到党纪处分的问题；

（二）在组织谈话函询、初步核实、立案审查过程中，能够配合核实审查工作，如实说明本人违纪违法事实；

（三）检举同案人或者其他人应当受到党纪处分或者法律追究的问题，经查证属实，或者有其他立功表现；

（四）主动挽回损失、消除不良影响或者有效阻止危害结果发生；

（五）主动上交或者退赔违纪所得；

（六）党内法规规定的其他从轻或者减轻处分情形。

第十八条 【中央纪委特批减轻处分】根据案件的特殊情况，由中央纪委决定或者经省（部）级纪委（不含副省级市纪委）决定并呈报中央纪委批准，对违纪党员也可以在本条例规定的处分幅度以外减轻处分。

第十九条 【免予处分、不予党纪处分、不追究党纪责任】对于党员违犯党纪应当给予警告或者严重警告处分，但是具有本条例第十七条规定的情形之一或者本条例分则中另有规定的，可以给予批评教育、责令检查、诫勉或者组织处理，免予党纪处分。对违纪党员免予处分，应当作出书面结论。

党员有作风纪律方面的苗头性、倾向性问题或者违犯党纪情节轻微的，可以给予谈话提醒、批评教育、责令检查等，或者予以诫勉，不予党纪处分。

党员行为虽然造成损失或者后果，但不是出于故意或者过失，而是由于不可抗力等原因所引起的，不追究党纪责任。

第二十条　【从重或者加重处分的情形】有下列情形之一的，应当从重或者加重处分：

（一）强迫、唆使他人违纪；

（二）拒不上交或者退赔违纪所得；

（三）违纪受处分后又因故意违纪应当受到党纪处分；

（四）违纪受处分后，又被发现其受处分前没有交代的其他应当受到党纪处分的问题；

（五）党内法规规定的其他从重或者加重处分情形。

第二十一条　【影响期的计算】党员在党纪处分影响期内又受到党纪处分的，其影响期为原处分尚未执行的影响期与新处分影响期之和。

第二十二条　【从轻处分与从重处分的含义】从轻处分，是指在本条例规定的违纪行为应当受到的处分幅度以内，给予较轻的处分。

从重处分，是指在本条例规定的违纪行为应当受到的处分幅度以内，给予较重的处分。

第二十三条　【减轻处分与加重处分的含义】减轻处分，是指在本条例规定的违纪行为应当受到的处分幅度以外，减轻一档给予处分。

加重处分，是指在本条例规定的违纪行为应当受到的处分幅度以外，加重一档给予处分。

本条例规定的只有开除党籍处分一个档次的违纪行为，不适用第一款减轻处分的规定。

第二十四条 【一人有两种以上违纪行为的合并处理】一人有本条例规定的两种以上应当受到党纪处分的违纪行为，应当合并处理，按其数种违纪行为中应当受到的最高处分加重一档给予处分；其中一种违纪行为应当受到开除党籍处分的，应当给予开除党籍处分。

第二十五条 【一个行为触犯两个以上条款的处理】一个违纪行为同时触犯本条例两个以上条款的，依照处分较重的条款定性处理。

一个条款规定的违纪构成要件全部包含在另一个条款规定的违纪构成要件中，特别规定与一般规定不一致的，适用特别规定。

第二十六条 【两人以上共同故意违纪的处理】二人以上共同故意违纪的，对为首者，从重处分，本条例另有规定的除外；对其他成员，按照其在共同违纪中所起的作用和应负的责任，分别给予处分。

对于经济方面共同违纪的，按照个人参与数额及其所起作用，分别给予处分。对共同违纪的为首者，情节严重的，按照共同违纪的总数额处分。

教唆他人违纪的，应当按照其在共同违纪中所起的作用追究党纪责任。

第二十七条 【党组织领导机构集体违纪的处理】党组织领导机构集体作出违犯党纪的决定或者实施其他违犯党纪的行为，对具有共同故意的成员，按共同违纪处理；对过失违纪的成员，按照各自在集体违纪中所起的作用和应负的责任分别给予处分。

第四章 对违法犯罪党员的纪律处分

第二十八条 【违法犯罪党员的党纪处分】对违法犯罪的党

员，应当按照规定给予党纪处分，做到适用纪律和适用法律有机融合，党纪政务等处分相匹配。

第二十九条　【对涉嫌犯罪的党员的党纪处分】党组织在纪律审查中发现党员有贪污贿赂、滥用职权、玩忽职守、权力寻租、利益输送、徇私舞弊、浪费国家资财等违反法律涉嫌犯罪行为的，应当给予撤销党内职务、留党察看或者开除党籍处分。

第三十条　【对不涉及犯罪但须追究党纪责任的党员的党纪处分】党组织在纪律审查中发现党员有刑法规定的行为，虽不构成犯罪但须追究党纪责任的，或者有其他破坏社会主义市场经济秩序、违反治安管理等违法行为，损害党、国家和人民利益的，应当视具体情节给予警告直至开除党籍处分。

违反国家财经纪律，在公共资金收支、税务管理、国有资产管理、政府采购管理、金融管理、财务会计管理等财经活动中有违法行为的，依照前款规定处理。

党员有嫖娼或者吸食、注射毒品等丧失党员条件，严重败坏党的形象行为的，应当给予开除党籍处分。

第三十一条　【对违法犯罪党员的处理程序】党组织在纪律审查中发现党员严重违纪涉嫌违法犯罪的，原则上先作出党纪处分决定，并按照规定由监察机关给予政务处分或者由任免机关（单位）给予处分后，再移送有关国家机关依法处理。

第三十二条　【对被留置、逮捕党员的处理】党员被依法留置、逮捕的，党组织应当按照管理权限中止其表决权、选举权和被选举权等党员权利。根据监察机关、司法机关处理结果，可以恢复其党员权利的，应当及时予以恢复。

第三十三条　【对犯罪情节轻微的党员的处理】党员犯罪情节轻微，人民检察院依法作出不起诉决定的，或者人民法院依法作出有罪判决并免予刑事处罚的，应当给予撤销党内职务、留党察看或者开除党籍处分。

党员犯罪，被单处罚金的，依照前款规定处理。

第三十四条　【因犯罪开除党籍的情形】党员犯罪，有下列情形之一的，应当给予开除党籍处分：

（一）因故意犯罪被依法判处刑法规定的主刑（含宣告缓刑）；

（二）被单处或者附加剥夺政治权利；

（三）因过失犯罪，被依法判处三年以上（不含三年）有期徒刑。

因过失犯罪被判处三年以下有期徒刑或者被判处管制、拘役的，一般应当开除党籍。对于个别可以不开除党籍的，应当对照处分违纪党员批准权限的规定，报请再上一级党组织批准。

第三十五条　【对受到刑事、行政或党纪处分的党员的处理】党员依法受到刑事责任追究的，党组织应当根据司法机关的生效判决、裁定、决定及其认定的事实、性质和情节，依照本条例规定给予党纪处分，是公职人员的由监察机关给予相应政务处分或者由任免机关（单位）给予相应处分。

党员依法受到政务处分、任免机关（单位）给予的处分、行政处罚，应当追究党纪责任的，党组织可以根据生效的处分、行政处罚决定认定的事实、性质和情节，经核实后依照规定给予相应党纪处分或者组织处理。其中，党员依法受到撤职以上处分的，应当依照本条例规定给予撤销党内职务以上处分。

党员违反国家法律法规、企事业单位或者其他社会组织的规章制度受到其他处分，应当追究党纪责任的，党组织在对有关方面认定的事实、性质和情节进行核实后，依照规定给予相应党纪处分或者组织处理。

党组织作出党纪处分或者组织处理决定后，监察机关、司法机关、行政机关等依法改变原生效判决、裁定、决定等，对原党纪处分或者组织处理决定产生影响的，党组织应当根据改变后的生效判决、裁定、决定等重新作出相应处理。

第五章　其他规定

第三十六条　【对预备党员违纪的处理】预备党员违犯党纪，情节较轻，可以保留预备党员资格的，党组织应当对其批评教育或者延长预备期；情节较重的，应当取消其预备党员资格。

第三十七条　【对违纪后下落不明党员的处理】对违纪后下落不明的党员，应当区别情况作出处理：

（一）对有严重违纪行为，应当给予开除党籍处分的，党组织应当作出决定，开除其党籍；

（二）除前项规定的情况外，下落不明时间超过六个月的，党组织应当按照党章规定对其予以除名。

第三十八条　【对受处分前死亡的违纪党员的处理】违纪党员在党组织作出处分决定前死亡，或者在死亡之后发现其曾有严重违纪行为，对于应当给予开除党籍处分的，开除其党籍；对于应当给予留党察看以下处分的，作出违犯党纪的书面结论和相应处理。

第三十九条　【违纪行为有关责任人员的区分】违纪行为有关责任人员的区分：

（一）直接责任者，是指在其职责范围内，不履行或者不正确履行自己的职责，对造成的损失或者后果起决定性作用的党员或者党员领导干部；

（二）主要领导责任者，是指在其职责范围内，对主管的工作不履行或者不正确履行职责，对造成的损失或者后果负直接领导责任的党员领导干部；

（三）重要领导责任者，是指在其职责范围内，对应管的工作或者参与决定的工作不履行或者不正确履行职责，对造成的损失或者后果负次要领导责任的党员领导干部。

本条例所称领导责任者，包括主要领导责任者和重要领导责任者。

第四十条　【主动交代的含义】本条例所称主动交代，是指涉嫌违纪的党员在组织谈话函询、初步核实前向有关组织交代自己的问题，或者在谈话函询、初步核实和立案审查期间交代组织未掌握的问题。

第四十一条　【对违纪党员干部职级、单独职务序列等级的调整】担任职级、单独职务序列等级的党员干部违犯党纪受到处分，需要对其职级、单独职务序列等级进行调整的，参照本条例关于党外职务的规定执行。

第四十二条　【经济损失的计算】计算经济损失应当计算立案时已经实际造成的全部财产损失，包括为挽回违纪行为所造成损失而支付的各种开支、费用。立案后至处理前持续发生的经济损失，应当一并计算在内。

第四十三条　【对违纪所获利益的处理】对于违纪行为所获得的经济利益，应当收缴或者责令退赔。对于主动上交的违纪所得和经济损失赔偿，应当予以接收，并按照规定收缴或者返还有关单位、个人。

对于违纪行为所获得的职务、职级、职称、学历、学位、奖励、资格等其他利益，应当由承办案件的纪检机关或者由其上级纪检机关建议有关组织、部门、单位按照规定予以纠正。

对于依照本条例第三十七条、第三十八条规定处理的党员，经调查确属其实施违纪行为获得的利益，依照本条规定处理。

第四十四条　【党纪处分决定的宣布与执行】党纪处分决定作出后，应当在一个月内向受处分党员所在党的基层组织中的全体党员及其本人宣布，是领导班子成员的还应当向所在党组织领导班子宣布，并按照干部管理权限和组织关系将处分决定材料归入受处分者档案；对于受到撤销党内职务以上处分的，还应当在一个月内办理职务、工资、工作及其他有关待遇等相应变更手续；涉及撤销或者调整其党外职务的，应当建议党外组织及时撤销或者调整其党外职务。特殊情况下，经作出或者批准作出处分决定的组织批准，可以适当延长办理期限。办理期限最长不得超过六个月。

第四十五条　【党纪处分决定执行情况报告与党员申诉】执行党纪处分决定的机关或者受处分党员所在单位，应当在六个月内将处分决定的执行情况向作出或者批准处分决定的机关报告。

党员对所受党纪处分不服的，可以依照党章及有关规定提出申诉。

第四十六条　【党纪处分影响期满后无需取消】党员因违犯党纪受到处分，影响期满后，党组织无需取消对其的处分。

第四十七条　【对“以上”“以下”的说明】本条例所称以上、以下，除有特别标明外均含本级、本数。

第四十八条　【本条例总则与其他党内法规的关系】本条例总则适用于有党纪处分规定的其他党内法规，但是中共中央发布或者批准发布的其他党内法规有特别规定的除外。

第二编　分　则

第六章　对违反政治纪律行为的处分

第四十九条　【对在重大原则问题上不同党中央保持一致行为

的处分】在重大原则问题上不同党中央保持一致且有实际言论、行为或者造成不良后果的，给予警告或者严重警告处分；情节较重的，给予撤销党内职务或者留党察看处分；情节严重的，给予开除党籍处分。

第五十条 【对公开发表反党言论行为的处分】通过网络、广播、电视、报刊、传单、书籍等，或者利用讲座、论坛、报告会、座谈会等方式，公开发表坚持资产阶级自由化立场、反对四项基本原则，反对党的改革开放决策的文章、演说、宣言、声明等的，给予开除党籍处分。

发布、播出、刊登、出版前款所列文章、演说、宣言、声明等或者为上述行为提供方便条件的，对直接责任者和领导责任者，给予严重警告或者撤销党内职务处分；情节严重的，给予留党察看或者开除党籍处分。

第五十一条 【对公开发表歪曲言论、妄议大政方针、丑化党和国家形象等行为的处分】通过网络、广播、电视、报刊、传单、书籍等，或者利用讲座、论坛、报告会、座谈会等方式，有下列行为之一，情节较轻的，给予警告或者严重警告处分；情节较重的，给予撤销党内职务或者留党察看处分；情节严重的，给予开除党籍处分：

（一）公开发表违背四项基本原则，违背、歪曲党的改革开放决策，或者其他有严重政治问题的文章、演说、宣言、声明等；

（二）妄议党中央大政方针，破坏党的集中统一；

（三）丑化党和国家形象，或者诋毁、诬蔑党和国家领导人、英雄模范，或者歪曲党的历史、中华人民共和国历史、人民军队历史。

发布、播出、刊登、出版前款所列内容或者为上述行为提供方便条件的，对直接责任者和领导责任者，给予严重警告或者撤销党内职务处分；情节严重的，给予留党察看或者开除党籍处分。

第五十二条　【对制作、贩卖、传播反党读物和视听资料，私自携带、寄递以上物品入出境，私自阅看、浏览、收听以上物品行为的处分】制作、贩卖、传播第五十条、第五十一条所列内容之一的报刊、书籍、音像制品、电子读物，以及网络文本、图片、音频、视频资料等，情节较轻的，给予警告或者严重警告处分；情节较重的，给予撤销党内职务或者留党察看处分；情节严重的，给予开除党籍处分。

私自携带、寄递第五十条、第五十一条所列内容之一的报刊、书籍、音像制品、电子读物等入出境，情节较重的，给予警告或者严重警告处分；情节严重的，给予撤销党内职务、留党察看或者开除党籍处分。

私自阅看、浏览、收听第五十条、第五十一条所列内容之一的报刊、书籍、音像制品、电子读物，以及网络文本、图片、音频、视频资料等，情节严重的，给予警告、严重警告或者撤销党内职务处分。

第五十三条　【对组织、参加秘密集团或其他分裂党的活动行为的处分】在党内组织秘密集团或者组织其他分裂党的活动的，给予开除党籍处分。

参加秘密集团或者参加其他分裂党的活动的，给予留党察看或者开除党籍处分。

第五十四条　【对搞非组织活动、捞取政治资本行为，导致政治生态恶化行为的处分】在党内搞团团伙伙、结党营私、拉帮结派、政治攀附、培植个人势力等非组织活动，或者通过搞利益交换、为自己营造声势等活动捞取政治资本的，给予严重警告或者撤销党内职务处分；导致本地区、本部门、本单位政治生态恶化的，给予留党察看或者开除党籍处分。

第五十五条 【对搞投机钻营、结交政治骗子或被政治骗子利用、充当政治骗子行为的处分】搞投机钻营，结交政治骗子或者被政治骗子利用的，给予严重警告或者撤销党内职务处分；情节严重的，给予留党察看或者开除党籍处分。

充当政治骗子的，给予撤销党内职务、留党察看或者开除党籍处分。

第五十六条 【对搞山头主义、对抗党和国家政策、搞部门或地方保护主义行为的处分】党员领导干部在本人主政的地方或者分管的部门自行其是，搞山头主义，拒不执行党中央确定的大政方针，甚至背着党中央另搞一套的，给予撤销党内职务、留党察看或者开除党籍处分。

贯彻党中央决策部署只表态不落实，或者落实党中央决策部署不坚决，打折扣、搞变通，在政治上造成不良影响或者严重后果的，给予警告或者严重警告处分；情节严重的，给予撤销党内职务、留党察看或者开除党籍处分。

不顾党和国家大局，搞部门或者地方保护主义的，依照前款规定处理。

第五十七条 【对违背新发展理念、背离高质量发展要求行为的处分】党员领导干部政绩观错位，违背新发展理念、背离高质量发展要求，给党、国家和人民利益造成较大损失的，给予警告或者严重警告处分；情节较重的，给予撤销党内职务或者留党察看处分；情节严重的，给予开除党籍处分。

搞劳民伤财的“形象工程”、“政绩工程”的，从重或者加重处分。

第五十八条　【对党不忠诚不老实、做两面人等行为的处分】 对党不忠诚不老实，表里不一，阳奉阴违，欺上瞒下，搞两面派，做两面人，在政治上造成不良影响的，给予警告或者严重警告处分；情节较重的，给予撤销党内职务或者留党察看处分；情节严重的，给予开除党籍处分。

第五十九条　【对制造、散布、传播政治谣言行为的处分】 制造、散布、传播政治谣言，破坏党的团结统一的，给予警告或者严重警告处分；情节较重的，给予撤销党内职务或者留党察看处分；情节严重的，给予开除党籍处分。

政治品行恶劣，匿名诬告，有意陷害或者制造其他谣言，造成损害或者不良影响的，依照前款规定处理。

第六十条　【对擅自对重大政策问题作出决定、对外发表主张行为的处分】 擅自对应当由党中央决定的重大政策问题作出决定、对外发表主张的，对直接责任者和领导责任者，给予严重警告或者撤销党内职务处分；情节严重的，给予留党察看或者开除党籍处分。

第六十一条　【对不按规定请示、报告行为的处分】 不按照有关规定向组织请示、报告重大事项，对直接责任者和领导责任者，情节较重的，给予警告或者严重警告处分；情节严重的，给予撤销党内职务或者留党察看处分。

第六十二条　【对干扰巡视巡察工作或不落实巡视巡察整改要求行为的处分】 干扰巡视巡察工作或者不落实巡视巡察整改要求，对直接责任者和领导责任者，情节较轻的，给予警告或者严重警告处分；情节较重的，给予撤销党内职务或者留党察看处分；情节严重的，给予开除党籍处分。

第六十三条　【对对抗组织审查行为的处分】 对抗组织审查，

有下列行为之一的，给予警告或者严重警告处分；情节较重的，给予撤销党内职务或者留党察看处分；情节严重的，给予开除党籍处分：

（一）串供或者伪造、销毁、转移、隐匿证据；

（二）阻止他人揭发检举、提供证据材料；

（三）包庇同案人员；

（四）向组织提供虚假情况，掩盖事实；

（五）其他对抗组织审查行为。

第六十四条　【对组织、参加反党活动行为的处分】组织、参加反对党的基本理论、基本路线、基本方略或者重大方针政策的集会、游行、示威等活动的，或者以组织讲座、论坛、报告会、座谈会等方式，反对党的基本理论、基本路线、基本方略或者重大方针政策，造成严重不良影响的，对策划者、组织者和骨干分子，给予开除党籍处分。

对其他参加人员或者以提供信息、资料、财物、场地等方式支持上述活动者，情节较轻的，给予警告或者严重警告处分；情节较重的，给予撤销党内职务或者留党察看处分；情节严重的，给予开除党籍处分。

对不明真相被裹挟参加，经批评教育后确有悔改表现的，可以免予处分或者不予处分。

未经组织批准参加其他集会、游行、示威等活动，情节较轻的，给予警告或者严重警告处分；情节较重的，给予撤销党内职务或者留党察看处分；情节严重的，给予开除党籍处分。

第六十五条　【对组织、参加反党组织行为的处分】组织、参加旨在反对党的领导、反对社会主义制度或者敌视政府等组织的，对策划者、组织者和骨干分子，给予开除党籍处分。

对其他参加人员，情节较轻的，给予警告或者严重警告处分；情节较重的，给予撤销党内职务或者留党察看处分；情节严重的，给予开除党籍处分。

第六十六条 【对组织、参加邪教组织行为的处分】组织、参加会道门或者邪教组织的，对策划者、组织者和骨干分子，给予开除党籍处分。

对其他参加人员，情节较轻的，给予警告或者严重警告处分；情节较重的，给予撤销党内职务或者留党察看处分；情节严重的，给予开除党籍处分。

对不明真相的参加人员，经批评教育后确有悔改表现的，可以免予处分或者不予处分。

第六十七条 【对挑拨、破坏民族关系或参加民族分裂活动行为的处分】从事、参与挑拨破坏民族关系制造事端或者参加民族分裂活动的，对策划者、组织者和骨干分子，给予开除党籍处分。

对其他参加人员，情节较轻的，给予警告或者严重警告处分；情节较重的，给予撤销党内职务或者留党察看处分；情节严重的，给予开除党籍处分。

对不明真相被裹挟参加，经批评教育后确有悔改表现的，可以免予处分或者不予处分。

有其他违反党和国家民族政策的行为，情节较轻的，给予警告或者严重警告处分；情节较重的，给予撤销党内职务或者留党察看处分；情节严重的，给予开除党籍处分。

第六十八条 【对组织、利用宗教活动反党行为的处分】组织、利用宗教活动反对党的理论、路线、方针、政策和决议，破坏民族团结的，对策划者、组织者和骨干分子，给予开除党籍处分。

对其他参加人员，给予撤销党内职务或者留党察看处分；情节严重的，给予开除党籍处分。

对不明真相被裹挟参加，经批评教育后确有悔改表现的，可以免予处分或者不予处分。

有其他违反党和国家宗教政策的行为，情节较轻的，给予警告或者严重警告处分；情节较重的，给予撤销党内职务或者留党察看处分；情节严重的，给予开除党籍处分。

第六十九条　【对信仰宗教党员的教育及处分】对信仰宗教的党员，应当加强思想教育，要求其限期改正；经党组织帮助教育仍没有转变的，应当劝其退党；劝而不退的，予以除名；参与利用宗教搞煽动活动的，给予开除党籍处分。

第七十条　【对组织、参加迷信活动行为的处分】组织迷信活动的，给予撤销党内职务或者留党察看处分；情节严重的，给予开除党籍处分。

参加迷信活动或者个人搞迷信活动，造成不良影响的，给予警告或者严重警告处分；情节较重的，给予撤销党内职务或者留党察看处分；情节严重的，给予开除党籍处分。

对不明真相的参加人员，经批评教育后确有悔改表现的，可以免予处分或者不予处分。

第七十一条　【对组织、利用宗教势力对抗党和政府行为的处分】组织、利用宗族势力对抗党和政府，妨碍党和国家的方针政策以及决策部署的实施，或者破坏党的基层组织建设的，对策划者、组织者和骨干分子，给予开除党籍处分。

对其他参加人员，给予撤销党内职务或者留党察看处分；情节严重的，给予开除党籍处分。

对不明真相被裹挟参加，经批评教育后确有悔改表现的，可以免予处分或者不予处分。

第七十二条　【对在国（境）外叛逃或公开发表反对党和政府言论行为的处分】在国（境）外、外国驻华使（领）馆申请政治避难，或者违纪后逃往国（境）外、外国驻华使（领）馆的，给予开除党籍处分。

在国（境）外公开发表反对党和政府的文章、演说、宣言、声明等的，依照前款规定处理。

故意为上述行为提供方便条件的，给予留党察看或者开除党籍处分。

第七十三条　【对在涉外活动中损害党和国家尊严、利益行为的处分】在涉外活动中，其言行在政治上造成恶劣影响，损害党和国家尊严、利益的，给予撤销党内职务或者留党察看处分；情节严重的，给予开除党籍处分。

第七十四条　【对不履行全面从严治党责任或履行不力行为的处分】不履行全面从严治党主体责任、监督责任或者履行全面从严治党主体责任、监督责任不力，给党组织造成严重损害或者严重不良影响的，对直接责任者和领导责任者，给予警告或者严重警告处分；情节严重的，给予撤销党内职务或者留党察看处分。

第七十五条　【对党员领导干部搞无原则一团和气行为的处分】党员领导干部对违反政治纪律和政治规矩等错误思想和行为不报告、不抵制、不斗争，放任不管，搞无原则一团和气，造成不良影响的，给予警告或者严重警告处分；情节严重的，给予撤销党内职务或者留党察看处分。

第七十六条　【对违反党的优良传统和工作惯例等行为的处分】违反党的优良传统和工作惯例等党的规矩，在政治上造成不良影响或者严重后果的，给予警告或者严重警告处分；情节较重的，给予撤销党内职务或者留党察看处分；情节严重的，给予开除党籍处分。

第七章　对违反组织纪律行为的处分

第七十七条　【对违反民主集中制原则行为的处分】违反民主集中制原则，有下列行为之一的，给予警告或者严重警告处分；情节严重的，给予撤销党内职务或者留党察看处分：

（一）拒不执行或者擅自改变党组织作出的重大决定；

（二）违反议事规则，个人或者少数人决定重大问题；

（三）故意规避集体决策，决定重大事项、重要干部任免、重要项目安排和大额资金使用；

（四）借集体决策名义集体违规。

第七十八条　【对下级党组织拒不执行或擅自改变上级决定行为的处分】下级党组织拒不执行或者擅自改变上级党组织决定的，对直接责任者和领导责任者，给予警告或者严重警告处分；情节严重的，给予撤销党内职务或者留党察看处分。

第七十九条　【对拒不执行党组织人事安排决定行为的处分】拒不执行党组织的分配、调动、交流等决定的，给予警告、严重警告或者撤销党内职务处分。

在特殊时期或者紧急状况下，拒不执行党组织上述决定的，给予留党察看或者开除党籍处分。

第八十条　【对拒绝作证或故意提供虚假情况行为的处分】在党组织纪律审查中，依法依规负有作证义务的党员拒绝作证或者故意提供虚假情况，情节较重的，给予警告或者严重警告处分；情节严重的，给予撤销党内职务、留党察看或者开除党籍处分。

第八十一条　【对隐瞒不报、不如实报告、弄虚作假和隐瞒入党前严重错误行为的处分】有下列行为之一，情节较重的，给予警告或者严重警告处分：

（一）违反个人有关事项报告规定，隐瞒不报；

（二）在组织进行谈话函询时，不如实向组织说明问题；

（三）不按要求报告或者不如实报告个人去向；

（四）不如实填报个人档案资料。

有前款第二项规定的行为，同时向组织提供虚假情况、掩盖事实的，依照本条例第六十三条规定处理。

篡改、伪造个人档案资料的，给予严重警告处分；情节严重的，给予撤销党内职务或者留党察看处分。

隐瞒入党前严重错误的，一般应当予以除名；对入党多年且一贯表现好，或者在工作中作出突出贡献的，给予严重警告、撤销党内职务或者留党察看处分。

第八十二条　【对违规组织、参加自发成立的老乡会、校友会、战友会等行为的处分】党员领导干部违反有关规定组织、参加自发成立的老乡会、校友会、战友会等，情节严重的，给予警告、严重警告或者撤销党内职务处分。

第八十三条　【对破坏选举行为的处分】有下列行为之一的，给予警告或者严重警告处分；情节较重的，给予撤销党内职务或者留党察看处分；情节严重的，给予开除党籍处分：

（一）在民主推荐、民主测评、组织考察和党内选举中搞拉票、助选等非组织活动；

（二）在法律规定的投票、选举活动中违背组织原则搞非组织活动，组织、怂恿、诱使他人投票、表决；

（三）在选举中进行其他违反党章、其他党内法规和有关章程活动。

搞有组织的拉票贿选，或者用公款拉票贿选的，从重或者加重处分。

第八十四条 【对违反干部选拔任用规定行为的处分】 在干部选拔任用工作中，有任人唯亲、排斥异己、封官许愿、说情干预、跑官要官、突击提拔或者调整干部等违反干部选拔任用规定行为，对直接责任者和领导责任者，情节较轻的，给予警告或者严重警告处分；情节较重的，给予撤销党内职务或者留党察看处分；情节严重的，给予开除党籍处分。

用人失察失误造成严重后果的，对直接责任者和领导责任者，依照前款规定处理。

第八十五条 【对违反推进领导干部能上能下规定行为的处分】 在推进领导干部能上能下工作中，搞好人主义，有下列行为之一，对直接责任者和领导责任者，情节较重的，给予警告或者严重警告处分；情节严重的，给予撤销党内职务或者留党察看处分：

（一）以党纪政务等处分规避组织调整；

（二）以组织调整代替党纪政务等处分；

（三）其他避重就轻作出处理行为。

第八十六条 【对借人事工作谋利或靠弄虚作假骗取职务、荣誉等利益行为的处分】 在干部、职工的录用、考核、职务职级晋升、职称评聘、荣誉表彰，授予学术称号和征兵、安置退役军人等工作中，隐瞒、歪曲事实真相，或者利用职权或者职务上的影响违反有关规定为本人或者其他人谋取利益的，给予警告或者严重警告处分；情节较重的，给予撤销党内职务或者留党察看处分；情节严重的，给予开除党籍处分。

弄虚作假，骗取职务、职级、职称、待遇、资格、学历、学位、荣誉、称号或者其他利益的，依照前款规定处理。

第八十七条 【对侵害党员表决权、选举权和被选举权行为的处分】 侵犯党员的表决权、选举权和被选举权，情节较重的，给予警告或者严重警告处分；情节严重的，给予撤销党内职务处分。

以强迫、威胁、欺骗、拉拢等手段，妨害党员自主行使表决权、选举权和被选举权的，给予撤销党内职务、留党察看或者开除党籍处分。

第八十八条　【对侵害党员批评、检举、控告、申辩、辩护、作证、申诉等权利行为的处分】有下列行为之一的，对直接责任者和领导责任者，给予警告或者严重警告处分；情节较重的，给予撤销党内职务或者留党察看处分；情节严重的，给予开除党籍处分：

（一）对批评、检举、控告进行阻挠、压制，或者将批评、检举、控告材料私自扣压、销毁，或者故意将其泄露给他人；

（二）对党员的申辩、辩护、作证等进行压制，造成不良后果；

（三）压制党员申诉，造成不良后果，或者不按照有关规定处理党员申诉；

（四）其他侵犯党员权利行为，造成不良后果。

对批评人、检举人、控告人、证人及其他人员打击报复的，从重或者加重处分。

第八十九条　【对违规发展党员行为的处分】违反党章和其他党内法规的规定，采取弄虚作假或者其他手段把不符合党员条件的人发展为党员，或者为非党员出具党员身份证明的，对直接责任者和领导责任者，给予警告或者严重警告处分；情节严重的，给予撤销党内职务处分。

违反有关规定程序发展党员的，对直接责任者和领导责任者，依照前款规定处理。

第九十条　【对违规获取外国身份行为的处分】违反有关规定取得外国国籍或者获取国（境）外永久居留资格、长期居留许可的，给予撤销党内职务、留党察看或者开除党籍处分。

第九十一条 【对违规办理因私出国（境）证件或未经批准、超出批准范围出入国（边）境行为的处分】 违反有关规定办理因私出国（境）证件、前往港澳通行证，或者未经批准出入国（边）境，情节较轻的，给予警告或者严重警告处分；情节较重的，给予撤销党内职务或者留党察看处分；情节严重的，给予开除党籍处分。

虽经批准因私出国（境）但存在擅自变更路线、无正当理由超期未归等超出批准范围出国（境）行为，情节较重的，给予警告或者严重警告处分；情节严重的，给予撤销党内职务处分。

第九十二条 【对在国（境）外擅自脱离组织或违规与外交往行为的处分】 驻外机构或者临时出国（境）团（组）中的党员擅自脱离组织，或者从事外事、机要、军事等工作的党员违反有关规定同国（境）外机构、人员联系和交往的，给予警告、严重警告或者撤销党内职务处分。

第九十三条 【对脱离或协助他人脱离组织行为的处分】 驻外机构或者临时出国（境）团（组）中的党员，脱离组织出走时间不满六个月又自动回归的，给予撤销党内职务或者留党察看处分；脱离组织出走时间超过六个月的，按照自行脱党处理，党内予以除名。

故意为他人脱离组织出走提供方便条件的，给予警告、严重警告或者撤销党内职务处分。

第八章 对违反廉洁纪律行为的处分

第九十四条 【对利用职权为他人谋利及亲属等相关人员借影响力收受财物行为的处分】 党员干部必须正确行使人民赋予的权力，清正廉洁，反对特权思想和特权现象，反对任何滥用职权、谋求私利的行为。

利用职权或者职务上的影响为他人谋取利益，本人的配偶、子女及其配偶等亲属和其他特定关系人收受对方财物，情节较重的，给予警告或者严重警告处分；情节严重的，给予撤销党内职务、留党察看或者开除党籍处分。

第九十五条　【对权权交易行为的处分】相互利用职权或者职务上的影响为对方及其配偶、子女及其配偶等亲属、身边工作人员和其他特定关系人谋取利益搞权权交易的，给予警告或者严重警告处分；情节较重的，给予撤销党内职务或者留党察看处分；情节严重的，给予开除党籍处分。

第九十六条　【对纵容、默许亲属、身边工作人员和其他特定关系人利用本人职权谋利行为的处分】纵容、默许配偶、子女及其配偶等亲属、身边工作人员和其他特定关系人利用党员干部本人职权或者职务上的影响谋取私利，情节较轻的，给予警告或者严重警告处分；情节较重的，给予撤销党内职务或者留党察看处分；情节严重的，给予开除党籍处分。

党员干部的配偶、子女及其配偶等亲属和其他特定关系人不实际工作而获取薪酬或者虽实际工作但领取明显超出同职级标准薪酬，党员干部知情未予纠正的，依照前款规定处理。

第九十七条　【对违规收受财物行为的处分】收受可能影响公正执行公务的礼品、礼金、消费卡（券）和有价证券、股权、其他金融产品等财物，情节较轻的，给予警告或者严重警告处分；情节较重的，给予撤销党内职务或者留党察看处分；情节严重的，给予开除党籍处分。

收受其他明显超出正常礼尚往来的财物的，依照前款规定处理。

第九十八条 【对违规赠送财物或变相送礼行为的处分】向从事公务的人员及其配偶、子女及其配偶等亲属和其他特定关系人赠送明显超出正常礼尚往来的礼品、礼金、消费卡（券）和有价证券、股权、其他金融产品等财物，情节较重的，给予警告或者严重警告处分；情节严重的，给予撤销党内职务或者留党察看处分。

以讲课费、课题费、咨询费等名义变相送礼的，依照前款规定处理。

第九十九条 【对可能影响公正执行公务行为的处分】借用管理和服务对象的钱款、住房、车辆等，可能影响公正执行公务，情节较重的，给予警告或者严重警告处分；情节严重的，给予撤销党内职务、留党察看或者开除党籍处分。

通过民间借贷等金融活动获取大额回报，可能影响公正执行公务的，依照前款规定处理。

第一百条 【对利用职权或职务上的影响操办婚丧喜庆事宜行为的处分】利用职权或者职务上的影响操办婚丧喜庆事宜，造成不良影响的，给予警告或者严重警告处分；情节严重的，给予撤销党内职务处分；借机敛财或者有其他侵犯国家、集体和人民利益行为的，从重或者加重处分，直至开除党籍。

第一百零一条 【对违规接受、提供宴请或旅游、健身、娱乐等活动安排行为的处分】接受、提供可能影响公正执行公务的宴请或者旅游、健身、娱乐等活动安排，情节较重的，给予警告或者严重警告处分；情节严重的，给予撤销党内职务或者留党察看处分。

第一百零二条 【对违规取得、持有、实际使用消费卡（券）或出入私人会所行为的处分】违反有关规定取得、持有、实际使用运动健身卡、会所和俱乐部会员卡、高尔夫球卡等各种消费卡（券），或者违反有关规定出入私人会所，情节较重的，给予警告或者严重警告处分；情节严重的，给予撤销党内职务或者留党察看处分。

第一百零三条　【对违规从事营利活动、利用职权非正常获利及违规兼职行为的处分】违反有关规定从事营利活动，有下列行为之一，情节较轻的，给予警告或者严重警告处分；情节较重的，给予撤销党内职务或者留党察看处分；情节严重的，给予开除党籍处分：

（一）经商办企业；

（二）拥有非上市公司（企业）的股份或者证券；

（三）买卖股票或者进行其他证券投资；

（四）从事有偿中介活动；

（五）在国（境）外注册公司或者投资入股；

（六）其他违反有关规定从事营利活动的行为。

利用参与企业重组改制、定向增发、兼并投资、土地使用权出让等工作中掌握的信息买卖股票，利用职权或者职务上的影响通过购买信托产品、基金等方式非正常获利的，依照前款规定处理。

违反有关规定在经济组织、社会组织等单位中兼职，或者经批准兼职但获取薪酬、奖金、津贴等额外利益的，依照第一款规定处理。

第一百零四条　【对违规为亲属和特定关系人谋利的处分】利用职权或者职务上的影响，为配偶、子女及其配偶等亲属和其他特定关系人在审批监管、资源开发、金融信贷、大宗采购、土地使用权出让、房地产开发、工程招投标以及公共财政收支等方面谋取利益，情节较轻的，给予警告或者严重警告处分；情节较重的，给予撤销党内职务或者留党察看处分；情节严重的，给予开除党籍处分。

利用职权或者职务上的影响，为配偶、子女及其配偶等亲属和其他特定关系人吸收存款、推销金融产品、经营名贵特产类特殊资源等提供帮助谋取利益的，依照前款规定处理。

第一百零五条 【对离退休干部违规任职或从事营利活动行为的处分】 离职或者退（离）休后违反有关规定接受原任职务管辖的地区和业务范围内或者与原工作业务直接相关的企业和中介机构等单位的聘用，或者个人从事与原任职务管辖业务或者与原工作业务直接相关的营利活动，情节较轻的，给予警告或者严重警告处分；情节较重的，给予撤销党内职务处分；情节严重的，给予留党察看处分。

党员领导干部离职或者退（离）休后违反有关规定担任上市公司、基金管理公司独立董事、独立监事等职务，情节较轻的，给予警告或者严重警告处分；情节较重的，给予撤销党内职务处分；情节严重的，给予留党察看处分。

第一百零六条 【对离退休干部利用原职权为亲属和其他特定关系人谋利及亲属等相关人员借影响力收受财物行为的处分】 离职或者退（离）休后利用原职权或者职务上的影响，为配偶、子女及其配偶等亲属和其他特定关系人从事经营活动谋取利益，情节较轻的，给予警告或者严重警告处分；情节较重的，给予撤销党内职务或者留党察看处分；情节严重的，给予开除党籍处分。

离职或者退（离）休后利用原职权或者职务上的影响为他人谋取利益，本人的配偶、子女及其配偶等亲属和其他特定关系人收受对方财物，情节较重的，给予警告或者严重警告处分；情节严重的，给予撤销党内职务、留党察看或者开除党籍处分。

第一百零七条 【对党员领导干部的配偶、子女及其配偶违规经营或任职行为的处分】 党员领导干部的配偶、子女及其配偶，违反有关规定在该党员领导干部管辖的地区和业务范围内从事可能影响其公正执行公务的经营活动，或者有其他违反经商办企业禁业规定行为的，该党员领导干部应当按照规定予以纠正；拒不纠正的，其本人应当辞去现任职务或者由组织予以调整职务；不辞去现任职务或者不服从组织调整职务的，给予撤销党内职务处分。

第一百零八条　【对党和国家机关违规经商办企业行为的处分】党和国家机关违反有关规定经商办企业的，对直接责任者和领导责任者，给予警告或者严重警告处分；情节严重的，给予撤销党内职务处分。

第一百零九条　【对党员领导干部违规为本人、亲属、身边工作人员和其他特定关系人谋求特殊待遇行为的处分】党员领导干部违反工作、生活保障制度，在交通、医疗、警卫等方面为本人、配偶、子女及其配偶等亲属、身边工作人员和其他特定关系人谋求特殊待遇，情节较重的，给予警告或者严重警告处分；情节严重的，给予撤销党内职务或者留党察看处分。

第一百一十条　【对在分配、购买住房中侵犯国家、集体利益行为的处分】在分配、购买住房中侵犯国家、集体利益，情节较轻的，给予警告或者严重警告处分；情节较重的，给予撤销党内职务或者留党察看处分；情节严重的，给予开除党籍处分。

第一百一十一条　【对侵占公私财物、违规报销行为的处分】利用职权或者职务上的影响，侵占非本人经管的公私财物，或者以象征性地支付钱款等方式侵占公私财物，或者无偿、象征性地支付报酬接受服务、使用劳务，情节较轻的，给予警告或者严重警告处分；情节较重的，给予撤销党内职务或者留党察看处分；情节严重的，给予开除党籍处分。

利用职权或者职务上的影响，将应当由本人、配偶、子女及其配偶等亲属、身边工作人员和其他特定关系人个人支付的费用，由下属单位、其他单位或者他人支付、报销的，依照前款规定处理。

第一百一十二条 【对违规占用公物归个人使用、进行营利活动行为的处分】利用职权或者职务上的影响，违反有关规定占用公物归个人使用，时间超过六个月，情节较重的，给予警告或者严重警告处分；情节严重的，给予撤销党内职务处分。

占用公物进行营利活动的，给予警告或者严重警告处分；情节较重的，给予撤销党内职务或者留党察看处分；情节严重的，给予开除党籍处分。

将公物借给他人进行营利活动的，依照前款规定处理。

第一百一十三条 【对组织、参加公款宴请、娱乐、健身活动，用公款购买赠送或者发放礼品、消费卡（券）等行为的处分】违反有关规定组织、参加用公款支付的宴请、娱乐、健身活动，或者用公款购买赠送或者发放礼品、消费卡（券）等，对直接责任者和领导责任者，情节较轻的，给予警告或者严重警告处分；情节较重的，给予撤销党内职务或者留党察看处分；情节严重的，给予开除党籍处分。

第一百一十四条 【对违规发放薪酬、津补贴、奖金、福利等行为的处分】违反有关规定自定薪酬或者滥发津贴、补贴、奖金、福利等，对直接责任者和领导责任者，情节较轻的，给予警告或者严重警告处分；情节较重的，给予撤销党内职务或者留党察看处分；情节严重的，给予开除党籍处分。

第一百一十五条 【对公款旅游等行为的处分】有下列行为之一，对直接责任者和领导责任者，情节较轻的，给予警告或者严重警告处分；情节较重的，给予撤销党内职务或者留党察看处分；情节严重的，给予开除党籍处分：

（一）公款旅游或者以学习培训、考察调研、职工疗养等为名变相公款旅游；

（二）改变公务行程，借机旅游；

（三）参加所管理企业、下属单位组织的考察活动，借机旅游。

以考察、学习、培训、研讨、招商、参展等名义变相用公款出国（境）旅游的，对直接责任者和领导责任者，依照前款规定处理。

第一百一十六条　【对违规接待或者借机大吃大喝行为的处分】违反接待管理规定，超标准、超范围接待或者借机大吃大喝，对直接责任者和领导责任者，情节较重的，给予警告或者严重警告处分；情节严重的，给予撤销党内职务处分。

第一百一十七条　【对违规配备、购买、更换、装饰、使用公车等行为的处分】违反有关规定配备、购买、更换、装饰、使用公务交通工具或者有其他违反公务交通工具管理规定的行为，对直接责任者和领导责任者，情节较重的，给予警告或者严重警告处分；情节严重的，给予撤销党内职务或者留党察看处分。

第一百一十八条　【对违反会议活动管理规定行为的处分】违反会议活动管理规定，有下列行为之一，对直接责任者和领导责任者，情节较重的，给予警告或者严重警告处分；情节严重的，给予撤销党内职务处分：

（一）到禁止召开会议的风景名胜区开会；

（二）决定或者批准举办各类节会、庆典活动；

（三）其他违反会议活动管理规定行为。

擅自举办评比达标表彰、创建示范活动或者借评比达标表彰、创建示范活动收取费用的，对直接责任者和领导责任者，依照前款规定处理。

第一百一十九条　【对违反办公用房管理规定行为的处分】违反办公用房管理等规定，有下列行为之一，对直接责任者和领导责任者，情节较重的，给予警告或者严重警告处分；情节严重的，给予撤销党内职务处分：

（一）决定或者批准兴建、装修办公楼、培训中心等楼堂馆所；

（二）超标准配备、使用办公用房；

（三）未经批准租用、借用办公用房；

（四）用公款包租、占用客房或者其他场所供个人使用；

（五）其他违反办公用房管理等规定行为。

第一百二十条　【对搞权色交易、钱色交易行为的处分】搞权色交易或者给予财物搞钱色交易的，给予警告或者严重警告处分；情节较重的，给予撤销党内职务或者留党察看处分；情节严重的，给予开除党籍处分。

第一百二十一条　【对其他违反廉洁纪律规定行为的处分】有其他违反廉洁纪律规定行为的，应当视具体情节给予警告直至开除党籍处分。

第九章　对违反群众纪律行为的处分

第一百二十二条　【对侵害群众利益行为的处分】有下列行为之一，对直接责任者和领导责任者，情节较轻的，给予警告或者严重警告处分；情节较重的，给予撤销党内职务或者留党察看处分；情节严重的，给予开除党籍处分：

（一）超标准、超范围向群众筹资筹劳、摊派费用，加重群众负担；

（二）违反有关规定扣留、收缴群众款物或者处罚群众；

（三）克扣群众财物，或者违反有关规定拖欠群众钱款；

（四）在管理、服务活动中违反有关规定收取费用；

（五）在办理涉及群众事务时刁难群众、吃拿卡要；

（六）其他侵害群众利益行为。

在乡村振兴领域有上述行为的，从重或者加重处分。

第一百二十三条　【对干涉生产经营自主权，致使群众财产遭受较大损失行为的处分】干涉生产经营自主权，致使群众财产遭受较大损失的，对直接责任者和领导责任者，给予警告或者严重警告处分；情节严重的，给予撤销党内职务或者留党察看处分。

第一百二十四条　【对在社会保障、救助、扶持及救灾事项中优亲厚友行为的处分】在社会保障、社会救助、政策扶持、救灾救济款物分配等事项中优亲厚友、明显有失公平的，给予警告或者严重警告处分；情节较重的，给予撤销党内职务或者留党察看处分；情节严重的，给予开除党籍处分。

第一百二十五条　【对涉及黑恶势力行为的处分】利用宗族或者黑恶势力等欺压群众，或者纵容涉黑涉恶活动、为黑恶势力充当“保护伞”的，给予撤销党内职务或者留党察看处分；情节严重的，给予开除党籍处分。

第一百二十六条　【对损害群众利益行为的处分】有下列行为之一，对直接责任者和领导责任者，情节较重的，给予警告或者严重警告处分；情节严重的，给予撤销党内职务或者留党察看处分：

（一）对涉及群众生产、生活等切身利益的问题依照政策或者有关规定能解决而不及时解决，庸懒无为、效率低下，造成不良影响；

（二）对符合政策的群众诉求消极应付、推诿扯皮，损害党群、干群关系；

（三）对待群众态度恶劣、简单粗暴，造成不良影响；

（四）弄虚作假，欺上瞒下，损害群众利益；

（五）其他不作为、乱作为、慢作为、假作为等损害群众利益行为。

第一百二十七条　【对国家财产和群众生命财产见危不救行为的处分】遇到国家财产和群众生命财产受到严重威胁时，能救而不救，情节较重的，给予警告、严重警告或者撤销党内职务处分；情节严重的，给予留党察看或者开除党籍处分。

第一百二十八条　【对侵犯群众知情权行为的处分】不按照规定公开党务、政务、厂务、村（居）务等，侵犯群众知情权，对直接责任者和领导责任者，情节较重的，给予警告或者严重警告处分；情节严重的，给予撤销党内职务或者留党察看处分。

第一百二十九条　【对其他违反群众纪律规定行为的处分】有其他违反群众纪律规定行为的，应当视具体情节给予警告直至开除党籍处分。

第十章　对违反工作纪律行为的处分

第一百三十条　【对工作中不负责任或疏于管理，贯彻上级决策部署不力行为的处分】工作中不负责任或者疏于管理，贯彻执行、检查督促落实上级决策部署不力，给党、国家和人民利益以及公共财产造成较大损失的，对直接责任者和领导责任者，给予警告或者严重警告处分；造成重大损失的，给予撤销党内职务、留党察看或者开除党籍处分。

党员领导干部对于到任前已经存在且属于其职责范围内的问题，消极回避、推卸责任，造成严重损害或者严重不良影响的，依照前款规定处理。

第一百三十一条　【对工作中不敢斗争、不愿担当、临阵退缩

行为的处分】工作中不敢斗争、不愿担当，面对重大矛盾冲突、危机困难临阵退缩，造成不良影响或者严重后果的，给予警告或者严重警告处分；情节严重的，给予撤销党内职务、留党察看或者开除党籍处分。

第一百三十二条　【对工作中形式主义、官僚主义行为的处分】有下列行为之一，造成严重损害或者严重不良影响的，对直接责任者和领导责任者，给予警告或者严重警告处分；情节较重的，给予撤销党内职务或者留党察看处分；情节严重的，给予开除党籍处分：

（一）热衷于搞舆论造势、浮在表面；

（二）单纯以会议贯彻会议、以文件落实文件，在实际工作中不见诸行动；

（三）脱离实际，不作深入调查研究，搞随意决策、机械执行；

（四）违反精文减会有关规定搞文山会海；

（五）在督查检查考核等工作中搞层层加码、过度留痕，增加基层工作负担；

（六）工作中其他形式主义、官僚主义行为。

第一百三十三条　【对餐饮浪费行为的处分】在公务活动用餐、单位食堂用餐管理工作中不履行或者不正确履行宣传教育、监督管理职责，导致餐饮浪费，造成严重不良影响的，对直接责任者和领导责任者，给予警告或者严重警告处分；情节严重的，给予撤销党内职务处分。

第一百三十四条　【对机构编制工作违规行为的处分】在机构编制工作中，有下列行为之一，造成不良影响或者严重后果的，对直接责任者和领导责任者，给予警告或者严重警告处分；情节较重的，给予撤销党内职务或者留党察看处分；情节严重的，给予开除党籍处分：

（一）擅自超出“三定”规定范围调整职责、设置机构、核定领导职数和配备人员；

（二）违规干预地方机构设置；

（三）其他违反机构编制管理规定行为。

第一百三十五条　【对信访工作违规行为的处分】在信访工作中，有下列行为之一，造成不良影响或者严重后果的，对直接责任者和领导责任者，给予警告或者严重警告处分；情节较重的，给予撤销党内职务或者留党察看处分；情节严重的，给予开除党籍处分：

（一）不按照规定受理、办理信访事项；

（二）对规模性集体访等处置不力，导致事态扩大；

（三）对党委和政府信访部门提出的改进工作、完善政策等建议重视不够、落实不力，导致问题长期得不到解决；

（四）其他不履行或者不正确履行信访工作职责行为。

不履行或者不正确履行职责，导致信访事项发生，造成不良影响或者严重后果的，对直接责任者和领导责任者，依照前款规定处理。

第一百三十六条　【对党组织违规处理党员违法、违纪情况等行为的处分】党组织有下列行为之一，对直接责任者和领导责任者，情节较重的，给予警告或者严重警告处分；情节严重的，给予撤销党内职务或者留党察看处分：

（一）党员被立案审查期间，擅自批准其出差、出国（境）、辞职，或者对其交流、提拔职务、晋升职级、进一步使用、奖励，或者办理退休手续；

（二）党员被依法追究刑事责任后，不按照规定给予党纪处分，或者对党员违反国家法律法规的行为，应当给予党纪处分而不处分；

（三）党纪处分决定或者申诉复查决定作出后，不按照规定落实决定中关于被处分人党籍、职务、职级、待遇等事项；

（四）党员受到党纪处分后，不按照干部管理权限和组织关系对受处分党员开展日常教育、管理和监督工作。

第一百三十七条　【对滥用问责或在问责工作中严重不负责任行为的处分】滥用问责，或者在问责工作中严重不负责任，造成不良影响的，对直接责任者和领导责任者，给予警告或者严重警告处分；情节严重的，给予撤销党内职务处分。

第一百三十八条　【对因渎职致使所管理人员叛逃或出逃、出走行为的处分】因工作不负责任致使所管理的人员叛逃的，对直接责任者和领导责任者，给予警告或者严重警告处分；情节严重的，给予撤销党内职务处分。

因工作不负责任致使所管理的人员出逃、出走，对直接责任者和领导责任者，情节较重的，给予警告或者严重警告处分；情节严重的，给予撤销党内职务处分。

第一百三十九条　【对统计造假、统计造假失察行为的处分】进行统计造假，对直接责任者和领导责任者，情节较轻的，给予警告或者严重警告处分；情节较重的，给予撤销党内职务或者留党察看处分；情节严重的，给予开除党籍处分。

对统计造假失察，造成严重后果的，对直接责任者和领导责任者，给予警告或者严重警告处分；情节严重的，给予撤销党内职务、留党察看或者开除党籍处分。

第一百四十条　【对瞒报或不如实报告工作行为的处分】在上级检查、视察工作或者向上级汇报、报告工作时对应当报告的事项不报告或者不如实报告，造成严重损害或者严重不良影响的，对直接责任者和领导责任者，给予警告或者严重警告处分；情节严重的，给予撤销党内职务或者留党察看处分。

在上级检查、视察工作或者向上级汇报、报告工作时纵容、唆使、暗示、强迫下级说假话、报假情的，从重或者加重处分。

第一百四十一条　【对违规干预和插手市场经济活动行为的处分】违反有关规定干预和插手市场经济活动，有下列行为之一，情节较轻的，给予警告或者严重警告处分；情节较重的，给予撤销党内职务或者留党察看处分；情节严重的，给予开除党籍处分：

（一）干预和插手建设工程项目承发包、土地使用权出让、政府采购、房地产开发与经营、矿产资源开发利用、中介机构服务等活动；

（二）干预和插手国有企业重组改制、兼并、破产、产权交易、清产核资、资产评估、资产转让、重大项目投资以及其他重大经营活动等事项；

（三）干预和插手批办各类行政许可和资金借贷等事项；

（四）干预和插手经济纠纷；

（五）干预和插手集体资金、资产和资源的使用、分配、承包、租赁等事项。

第一百四十二条　【对违规干预和插手司法活动、执纪执法活动，资金分配、立项评审、表彰奖励等行为的处分】违反有关规定干预和插手司法活动、执纪执法活动，向有关地方或者部门打听案情、打招呼、说情，或者以其他方式对司法活动、执纪执法活动施加影响，情节较轻的，给予严重警告处分；情节较重的，给予撤销党内职务或者留党察看处分；情节严重的，给予开除党籍处分。

违反有关规定干预和插手公共财政资金分配、项目立项评审、功勋荣誉表彰奖励等活动，造成重大损失或者不良影响的，依照前款规定处理。

第一百四十三条　【对违规不报告或登记干预和插手行为的处分】按照有关规定对干预和插手行为负有报告和登记义务的受请托人，不按照规定报告或者登记，情节较重的，给予警告或者严重警告处分；情节严重的，给予撤销党内职务处分。

第一百四十四条　【对泄露、扩散或者打探、窃取党组织秘密，私自留存党组织资料行为的处分】泄露、扩散或者打探、窃取党组织关于干部选拔任用、纪律审查、巡视巡察等尚未公开事项或者其他应当保密的内容的，给予警告或者严重警告处分；情节较重的，给予撤销党内职务或者留党察看处分；情节严重的，给予开除党籍处分。

私自留存涉及党组织关于干部选拔任用、纪律审查、巡视巡察等方面资料，情节较重的，给予警告或者严重警告处分；情节严重的，给予撤销党内职务处分。

第一百四十五条　【对违反考试、录取工作规定行为的处分】在考试、录取工作中，有泄露试题、考场舞弊、涂改考卷、违规录取等违反有关规定行为的，给予警告或者严重警告处分；情节较重的，给予撤销党内职务或者留党察看处分；情节严重的，给予开除党籍处分。

第一百四十六条　【对不当谋求本人或他人用公款出国（境）行为的处分】以不正当方式谋求本人或者其他人用公款出国（境），情节较轻的，给予警告处分；情节较重的，给予严重警告处分；情节严重的，给予撤销党内职务处分。

第一百四十七条　【对擅自延长在国（境）外期限或变更路线行为的处分】临时出国（境）团（组）或者人员中的党员，擅自延长在国（境）外期限，或者擅自变更路线的，对直接责任者和领导责任者，给予警告或者严重警告处分；情节严重的，给予撤销党内职务处分。

第一百四十八条　【对驻外机构或党员触犯当地法律或者不尊重当地宗教习俗行为的处分】驻外机构或者临时出国（境）团（组）中的党员，触犯驻在国家、地区的法律、法令或者不尊重驻在国家、地区的宗教习俗，情节较重的，给予警告或者严重警告处分；情节严重的，给予撤销党内职务、留党察看或者开除党籍处分。

第一百四十九条　【对在纪律检查、组织、宣传、统一战线等工作中不履职或不正确履职行为的处分】在党的纪律检查、组织、宣传、统一战线工作以及机关工作等其他工作中，不履行或者不正确履行职责，造成损失或者不良影响的，应当视具体情节给予警告直至开除党籍处分。

第十一章　对违反生活纪律行为的处分

第一百五十条　【对生活奢靡、铺张浪费、贪图享乐、追求低级趣味行为的处分】生活奢靡、铺张浪费、贪图享乐、追求低级趣味，造成不良影响的，给予警告或者严重警告处分；情节严重的，给予撤销党内职务处分。

第一百五十一条　【对与他人发生不正当性关系行为的处分】与他人发生不正当性关系，造成不良影响的，给予警告或者严重警告处分；情节较重的，给予撤销党内职务或者留党察看处分；情节严重的，给予开除党籍处分。

利用职权、教养关系、从属关系或者其他相类似关系与他人发生性关系的，从重处分。

第一百五十二条　【对党员领导干部不重视家风建设行为的处分】党员领导干部不重视家风建设，对配偶、子女及其配偶失管失教，造成不良影响或者严重后果的，给予警告或者严重警告处分；

情节严重的，给予撤销党内职务处分。

第一百五十三条　【对违背公序良俗，在公共场所、网络空间有不当言行的处分】 违背社会公序良俗，在公共场所、网络空间有不当言行，造成不良影响的，给予警告或者严重警告处分；情节较重的，给予撤销党内职务或者留党察看处分；情节严重的，给予开除党籍处分。

第一百五十四条　【对其他违反社会公德、家庭美德行为的处分】 有其他严重违反社会公德、家庭美德行为的，应当视具体情节给予警告直至开除党籍处分。

第三编　附　　则

第一百五十五条　【各省、自治区、直辖市可据此制定单项实施规定】 各省、自治区、直辖市党委可以根据本条例，结合各自工作的实际情况，制定单项实施规定。

第一百五十六条　【中央军委可据此制定补充规定或者单项规定】 中央军事委员会可以根据本条例，结合中国人民解放军和中国人民武装警察部队的实际情况，制定补充规定或者单项规定。

第一百五十七条　【解释机关】 本条例由中央纪委负责解释。

第一百五十八条　【生效时间及溯及力】 本条例自 2024 年 1 月 1 日起施行。

本条例施行前，已结案的案件如需进行复查复议，适用当时的规定或者政策。尚未结案的案件，如果行为发生时的规定或者政策不认为是违纪，而本条例认为是违纪的，依照当时的规定或者政策处理；如果行为发生时的规定或者政策认为是违纪的，依照当时的规定或者政策处理，但是如果本条例不认为是违纪或者处理较轻的，依照本条例规定处理。

中国共产党问责条例

（2019年7月30日中共中央政治局会议审议批准
2019年8月25日中共中央发布）

第一条　【制定目的】为了坚持党的领导，加强党的建设，全面从严治党，保证党的路线方针政策和党中央重大决策部署贯彻落实，规范和强化党的问责工作，根据《中国共产党章程》，制定本条例。

第二条　【指导思想】党的问责工作坚持以马克思列宁主义、毛泽东思想、邓小平理论、“三个代表”重要思想、科学发展观、习近平新时代中国特色社会主义思想为指导，增强“四个意识”，坚定“四个自信”，坚决维护习近平总书记党中央的核心、全党的核心地位，坚决维护党中央权威和集中统一领导，围绕统筹推进“五位一体”总体布局和协调推进“四个全面”战略布局，落实管党治党政治责任，督促各级党组织、党的领导干部负责守责尽责，践行忠诚干净担当。

第三条　【问责工作的原则】党的问责工作应当坚持以下原则：

（一）依规依纪、实事求是；

（二）失责必问、问责必严；

（三）权责一致、错责相当；

（四）严管和厚爱结合、激励和约束并重；

（五）惩前毖后、治病救人；

（六）集体决定、分清责任。

第四条　【问责工作的开展】 党委（党组）应当履行全面从严治党主体责任，加强对本地区本部门本单位问责工作的领导，追究在党的建设、党的事业中失职失责党组织和党的领导干部的主体责任、监督责任、领导责任。

纪委应当履行监督专责，协助同级党委开展问责工作。纪委派驻（派出）机构按照职责权限开展问责工作。

党的工作机关应当依据职能履行监督职责，实施本机关本系统本领域的问责工作。

第五条　【问责对象】 问责对象是党组织、党的领导干部，重点是党委（党组）、党的工作机关及其领导成员，纪委、纪委派驻（派出）机构及其领导成员。

第六条　【问责的责任类型、党组织和领导干部不得向下推卸责任】 问责应当分清责任。党组织领导班子在职责范围内负有全面领导责任，领导班子主要负责人和直接主管的班子成员在职责范围内承担主要领导责任，参与决策和工作的班子成员在职责范围内承担重要领导责任。

对党组织问责的，应当同时对该党组织中负有责任的领导班子成员进行问责。

党组织和党的领导干部应当坚持把自己摆进去、把职责摆进去、把工作摆进去，注重从自身找问题、查原因，勇于担当、敢于负责，不得向下级党组织和干部推卸责任。

第七条　【予以问责的情形】 党组织、党的领导干部违反党章和其他党内法规，不履行或者不正确履行职责，有下列情形之一，应当予以问责：

（一）党的领导弱化，“四个意识”不强，“两个维护”不力，党的基本理论、基本路线、基本方略没有得到有效贯彻执行，在贯彻新发展理念，推进经济建设、政治建设、文化建设、社会建设、生态文明建设中，出现重大偏差和失误，给党的事业和人民利益造成严重损失，产生恶劣影响的；

（二）党的政治建设抓得不实，在重大原则问题上未能同党中央保持一致，贯彻落实党的路线方针政策和执行党中央重大决策部署不力，不遵守重大事项请示报告制度，有令不行、有禁不止，阳奉阴违、欺上瞒下，团团伙伙、拉帮结派问题突出，党内政治生活不严肃不健康，党的政治建设工作责任制落实不到位，造成严重后果或者恶劣影响的；

（三）党的思想建设缺失，党性教育特别是理想信念宗旨教育流于形式，意识形态工作责任制落实不到位，造成严重后果或者恶劣影响的；

（四）党的组织建设薄弱，党建工作责任制不落实，严重违反民主集中制原则，不执行领导班子议事决策规则，民主生活会、“三会一课”等党的组织生活制度不执行，领导干部报告个人有关事项制度执行不力，党组织软弱涣散，违规选拔任用干部等问题突出，造成恶劣影响的；

（五）党的作风建设松懈，落实中央八项规定及其实施细则精神不力，“四风”问题得不到有效整治，形式主义、官僚主义问题突出，执行党中央决策部署表态多调门高、行动少落实差，脱离实际、脱离群众，拖沓敷衍、推诿扯皮，造成严重后果的；

（六）党的纪律建设抓得不严，维护党的政治纪律、组织纪律、廉洁纪律、群众纪律、工作纪律、生活纪律不力，导致违规违纪行为多发，造成恶劣影响的；

（七）推进党风廉政建设和反腐败斗争不坚决、不扎实，削减存量、遏制增量不力，特别是对不收敛、不收手，问题线索反映集中、群众反映强烈，政治问题和经济问题交织的腐败案件放任不管，造成恶劣影响的；

（八）全面从严治党主体责任、监督责任落实不到位，对公权力的监督制约不力，好人主义盛行，不负责不担当，党内监督乏力，该发现的问题没有发现，发现问题不报告不处置，领导巡视巡察工作不力，落实巡视巡察整改要求走过场、不到位，该问责不问责，造成严重后果的；

（九）履行管理、监督职责不力，职责范围内发生重特大生产安全事故、群体性事件、公共安全事件，或者发生其他严重事故、事件，造成重大损失或者恶劣影响的；

（十）在教育医疗、生态环境保护、食品药品安全、扶贫脱贫、社会保障等涉及人民群众最关心最直接最现实的利益问题上不作为、乱作为、慢作为、假作为，损害和侵占群众利益问题得不到整治，以言代法、以权压法、徇私枉法问题突出，群众身边腐败和作风问题严重，造成恶劣影响的；

（十一）其他应当问责的失职失责情形。

第八条　【对党组织和党的领导干部的问责方式】对党组织的问责，根据危害程度以及具体情况，可以采取以下方式：

（一）检查。责令作出书面检查并切实整改。

（二）通报。责令整改，并在一定范围内通报。

（三）改组。对失职失责，严重违犯党的纪律、本身又不能纠正的，应当予以改组。

对党的领导干部的问责，根据危害程度以及具体情况，可以采取以下方式：

（一）通报。进行严肃批评，责令作出书面检查、切实整改，并在一定范围内通报。

（二）诫勉。以谈话或者书面方式进行诫勉。

（三）组织调整或者组织处理。对失职失责、危害较重，不适宜担任现职的，应当根据情况采取停职检查、调整职务、责令辞职、免职、降职等措施。

（四）纪律处分。对失职失责、危害严重，应当给予纪律处分的，依照《中国共产党纪律处分条例》追究纪律责任。

上述问责方式，可以单独使用，也可以依据规定合并使用。问责方式有影响期的，按照有关规定执行。

第九条　【问责调查程序的启动】发现有本条例第七条所列问责情形，需要进行问责调查的，有管理权限的党委（党组）、纪委、党的工作机关应当经主要负责人审批，及时启动问责调查程序。其中，纪委、党的工作机关对同级党委直接领导的党组织及其主要负责人启动问责调查，应当报同级党委主要负责人批准。

应当启动问责调查未及时启动的，上级党组织应当责令有管理权限的党组织启动。根据问题性质或者工作需要，上级党组织可以直接启动问责调查，也可以指定其他党组织启动。

对被立案审查的党组织、党的领导干部问责的，不再另行启动问责调查程序。

第十条　【调查组开展调查】启动问责调查后，应当组成调查组，依规依纪依法开展调查，查明党组织、党的领导干部失职失责问题，综合考虑主客观因素，正确区分贯彻执行党中央或者上级决策部署过程中出现的执行不当、执行不力、不执行等不同情况，精准提出处理意见，做到事实清楚、证据确凿、依据充分、责任分明、程序合规、处理恰当，防止问责不力或者问责泛化、简单化。

第十一条　【调查组撰写事实材料、调查报告的形成】查明调查对象失职失责问题后，调查组应当撰写事实材料，与调查对象见面，听取其陈述和申辩，并记录在案；对合理意见，应当予以采纳。调查对象应当在事实材料上签署意见，对签署不同意见或者拒不签署意见的，调查组应当作出说明或者注明情况。

调查工作结束后，调查组应当集体讨论，形成调查报告，列明调查对象基本情况、调查依据、调查过程，问责事实，调查对象的态度、认识及其申辩，处理意见以及依据，由调查组组长以及有关人员签名后，履行审批手续。

第十二条　【问责决定的作出及执行方式的选择】问责决定应当由有管理权限的党组织作出。

对同级党委直接领导的党组织，纪委和党的工作机关报经同级党委或者其主要负责人批准，可以采取检查、通报方式进行问责。采取改组方式问责的，按照党章和有关党内法规规定的权限、程序执行。

对同级党委管理的领导干部，纪委和党的工作机关报经同级党委或者其主要负责人批准，可以采取通报、诫勉方式进行问责；提出组织调整或者组织处理的建议。采取纪律处分方式问责的，按照党章和有关党内法规规定的权限、程序执行。

第十三条　【问责决定的执行】问责决定作出后，应当及时向被问责党组织、被问责领导干部及其所在党组织宣布并督促执行。有关问责情况应当向纪委和组织部门通报，纪委应当将问责决定材料归入被问责领导干部廉政档案，组织部门应当将问责决定材料归入被问责领导干部的人事档案，并报上一级组织部门备案；涉及组织调整或者组织处理的，相应手续应当在 1 个月内办理完毕。

被问责领导干部应当向作出问责决定的党组织写出书面检讨，并在民主生活会、组织生活会或者党的其他会议上作出深刻检查。建立健全问责典型问题通报曝光制度，采取组织调整或者组织处理、纪律处分方式问责的，应当以适当方式公开。

第十四条 【被问责者应明确整改措施】被问责党组织、被问责领导干部及其所在党组织应当深刻汲取教训，明确整改措施。作出问责决定的党组织应当加强督促检查，推动以案促改。

第十五条 【对问责对象的处理】需要对问责对象作出政务处分或者其他处理的，作出问责决定的党组织应当通报相关单位，相关单位应当及时处理并将结果通报或者报告作出问责决定的党组织。

第十六条 【终身问责制】实行终身问责，对失职失责性质恶劣、后果严重的，不论其责任人是否调离转岗、提拔或者退休等，都应当严肃问责。

第十七条 【不予问责或免予问责的情形】有下列情形之一的，可以不予问责或者免予问责：

（一）在推进改革中因缺乏经验、先行先试出现的失误，尚无明确限制的探索性试验中的失误，为推动发展的无意过失；

（二）在集体决策中对错误决策提出明确反对意见或者保留意见的；

（三）在决策实施中已经履职尽责，但因不可抗力、难以预见等因素造成损失的。

对上级错误决定提出改正或者撤销意见未被采纳，而出现本条例第七条所列问责情形的，依照前款规定处理。上级错误决定明显违法违规的，应当承担相应的责任。

第十八条 【从轻或减轻问责的情形】有下列情形之一，可以从轻或者减轻问责：

（一）及时采取补救措施，有效挽回损失或者消除不良影响的；

（二）积极配合问责调查工作，主动承担责任的；

（三）党内法规规定的其他从轻、减轻情形。

第十九条 【从重或加重问责的情形】有下列情形之一，应当从重或者加重问责：

（一）对党中央、上级党组织三令五申的指示要求，不执行或者执行不力的；

（二）在接受问责调查和处理中，不如实报告情况，敷衍塞责、推卸责任，或者唆使、默许有关部门和人员弄虚作假，阻扰问责工作的；

（三）党内法规规定的其他从重、加重情形。

第二十条 【对问责决定不服时的书面申诉】问责对象对问责决定不服的，可以自收到问责决定之日起1个月内，向作出问责决定的党组织提出书面申诉。作出问责决定的党组织接到书面申诉后，应当在1个月内作出申诉处理决定，并以书面形式告知提出申诉的党组织、领导干部及其所在党组织。

申诉期间，不停止问责决定的执行。

第二十一条 【问责决定的纠正与追责】问责决定作出后，发现问责事实认定不清楚、证据不确凿、依据不充分、责任不清晰、程序不合规、处理不恰当，或者存在其他不应当问责、不精准问责情况的，应当及时予以纠正。必要时，上级党组织可以直接纠正或者责令作出问责决定的党组织予以纠正。

党组织、党的领导干部滥用问责，或者在问责工作中严重不负责任，造成不良影响的，应当严肃追究责任。

第二十二条 【正确对待被问责干部】正确对待被问责干部，对影响期满、表现好的干部，符合条件的，按照干部选拔任用有关规定正常使用。

第二十三条 【审批权限】本条例所涉及的审批权限均指最低审批权限，工作中根据需要可以按照更高层级的审批权限报批。

第二十四条 【纪委应执行的相关规定】 纪委派驻（派出）机构除执行本条例外，还应当执行党中央以及中央纪委相关规定。

第二十五条 【中央军委可制定相关规定】 中央军事委员会可以根据本条例制定相关规定。

第二十六条 【解释机关】 本条例由中央纪律检查委员会负责解释。

第二十七条 【施行时间及溯及力】 本条例自 2019 年 9 月 1 日起施行。2016 年 7 月 8 日中共中央印发的《中国共产党问责条例》同时废止。此前发布的有关问责的规定，凡与本条例不一致的，按照本条例执行。

中国共产党纪律检查委员会工作条例

（2021 年 12 月 6 日中共中央政治局会议审议批准 2021 年 12 月 24 日中共中央发布）

第一章 总 则

第一条 【制定目的及依据】 为了加强和规范新时代党的纪律检查委员会工作，根据《中国共产党章程》，制定本条例。

第二条 【指导思想】 党的各级纪律检查委员会高举中国特色社会主义伟大旗帜，以马克思列宁主义、毛泽东思想、邓小平理论、“三个代表”重要思想、科学发展观、习近平新时代中国特色社会主义思想为指导，增强“四个意识”、坚定“四个自信”、做到“两个维护”，不忘初心、牢记使命，深入贯彻全面从严治党战略方针，坚定不移推进党风廉政建设和反腐败斗争，构建一体推进不敢腐、不能腐、不想腐体制机制，从严从实加强自身建设，自觉接受监督，充分发挥监督保障执行、促进完善发展作用。

第三条　【职能及主要任务】党的各级纪律检查委员会是党内监督专责机关，是党推进全面从严治党、开展党风廉政建设和反腐败斗争的专门力量。

党的各级纪律检查委员会的主要任务是：维护党的章程和其他党内法规，检查党的理论和路线方针政策、党中央决策部署执行情况，协助党的委员会推进全面从严治党、加强党风建设和组织协调反腐败工作。

党的各级纪律检查委员会把坚决维护习近平总书记党中央的核心、全党的核心地位，维护党中央权威和集中统一领导作为最高政治原则和根本政治责任。

第四条　【工作原则】党的各级纪律检查委员会遵循以下原则开展工作：

（一）坚持党的全面领导，坚持党中央集中统一领导。

（二）坚持以人民为中心，践行党的根本宗旨和群众路线。

（三）坚持民主集中制，实行集体领导和个人分工负责相结合的制度。

（四）坚持严的主基调，全面从严、一严到底。

（五）坚持实事求是，依规依纪依法履行职责。

（六）坚持惩前毖后、治病救人，实现政治效果、纪法效果、社会效果有机统一。

第二章　领导体制

第五条　【中央纪委的领导体制】党的中央纪律检查委员会（国家监察委员会）在党中央领导下进行工作，履行党的最高纪律检查机关（国家最高监察机关）职责。

党的中央纪律检查委员会严格执行加强和维护党中央集中统一领导的各项制度要求，及时向中央政治局、中央政治局常务委员会请示汇报工作，研究重大事项、重要问题以及作出立案审查决定、给予党纪处分等事项向党中央请示报告。执行党中央重要决定的情况应当专题报告。

第六条　【地方各级纪委和基层纪委双重领导体制】党的地方各级纪律检查委员会和基层纪律检查委员会在同级党的委员会和上级纪律检查委员会双重领导下进行工作。

党的地方各级纪律检查委员会和基层纪律检查委员会应当落实同级党的委员会推进全面从严治党、加强党风廉政建设和反腐败工作的部署，执行同级党委作出的决定，及时向同级党委汇报工作，按照规定请示报告重大事项。

上级党的纪律检查委员会加强对下级纪律检查委员会的领导，对下级纪委的工作作出部署、提出要求；督促指导和支持下级纪委开展同级监督，检查下级纪委的工作，定期听取工作汇报，开展政治和业务培训；坚持查办腐败案件以上级纪委领导为主，按照规定审议和批准下级纪委关于线索处置、立案审查、纪律处分等的请示报告，按照程序改变下级纪委作出的错误或者不当的决定，必要时直接审查或者组织、指挥审查下级纪委管辖范围内有重大影响或者复杂的案件。

第七条　【纪委与监委合署办公】党的中央纪律检查委员会与国家监察委员会合署办公，党的地方各级纪律检查委员会与地方各级监察委员会合署办公，实行一套工作机构、两个机关名称，履行党的纪律检查和国家监察两项职责，实现纪委监委领导体制和工作机制的统一融合，集中决策、一体运行，坚持纪严于法，执纪执法贯通。

第三章　产生和运行

第八条　【中央纪委产生方式、任期】党的中央纪律检查委员会由党的全国代表大会选举产生，每届任期和党的中央委员会任期相同。

党的中央纪律检查委员会全体会议，选举常务委员会和书记、副书记，并报党的中央委员会批准。

第九条　【中央纪委委员任职条件和职责】中央纪律检查委员会委员应当政治坚定、对党忠诚、敢于斗争、担当作为、清正廉洁，具备组织领导纪律检查工作、推进党风廉政建设和反腐败斗争的能力。

中央纪律检查委员会委员应当认真履行以下职责：

（一）参加中央纪委全体会议，积极发表意见、提出建议。

（二）在纪律检查机关担负具体工作的委员，应当模范履行岗位职责，高质量完成所承担的纪律检查工作。

（三）未在纪律检查机关担负具体工作的委员，应当支持和帮助本地区、本部门、本单位纪律检查机关开展工作；了解所在地区、部门、单位党组织和党员领导干部遵守党章党规党纪、贯彻落实党中央决策部署等情况，提出意见建议，重要问题及时向中央纪委常委会反映。

（四）对中央纪委的工作，以及中央纪委常委、其他中央纪委委员进行监督。

（五）承担中央纪委安排的其他任务。

第十条　【中央纪委职权】党的中央纪律检查委员会通过召开全体会议的方式行使以下职权：

（一）制定贯彻落实党的全国代表大会和党中央决议决定的重

大部署、重大措施。

（二）听取和审议常务委员会工作报告。

（三）选举常务委员会和书记、副书记。

（四）讨论和决定纪检监察工作的重大问题、重大事项。

（五）按照权限审议重要党内法规或者规范性文件。

（六）决定或者追认给予中央纪委委员撤销党内职务以上处分。

（七）研究决定常务委员会提请决定的事项，或者应当由全体会议决定的其他重要事项。

第十一条 【中央纪委全体会议召开、表决】 党的中央纪律检查委员会全体会议每年至少召开一次，由中央纪律检查委员会常务委员会召集并主持。

党的中央纪律检查委员会全体会议应当有三分之二以上委员到会方可召开。委员因故不能参加会议的应当在会前请假，其意见可以用书面形式表达。根据需要，可以安排有关人员列席会议。

根据讨论和决定事项的不同，采用举手、无记名投票等方式进行表决，赞成票超过应到会委员半数的为通过。

对中央纪律检查委员会委员给予撤销党内职务以上处分，必须由应到会委员三分之二以上的多数决定，报党中央批准。

第十二条 【中央纪委常委会职权】 中央纪律检查委员会常务委员会贯彻落实党中央决策部署，以及中央纪律检查委员会全体会议的决定和部署，向全体会议报告工作，接受监督。在全体会议闭会期间，行使中央纪律检查委员会职权，主要包括：

（一）讨论向党的全国代表大会的工作报告，向党中央请示报告工作，学习贯彻党中央决策部署。

（二）召集全体会议，对拟提交全体会议讨论和决定的事项先行审议、提出意见。

（三）讨论和决定纪检监察工作的重要问题、重要事项。

（四）按照权限审议党内法规或者规范性文件。

（五）听取以中央纪委名义立案审查的有关案件情况通报。

（六）按照权限讨论和决定对违犯党纪的党组织、党员处理、处分等事项。

（七）决定给予中央纪委委员撤销党内职务以上处分，并报党中央批准，待召开全体会议时予以追认。

（八）按照干部管理权限审议干部任免事项。

（九）研究决定应当由常务委员会决定的其他重要事项。

第十三条　【中央纪委常委会会议召开、表决】中央纪律检查委员会常务委员会会议一般定期召开，遇有重要情况可以随时召开。

中央纪律检查委员会常务委员会会议由中央纪委书记召集并主持，会议议题由书记确定。

中央纪律检查委员会常务委员会会议应当有半数以上常委会委员到会方可召开。审议干部任免事项必须有三分之二以上常委会委员到会。根据需要，可以安排有关人员列席会议。

讨论和决定重要问题，应当进行表决。涉及多个事项的，应当逐项表决。表决可以根据讨论和决定事项的不同，采用口头、举手、无记名投票或者记名投票等方式进行，赞成票超过应到会常委会委员半数的为通过。

第十四条　【中央纪委办公会议召开和研究决定事项】中央纪律检查委员会办公会议一般定期召开，遇有重要情况可以随时召开。办公会议由中央纪委书记召集并主持，会议议题由书记确定，驻委的副书记、常委会委员及有关负责同志参加。办公会议研究或者决定以下事项：

（一）学习贯彻党中央决策部署。

（二）机关日常工作中需要研究、决定或者通报的重要事项。

（三）按照权限讨论和决定对违犯党纪的党的组织、党员处理、处分等事项。

（四）按照干部管理权限讨论和决定有关干部任免事项。

（五）其他需要提交办公会议讨论的重要事项。

第十五条 【中央纪委机关机构设置】中央纪律检查委员会机关根据工作需要，设立必要的内设机构，依照有关规定配置机构职能和权限。

第十六条 【地方各级纪委产生方式】党的地方各级纪律检查委员会由同级党的代表大会选举产生，每届任期和同级党的委员会任期相同。

党的地方各级纪律检查委员会全体会议，选举常务委员会和书记、副书记，并由同级党的委员会通过，报上级党的委员会批准。

上级党的委员会可以根据工作需要，在下级党的代表大会闭会期间，调动、任免下级纪律检查委员会书记、副书记。

第十七条 【地方各级纪委职权】党的地方各级纪律检查委员会通过召开全体会议的方式行使以下职权：

（一）制定贯彻落实党中央决策部署以及中央纪委工作部署，同级党的代表大会和党委决议决定、上级纪委工作要求的重大措施。

（二）听取和审议常务委员会工作报告。

（三）选举常务委员会和书记、副书记。

（四）讨论和决定管辖范围内纪检监察工作的重大问题、重大事项。

（五）按照权限审议规范性文件。

（六）决定或者追认给予本级纪委委员撤销党内职务以上处分。

（七）研究决定常务委员会提请决定的事项，或者应当由全体会议决定的其他重要事项。

第十八条　【地方各级纪委常委会职权】地方各级纪律检查委员会常务委员会贯彻落实党中央决策部署以及中央纪委工作部署，落实同级党委、上级纪委、本级纪委全体会议的工作部署，向全体会议报告工作，接受监督。在全体会议闭会期间，行使本级纪律检查委员会职权，主要包括：

（一）讨论向同级党的代表大会的工作报告，向同级党委和上级纪委请示报告工作。

（二）召集全体会议，对拟提交全体会议讨论和决定的事项先行审议、提出意见。

（三）讨论和决定管辖范围内纪检监察工作的重要问题、重要事项。

（四）按照权限审议规范性文件。

（五）听取以本级纪委名义立案审查的有关案件情况通报。

（六）按照权限讨论和决定对违犯党纪的党组织、党员处理、处分等事项。

（七）决定给予本级纪委委员撤销党内职务以上处分，并报同级党委批准后，按照规定报上一级纪委备案或者批准，待召开本级纪委全体会议时予以追认。

（八）按照干部管理权限审议干部任免事项。

（九）研究决定应当由常务委员会决定的其他重要事项。

第十九条　【地方各级纪委参照本条例执行事项】地方各级纪律检查委员会委员的任职条件、履职要求，全体会议和常务委员会会议的召开、表决，以及机关机构设置等事项，参照本条例第九条、第十一条、第十三条、第十五条的规定执行。

第二十条 【基层纪委产生方式、任期和委员任职条件】党的基层委员会是设立纪律检查委员会，还是设立纪律检查委员，由它的上一级党组织根据有关规定和具体情况决定。

党的基层纪律检查委员会由党员大会或者党员代表大会选举产生，每届任期和同级党的委员会任期相同。

党的基层纪律检查委员会选出的书记、副书记，经同级党的委员会通过后，报上级党组织批准。

基层纪律检查委员会委员的任职条件、履职要求等事项，按照有关规定执行。

第二十一条 【基层纪委全体会议召开】党的基层纪律检查委员会根据需要及时召开全体会议，传达学习党中央决策部署以及中央纪委工作部署，传达学习同级党委和上级纪委的工作部署，提出贯彻落实的具体措施，研究讨论管辖范围内纪律检查工作的重要问题、重要事项，按照权限讨论或者决定对违犯党纪的党组织、党员处理、处分等事项。

第二十二条 【基层纪委运行方式】乡镇和企业、机关、高校等单位中的党的基层纪律检查委员会应当按照党章、本条例和其他党内法规的有关规定，结合实际建立健全议事规则、工作制度，注重发挥纪委委员在监督执纪、议事决策方面的作用，根据工作需要可以组织纪委委员参与监督执纪有关事项。

党的基层纪律检查委员会可以按照有关规定，设立必要的工作机构，配备专职工作人员。

党的基层纪律检查委员会应当指导和督促同级党的委员会所属基层党组织纪律检查委员履行职责、发挥作用。

第二十三条 【纪委委员辞职、免职及自动终止职务】因调离本地区、辞去公职、退休等原因不适宜继续担任纪律检查委员会委员职务的，应当辞去或者按照程序免去其纪委委员职务。死亡、丧失国籍、被追究刑事责任、被停止党籍、受到撤销党内职务以上处分的，其纪委委员职务自动终止。辞去、免去或者自动终止地方纪委委员、基层纪委委员职务的，应当报上一级党的委员会备案。

第四章 主 要 任 务

第二十四条 【各级纪委坚定维护党章和党内法规】党的各级纪律检查委员会坚定维护党章，促进党组织和党员牢固树立党章意识、严格遵守党章规定，发挥党章作为管党治党总章程的作用，以严明的纪律巩固党的团结统一。切实维护各项党内法规，有规必依、执规必严、违规必究，保证党内法规得到有效执行，促进依规治党。

第二十五条 【各级纪委确保党中央政令畅通、令行禁止】党的各级纪律检查委员会检查党的理论和路线方针政策的执行情况，坚持服务党和国家工作大局，坚决维护党中央权威和集中统一领导，推动党组织和党员统一意志、统一行动。加强对党中央决策部署落实情况的监督检查，坚持跟进监督、精准监督、全程监督，督促党组织和党员履职尽责、担当作为，确保党中央政令畅通、令行禁止。

第二十六条 【各级纪委协助同级党委推进全面从严治党】党的各级纪律检查委员会协助同级党的委员会推进全面从严治党：

（一）协助同级党委制定全面从严治党规划、计划，推动各项工作落实。

（二）推动全面从严治党主体责任制度执行，检查同级党委领导班子成员包括“一把手”管党治党责任落实情况，监督下级党组织落实主体责任情况。

(三) 加强对同级党委领导班子监督，发现班子成员包括“一把手”履职尽责、廉洁自律等方面重要问题，按照规定如实报告。

(四) 协助同级党委加强对本地区本单位政治生态、党风廉政等情况分析，有关问题向同级党委报告并提出意见建议。

(五) 协助同级党委开展巡视巡察工作。

(六) 对日常监督、巡视巡察、审计监督等发现问题整改情况开展检查，通过加强监督推动整改常态化。

(七) 协助起草相关党内法规和规范性文件。

(八) 参与党委组织的管党治党有关专项工作。

坚持履行协助职责和监督责任有机结合，促进全面从严治党党委主体责任和纪委监督责任贯通协同。

第二十七条　【各级纪委协助同级党委加强党风建设】党的各级纪律检查委员会协助同级党的委员会加强党风建设，锲而不舍落实中央八项规定精神，大力弘扬党的光荣传统和优良作风，驰而不息纠治形式主义、官僚主义、享乐主义和奢靡之风，坚决纠正损害群众利益的不正之风，保持党同人民群众的血肉联系。

第二十八条　【各级纪委协助同级党委组织协调反腐败工作】党的各级纪律检查委员会协助同级党的委员会组织协调反腐败工作，坚定不移推进反腐败斗争，坚持和完善党中央集中统一领导、各级党委统筹指挥、纪委监委组织协调、职能部门高效协同、人民群众支持参与的反腐败工作体制机制。

发挥党委反腐败协调机构的统筹协调作用，开展反腐败国际追逃追赃等工作，加强相关部门协作配合，增强反腐败整体合力。

第二十九条　【纪检工作基本方针和重要方略】党的纪律检查工作坚持把一体推进不敢腐、不能腐、不想腐作为反腐败斗争的基本方针、新时代全面从严治党的重要方略，惩治震慑、制度约束、提高觉悟一体发力，系统施治、标本兼治，努力取得更多制度性成果和更大治理成效：

（一）坚持无禁区、全覆盖、零容忍，坚持重遏制、强高压、长震慑，坚持受贿行贿一起查，巩固不敢腐。

（二）坚持将惩治腐败与深化改革、促进治理贯通起来，深入查找制度和体制机制存在的问题，推动补齐制度短板、堵塞监管漏洞、规范权力运行，强化不能腐。

（三）坚持教育党员、干部坚定理想信念宗旨，提高党性觉悟，提升道德修养，涵养廉洁文化，筑牢思想上拒腐防变的堤坝，自觉不想腐。

第三十条　【发挥纪检工作在党和国家监督体系中的重要作用】发挥党的纪律检查工作在党和国家监督体系中的重要作用，强化对权力运行的制约和监督，重点加强对领导干部特别是主要领导干部的监督，提升监督全覆盖质量，增强监督的政治性、严肃性、协同性、有效性。

深化纪检监察体制改革，推进纪律监督、监察监督、派驻监督、巡视监督统筹衔接，整合运用监督力量，构建系统集成、协同高效的监督机制。坚持以党内监督为主导，促进人大监督、民主监督、行政监督、司法监督、审计监督、财会监督、统计监督、群众监督、舆论监督等各类监督有机贯通、相互协调，健全信息沟通、线索移交、措施配合、成果共享等机制，形成常态长效的监督合力。

第五章　工 作 职 责

第三十一条　【工作职责、监督执纪“四种形态”运用机制】

党的各级纪律检查委员会围绕实现党章赋予的任务，坚持聚焦主责主业，履行监督、执纪、问责职责。

坚持把监督作为基本职责，抓早抓小、防微杜渐，综合考虑错误性质、情节后果、主观态度等因素，依规依纪依法、精准有效运用监督执纪“四种形态”：

（一）党员、干部有作风纪律方面的苗头性、倾向性问题或者轻微违纪问题，或者有一般违纪问题但具备免予处分情形的，运用监督执纪第一种形态，按照规定进行谈话提醒、批评教育、责令检查等，或者予以诫勉。

（二）党员、干部有一般违纪问题，或者违纪问题严重但具有主动交代等从轻减轻处分情形的，运用监督执纪第二种形态，按照规定给予警告、严重警告处分，或者建议单处、并处停职检查、调整职务、责令辞职、免职等处理。

（三）党员、干部有严重违纪问题，或者严重违纪并构成严重职务违法的，运用监督执纪第三种形态，按照规定给予撤销党内职务、留党察看、开除党籍处分，同时建议给予降职或者依法给予撤职、开除公职、调整其享受的待遇等处理。

（四）党员、干部严重违纪、涉嫌犯罪的，运用监督执纪第四种形态，按照规定给予开除党籍处分，同时依法给予开除公职、调整或者取消其享受的待遇等处理，再移送司法机关依法追究刑事责任。

第三十二条　【开展党章党规教育、纪律教育、警示教育】党的各级纪律检查委员会应当把自觉遵守纪律的教育作为基础性工作，经常开展党章党规教育，强化党的政治纪律、组织纪律、廉洁纪律、群众纪律、工作纪律、生活纪律教育，深入开展警示教育，以案明纪、以案说法。

开展廉政教育，加强全面从严治党、党风廉政建设和反腐败工作的形势任务以及家风家教等宣传教育，推进廉洁文化建设，营造崇廉拒腐氛围。

根据形势需要，着眼保障党的中心工作，作出维护党纪的决定，制定相关法规文件，严明纪律要求，教育、引导和规范党组织、党员行为。

第三十三条　【强化政治监督】党的纪律检查委员会应当强化政治监督，重点监督党组织、党员特别是领导干部以下情况：

（一）对党忠诚，坚持党的领导，贯彻落实党的理论和路线方针政策、党中央决策部署，践行“两个维护”的情况。

（二）坚定理想信念宗旨，牢记初心使命，践行入党誓词，坚持中国特色社会主义制度的情况。

（三）落实全面从严治党主体责任和监督责任的情况。

（四）贯彻执行民主集中制，公正用权、依法用权、廉洁用权、担当作为的情况。

政治监督应当突出“关键少数”，重点加强对“一把手”、同级党委特别是常委会委员的监督。

第三十四条　【日常监督、专项监督、基层监督】党的纪律检查委员会应当加强日常监督，监督方式主要包括：座谈，召集、参加或者列席会议，了解党内同志和社会群众反映；查阅查询相关资料和信息数据；现场调查，驻点监督；督促巡视巡察整改；谈心谈话，听取工作汇报，听取述责述廉；建立健全党员领导干部廉政档案，开展党风廉政意见回复等工作。

开展专项监督，针对落实党中央决策部署中的突出问题，行业性、系统性、区域性的管党治党重点问题，形式主义、官僚主义、享乐主义和奢靡之风问题，群众反映强烈、损害群众利益的突出问题加强监督检查。必要时，可以组织、参加或者督促开展集中整治、专项治理。

加强基层监督，促进基层监督资源和力量整合，发挥纪检监察、巡察等作用，有效衔接村（居）务监督，建立监督信息网络平台，扩大群众参与，及时发现、处理群众身边的腐败问题和不正之风。

第三十五条 【处理信访举报】 党的各级纪律检查委员会应当畅通信访举报渠道，依规依纪受理党员群众的信访举报，健全分办、交办、督办、反馈等工作机制。

对信访举报情况应当定期分析研判，对反映的典型性、普遍性、苗头性问题提出有针对性的工作建议，形成综合分析或者专题分析材料，向同级党委、上级纪委报告或者向有关党组织通报。

对于信访举报反映、监督执纪中发现以及巡视巡察机构和其他单位移交的问题线索，应当实行集中管理，采取谈话函询、初步核实、暂存待查、予以了结等方式分类处置，做到件件有着落。

第三十六条 【立案审查】 党的各级纪律检查委员会对反映党组织、党员的问题线索经过初步核实，对于涉嫌违纪、需要追究党纪责任的，应当按照规定予以立案审查。

各级纪律检查委员会按照管理权限，审查违反党章和其他党内法规的比较重要或者复杂的案件，主要包括：同级党委委员、候补委员，同级纪委委员，同级党委管理的党员干部，以及同级党委工作部门，同级党委批准设立的党组（党委），下一级党委、纪委等涉嫌违纪案件；案情重大复杂，需要采取重要审查措施的案件；同级党委、上级纪委交办的其他案件。

地方各级纪律检查委员会和基层纪律检查委员会对于处理涉及同级党委委员、候补委员，同级党委管理的正职领导干部，同级纪委常委、监委委员等人员的案件，以及涉及政治问题、国家安全等特别重要或者复杂案件中的问题和处理的结果，在向同级党委报告的同时，即向上级纪委一并报告。

纪律审查工作应当依规依纪采取谈话、查询、调取、暂扣、封存、勘验检查、鉴定等措施，以及通过要求相关组织作出说明等方式，收集证据，查明事实，处置违纪所得。

第三十七条　【纪律处理、处分程序】党的各级纪律检查委员会根据纪律审查结果，依据相关党内法规，对应当追究党纪责任的党组织和党员进行纪律处理、处分。

对于各级纪律检查委员会立案审查的党员，需要给予纪律处分的，一般由负责审查的纪委提出处分意见，经被审查人所在党支部的党员大会讨论形成决议，并按照规定报党的基层委员会批准或者有权处分的党组织审批。在特殊情况下，县级和县级以上各级纪委有权直接决定给予党员纪律处分，主要包括：案情涉密、敏感；违纪案件跨地区跨部门跨单位；违纪党员所在的基层党组织无法正常履行职责、不正确履行职责或者其负责人同违纪问题有关联；违纪党员为县级或者县级以上各级党委管理的党员干部；党章和其他党内法规明确规定的相关情况。

地方各级纪律检查委员会和基层纪律检查委员会对同级党的委员会处理案件的决定有不同意见的，可以请求上一级纪委予以复查。

建立健全处分决定执行公示、回访教育、情况报告和专项检查等制度，加强与相关党组织及职能部门的协作沟通，确保处分决定得到严格执行。

第三十八条　【问责调查】党的纪律检查委员会发现党组织、党的领导干部在党的建设、党的事业中失职失责的，应当依据相关党内法规开展问责调查，查明失职失责问题，向党的委员会提出责任追究的建议，或者按照规定的权限和程序作出问责决定。

第三十九条 【受理党员的控告和申诉】党的纪律检查委员会对于党员因合法权益受到党组织或者其他党员侵害提出的控告，按照规定予以受理，及时恰当进行处理。通过办理党员的控告发现的违纪违法问题，按照本章规定进行检查和处理。

对于党员因不服纪委或者其他党组织给予本人的处理、处分而提出的申诉，按照规定予以受理，进行复议复查。

第四十条 【加强监督检查，保障党员权利】党的各级纪律检查委员会应当依据相关党内法规，加强对党组织和领导干部履行保障党员权利工作职责的监督检查，依规依纪查处侵犯党员权利的行为。开展监督执纪工作，应当落实保障党员权利的规定和要求。

第四十一条 【对突出问题提出纪律检查建议，对普遍性、倾向性问题形成专题报告】在监督检查、纪律审查等过程中，应当注意查找分析监督对象所在党组织党风廉政建设、管理监督等方面存在的突出问题，采取制发纪律检查建议书或者其他适当方式，提出有关强化管党治党、净化政治生态、健全制度、整改纠正等意见建议，督促指导和推动有关地区、部门、单位党组织举一反三、切实整改。

对于涉及党的建设、党的事业的普遍性、倾向性问题，应当进行深入调研，形成专题报告，报送同级党委、上级纪委或者通报相关党组织，推动解决问题、规范决策、完善政策、健全制度。

第六章 派驻、派出机构

第四十二条 【派驻纪检监察组、派出纪检监察工作委员会的设置】党的中央纪律检查委员会国家监察委员会、地方各级纪律检查委员会监察委员会向同级党和国家机关全面派驻纪检监察组，按照规定可以向国有企业、事业单位等其他组织和单位派驻纪检监察组。

党的中央和地方各级委员会派出党的机关工作委员会、街道工作委员会等代表机关的，党的中央纪律检查委员会国家监察委员会、地方各级纪律检查委员会监察委员会可以相应派出纪检监察工作委员会。

第四十三条　【派驻机构和派出机构的性质、领导体制】派驻机构是派出它的党的纪律检查委员会监察委员会的组成部分，由派出机关直接领导、统一管理。

派出机构在派出它的党的纪律检查委员会监察委员会和本级党的工作委员会双重领导下进行工作。派出机构按照规定开展纪律检查工作，领导管辖范围内机关纪委等纪检机构的工作。

第四十四条　【派驻机构开展监督执纪问责工作的范围】派驻机构根据派出机关授权开展监督执纪问责工作：

（一）加强对驻在单位（含综合监督单位）的监督，重点对驻在单位领导班子及其成员、党组（党委）管理的领导班子及其成员等进行监督。

（二）监督促进驻在单位领导班子贯彻落实党的理论和路线方针政策、党中央决策部署，履行全面从严治党主体责任。

（三）经常、及时地向派出机关报告情况和问题。

（四）加强对驻在单位纪检机构的业务指导和监督检查，促进其履行监督责任。

（五）认真处理信访举报，对问题线索进行集中管理和处置。

（六）依规依纪开展纪律审查，严肃查处违纪问题。

（七）按照管理权限作出问责决定或者提出问责建议。

（八）协助驻在单位党组（党委）做好巡视巡察工作。

（九）完成派出机关交办的其他任务。

第四十五条 【健全派驻监督工作机制，开展派驻监督工作】 健全派驻监督工作机制，统筹协调派出机关内设监督检查室、派驻纪检监察组、地方纪检监察机关、巡视巡察机构等力量，通过“室组”联动监督、“室组地”联合办案等方式，提高派驻监督质量。

县（市、区）纪律检查委员会监察委员会开展派驻监督工作，应当保证派驻机构人员力量，推动监督工作向基层延伸，采取综合派驻、工作协作等方式，提升监督效能。

第七章 队伍建设和监督

第四十六条 【队伍建设的指导思想和根本要求】 党的各级纪律检查委员会必须坚持以习近平新时代中国特色社会主义思想武装头脑、指导实践、推动工作，突出抓好党的政治建设，教育引导纪检干部不断提高政治判断力、政治领悟力、政治执行力，带头践行“两个维护”，敢于善于斗争，做到忠诚干净担当。

第四十七条 【贯彻新时代党的组织路线】 贯彻新时代党的组织路线，坚持党管干部，严把干部准入关，加强思想淬炼、政治历练、实践锻炼、专业训练，加强理论研究和学科建设，提高把握政策、监督执纪、做思想政治工作等能力，建设高素质专业化干部队伍。

第四十八条 【加强作风建设和纪律建设】 加强作风建设和纪律建设，保证纪检干部严守政治纪律和政治规矩，模范遵守党的纪律和国家法律，坚持实事求是，深入开展调查研究，密切联系群众，树立纪律严明、作风深入、工作扎实、谦虚谨慎、秉公执纪的良好形象。

第四十九条 【加强监督执纪规范化建设】 加强监督执纪规范

化建设，健全法规制度，规范工作流程，牢固树立法治意识、程序意识、证据意识，依规依纪依法行使纪律检查权。

第五十条　【内部监督和外部监督】党的纪律检查委员会必须接受最严格的约束和监督，在同级党委和上级纪委的领导、监督下强化自我监督，自觉接受党的组织和党员的监督。建立完善监督检查、审查调查、案件监督管理、案件审理相互协调、相互制约的工作机制，发挥内设干部监督机构、机关纪委等作用，加大监管和自我净化力度，坚决防治“灯下黑”。

党的纪律检查委员会应当自觉接受民主监督、群众监督、舆论监督等各方面监督。任何单位和个人对纪检机关、纪检干部的违纪违法行为，有权提出检举、控告。

第五十一条　【纪检干部打听案情、过问案件、说情干预问题报告制度】严格执行纪检干部打听案情、过问案件、说情干预问题报告制度，有关情况应当登记备案。

纪检干部发现审查组工作人员未经批准接触被审查人、涉案人员及其特定关系人，或者存在交往情形的，应当及时报告并登记备案。

第五十二条　【履职回避制度】办理纪检事项的纪检干部存在可能影响事项公正处理情形的，应当主动申请回避，被审查人、检举控告人以及其他有关人员也有权要求其回避。

第五十三条　【保密制度、离职后从业限制】纪检干部应当严格执行保密制度，不准私自留存、隐匿、查阅、摘抄、复制、携带问题线索和涉案资料，严禁泄露审查工作情况。

纪检干部离职的，应当严格遵守有关离职后从业限制的规定，三年内不得从事与纪律检查工作相关的职业。

第五十四条　【安全责任制】建立健全安全责任制，严格防范发生审查安全事故。组织开展经常性检查和不定期抽查，发现问题及时督促整改。

第五十五条　【对以案谋私、跑风漏气、滥用职权、失职失责等行为的处理】纪检干部有以案谋私、跑风漏气、滥用职权以及其他违规违纪违法行为的，必须严肃查处；构成犯罪的，依法追究刑事责任。

纪检机关及其领导干部履行职责过程中失职失责造成严重后果或者恶劣影响的，应当严肃问责。

第八章　附　则

第五十六条　【参照执行本条例】新疆生产建设兵团党的各级纪律检查委员会，党的地区纪律检查委员会和相当于地区纪委的其他纪律检查委员会，党组（党委）纪检组（纪委），纪律检查委员，参照执行本条例。

第五十七条　【中央军事委员会根据本条例制定相关规定】中央军事委员会可以根据本条例，制定相关规定。

第五十八条　【本条例的解释权】本条例由中央纪律检查委员会负责解释。

第五十九条　【施行时间】本条例自发布之日起施行。

中国共产党纪律检查机关监督执纪工作规则

（2018 年 11 月 26 日中共中央政治局会议审议批准
2018 年 12 月 28 日中共中央办公厅发布）

第一章　总　　则

第一条　【制定目的和依据】为了加强党对纪律检查和国家监察工作的统一领导，加强党的纪律建设，推进全面从严治党，规范纪检监察机关监督执纪工作，根据《中国共产党章程》和有关法律，结合纪检监察体制改革和监督执纪工作实践，制定本规则。

第二条　【指导思想】坚持以马克思列宁主义、毛泽东思想、邓小平理论、“三个代表”重要思想、科学发展观、习近平新时代中国特色社会主义思想为指导，全面贯彻纪律检查委员会和监察委员会合署办公要求，依规依纪依法严格监督执纪，坚持打铁必须自身硬，把权力关进制度笼子，建设忠诚干净担当的纪检监察干部队伍。

第三条　【监督执纪工作原则】监督执纪工作应当遵循以下原则：

（一）坚持和加强党的全面领导，牢固树立政治意识、大局意识、核心意识、看齐意识，坚定中国特色社会主义道路自信、理论自信、制度自信、文化自信，坚决维护习近平总书记党中央的核心、全党的核心地位，坚决维护党中央权威和集中统一领导，严守政治纪律和政治规矩，体现监督执纪工作的政治性，构建党统一指挥、全面覆盖、权威高效的监督体系；

（二）坚持纪律检查工作双重领导体制，监督执纪工作以上级纪委领导为主，线索处置、立案审查等在向同级党委报告的同时应当向上级纪委报告；

（三）坚持实事求是，以事实为依据，以党章党规党纪和国家法律法规为准绳，强化监督、严格执纪，把握政策、宽严相济，对主动投案、主动交代问题的宽大处理，对拒不交代、欺瞒组织的从严处理；

（四）坚持信任不能代替监督，执纪者必先守纪，以更高的标准、更严的要求约束自己，严格工作程序，有效管控风险，强化对监督执纪各环节的监督制约，确保监督执纪工作经得起历史和人民的检验。

第四条　【监督执纪工作方针和政策策略】坚持惩前毖后、治病救人，把纪律挺在前面，精准有效运用监督执纪“四种形态”，把思想政治工作贯穿监督执纪全过程，严管和厚爱结合，激励和约束并重，注重教育转化，促使党员自觉防止和纠正违纪行为，惩治极少数，教育大多数，实现政治效果、纪法效果和社会效果相统一。

第二章　领导体制

第五条　【纪委监委领导体制】中央纪律检查委员会在党中央领导下进行工作。地方各级纪律检查委员会和基层纪律检查委员会在同级党的委员会和上级纪律检查委员会双重领导下进行工作。

党委应当定期听取、审议同级纪律检查委员会和监察委员会的工作报告，加强对纪委监委工作的领导、管理和监督。

第六条　【纪检监察机关职责定位】党的纪律检查机关和国家监察机关是党和国家自我监督的专责机关，中央纪委和地方各级纪委贯彻党中央关于国家监察工作的决策部署，审议决定监委依法履职中的重要事项，把执纪和执法贯通起来，实现党内监督和国家监察的有机统一。

第七条 【监督执纪工作分级负责制】监督执纪工作实行分级负责制：

（一）中央纪委国家监委负责监督检查和审查调查中央委员、候补中央委员，中央纪委委员，中央管理的领导干部，党中央工作部门、党中央批准设立的党组（党委），各省、自治区、直辖市党委、纪委等党组织的涉嫌违纪或者职务违法、职务犯罪问题。

（二）地方各级纪委监委负责监督检查和审查调查同级党委委员、候补委员，同级纪委委员，同级党委管理的党员、干部以及监察对象，同级党委工作部门、党委批准设立的党组（党委），下一级党委、纪委等党组织的涉嫌违纪或者职务违法、职务犯罪问题。

（三）基层纪委负责监督检查和审查同级党委管理的党员，同级党委下属的各级党组织的涉嫌违纪问题；未设立纪律检查委员会的党的基层委员会，由该委员会负责监督执纪工作。

地方各级纪委监委依照规定加强对同级党委履行职责、行使权力情况的监督。

第八条 【谁主管谁负责的管辖原则】对党的组织关系在地方、干部管理权限在主管部门的党员、干部以及监察对象涉嫌违纪违法问题，应当按照谁主管谁负责的原则进行监督执纪，由设在主管部门、有管辖权的纪检监察机关进行审查调查，主管部门认为有必要的，可以与地方纪检监察机关联合审查调查。地方纪检监察机关接到问题线索反映的，经与主管部门协调，可以对其进行审查调查，也可以与主管部门组成联合审查调查组，审查调查情况及时向对方通报。

第九条 【指定管辖、提级管辖、报请提级管辖】上级纪检监察机关有权指定下级纪检监察机关对其他下级纪检监察机关管辖的党组织和党员、干部以及监察对象涉嫌违纪或者职务违法、职务犯罪问题进行审查调查，必要时也可以直接进行审查调查。上级纪检监察机关可以将其直接管辖的事项指定下级纪检监察机关进行审查调查。

纪检监察机关之间对管辖事项有争议的，由其共同的上级纪检监察机关确定；认为所管辖的事项重大、复杂，需要由上级纪检监察机关管辖的，可以报请上级纪检监察机关管辖。

第十条　【请示报告制度、坚持民主集中制】纪检监察机关应当严格执行请示报告制度。中央纪委定期向党中央报告工作，研究涉及全局的重大事项、遇有重要问题以及作出立案审查调查决定、给予党纪政务处分等事项应当及时向党中央请示报告，既要报告结果也要报告过程。执行党中央重要决定的情况应当专题报告。

地方各级纪检监察机关对作出立案审查调查决定、给予党纪政务处分等重要事项，应当向同级党委请示汇报并向上级纪委监委报告，形成明确意见后再正式行文请示。遇有重要事项应当及时报告。

纪检监察机关应当坚持民主集中制，对于线索处置、谈话函询、初步核实、立案审查调查、案件审理、处置执行中的重要问题，经集体研究后，报纪检监察机关相关负责人、主要负责人审批。

第十一条　【纪检监察机关工作机制及有关组织单位、个人的协助义务】纪检监察机关应当建立监督检查、审查调查、案件监督管理、案件审理相互协调、相互制约的工作机制。市地级以上纪委监委实行监督检查和审查调查部门分设，监督检查部门主要负责联系地区和部门、单位的日常监督检查和对涉嫌一般违纪问题线索处置，审查调查部门主要负责对涉嫌严重违纪或者职务违法、职务犯罪问题线索进行初步核实和立案审查调查；案件监督管理部门负责对监督检查、审查调查工作全过程进行监督管理，案件审理部门负责对需要给予党纪政务处分的案件审核把关。

纪检监察机关在工作中需要协助的，有关组织和机关、单位、个人应当依规依纪依法予以协助。

第十二条 【案件监督管理部门、党风政风监督部门职责】纪检监察机关案件监督管理部门负责对监督执纪工作全过程进行监督管理，做好线索管理、组织协调、监督检查、督促办理、统计分析等工作。党风政风监督部门应当加强对党风政风建设的综合协调，做好督促检查、通报曝光和综合分析等工作。

第三章 监督检查

第十三条 【监督检查职责和重点检查内容】党委（党组）在党内监督中履行主体责任，纪检监察机关履行监督责任，应当将纪律监督、监察监督、巡视监督、派驻监督结合起来，重点检查遵守、执行党章党规党纪和宪法法律法规，坚定理想信念，增强“四个意识”，坚定“四个自信”，维护习近平总书记核心地位，维护党中央权威和集中统一领导，贯彻执行党和国家的路线方针政策以及重大决策部署，坚持主动作为、真抓实干，落实全面从严治党责任、民主集中制原则、选人用人规定以及中央八项规定精神，巡视巡察整改，依法履职、秉公用权、廉洁从政从业以及恪守社会道德规范等情况，对发现的问题分类处置、督促整改。

第十四条 【定期召开专题会议听取加强党内监督情况专题报告】纪委监委（纪检监察组、纪检监察工委）报请或者会同党委（党组）定期召开专题会议，听取加强党内监督情况专题报告，综合分析所联系的地区、部门、单位政治生态状况，提出加强和改进的意见及工作措施，抓好组织实施和督促检查。

第十五条 【加强日常监督】纪检监察机关应当结合被监督对象的职责，加强对行使权力情况的日常监督，通过多种方式了解被监督对象的思想、工作、作风、生活情况，发现苗头性、倾向性问题或者轻微违纪问题，应当及时约谈提醒、批评教育、责令检查、诫勉谈话，提高监督的针对性和实效性。

第十六条 【畅通信访举报渠道】纪检监察机关应当畅通来信、来访、来电和网络等举报渠道，建设覆盖纪检监察系统的检举举报平台，及时受理检举控告，发挥党员和群众的监督作用。

第十七条 【建立健全党员领导干部廉政档案】纪检监察机关应当建立健全党员领导干部廉政档案，主要内容包括：

（一）任免情况、人事档案情况、因不如实报告个人有关事项受到处理的情况等；

（二）巡视巡察、信访、案件监督管理以及其他方面移交的问题线索和处置情况；

（三）开展谈话函询、初步核实、审查调查以及其他工作形成的有关材料；

（四）党风廉政意见回复材料；

（五）其他反映廉政情况的材料。

廉政档案应当动态更新。

第十八条 【干部选拔任用党风廉政意见回复工作】纪检监察机关应当做好干部选拔任用党风廉政意见回复工作，对反映问题线索认真核查，综合用好巡视巡察等其他监督成果，严把政治关、品行关、作风关、廉洁关。

第十九条 【对监督中发现的突出问题督促整改】纪检监察机

关对监督中发现的突出问题，应当向有关党组织或者单位提出纪律检查建议或者监察建议，通过督促召开专题民主生活会、组织开展专项检查等方式，督查督办，推动整改。

第四章 线索处置

第二十条 【信访举报归口受理和问题线索管理处置工作要求】 纪检监察机关应当加强对问题线索的集中管理、分类处置、定期清理。信访举报部门归口受理同级党委管理的党组织和党员、干部以及监察对象涉嫌违纪或者职务违法、职务犯罪问题的信访举报，统一接收有关纪检监察机关、派驻或者派出机构以及其他单位移交的相关信访举报，移送本机关有关部门，深入分析信访形势，及时反映损害群众最关心、最直接、最现实的利益问题。

巡视巡察工作机构和审计机关、行政执法机关、司法机关等单位发现涉嫌违纪或者职务违法、职务犯罪问题线索，应当及时移交纪检监察机关案件监督管理部门统一办理。

监督检查部门、审查调查部门、干部监督部门发现的相关问题线索，属于本部门受理范围的，应当送案件监督管理部门备案；不属于本部门受理范围的，经审批后移送案件监督管理部门，由其按程序转交相关监督执纪部门办理。

第二十一条 【问题线索处置方式和处置时限】 纪检监察机关应当结合问题线索所涉及地区、部门、单位总体情况，综合分析，按照谈话函询、初步核实、暂存待查、予以了结 4 类方式进行处置。

线索处置不得拖延和积压，处置意见应当在收到问题线索之日起 1 个月内提出，并制定处置方案，履行审批手续。

第二十二条 【向上级纪检监察机关报告有关重点对象问题线

索和线索处置情况】纪检监察机关对反映同级党委委员、候补委员，纪委常委、监委委员，以及所辖地区、部门、单位主要负责人的问题线索和线索处置情况，应当及时向上级纪检监察机关报告。

第二十三条 【案件监督管理部门、承办部门管理问题线索相关工作要求】案件监督管理部门对问题线索实行集中管理、动态更新、定期汇总核对，提出分办意见，报纪检监察机关主要负责人批准，按程序移送承办部门。承办部门应当指定专人负责管理问题线索，逐件编号登记、建立管理台账。线索管理处置各环节应当由经手人员签名，全程登记备查。

第二十四条 【问题线索专题会议制度】纪检监察机关应当根据工作需要，定期召开专题会议，听取问题线索综合情况汇报，进行分析研判，对重要检举事项和反映问题集中的领域深入研究，提出处置要求，做到件件有着落。

第二十五条 【问题线索处置归档工作和汇总核对、报告工作】承办部门应当做好线索处置归档工作，归档材料齐全完整，载明领导批示和处置过程。案件监督管理部门定期汇总、核对问题线索及处置情况，向纪检监察机关主要负责人报告，并向相关部门通报。

第五章 谈话函询

第二十六条 【开展谈话函询总体要求】各级党委（党组）和纪检监察机关应当推动加强和规范党内政治生活，经常拿起批评和自我批评的武器，及时开展谈话提醒、约谈函询，促使党员、干部以及监察对象增强党的观念和纪律意识。

第二十七条 【谈话函询报批程序】纪检监察机关采取谈话函询方式处置问题线索，应当起草谈话函询报批请示，拟订谈话方案和相关工作预案，按程序报批。需要谈话函询下一级党委（党组）主要负责人的，应当报纪检监察机关主要负责人批准，必要时向同级党委主要负责人报告。

第二十八条　【采取谈话方式处置问题线索的谈话主体、场所和有关要求】谈话应当由纪检监察机关相关负责人或者承办部门负责人进行，可以由被谈话人所在党委（党组）、纪委监委（纪检监察组、纪检监察工委）有关负责人陪同；经批准也可以委托被谈话人所在党委（党组）主要负责人进行。

谈话应当在具备安全保障条件的场所进行。由纪检监察机关谈话的，应当制作谈话笔录，谈话后可以视情况由被谈话人写出书面说明。

第二十九条　【函询程序要求】纪检监察机关进行函询应当以办公厅（室）名义发函给被反映人，并抄送其所在党委（党组）和派驻纪检监察组主要负责人。被函询人应当在收到函件后15个工作日内写出说明材料，由其所在党委（党组）主要负责人签署意见后发函回复。

被函询人为党委（党组）主要负责人的，或者被函询人所作说明涉及党委（党组）主要负责人的，应当直接发函回复纪检监察机关。

第三十条　【谈话函询后处理方式】承办部门应当在谈话结束或者收到函询回复后1个月内写出情况报告和处置意见，按程序报批。根据不同情形作出相应处理：

（一）反映不实，或者没有证据证明存在问题的，予以采信了结，并向被函询人发函反馈。

（二）问题轻微，不需要追究纪律责任的，采取谈话提醒、批评教育、责令检查、诫勉谈话等方式处理。

（三）反映问题比较具体，但被反映人予以否认且否认理由不充分具体的，或者说明存在明显问题的，一般应当再次谈话或者函询；发现被反映人涉嫌违纪或者职务违法、职务犯罪问题需要追究纪律和法律责任的，应当提出初步核实的建议。

（四）对诬告陷害者，依规依纪依法予以查处。

必要时可以对被反映人谈话函询的说明情况进行抽查核实。

谈话函询材料应当存入廉政档案。

第三十一条 【被谈话函询的党员干部在民主生活会、组织生活会上作说明】被谈话函询的党员干部应当在民主生活会、组织生活会上就本年度或者上年度谈话函询问题进行说明，讲清组织予以采信了结的情况；存在违纪问题的，应当进行自我批评，作出检讨。

第六章 初步核实

第三十二条 【初步核实总体要求】党委（党组）、纪委监委（纪检监察组）应当对具有可查性的涉嫌违纪或者职务违法、职务犯罪问题线索，扎实开展初步核实工作，收集客观性证据，确保真实性和准确性。

第三十三条 【初步核实的准备和报批】纪检监察机关采取初步核实方式处置问题线索，应当制定工作方案，成立核查组，履行审批程序。被核查人为下一级党委（党组）主要负责人的，纪检监察机关应当报同级党委主要负责人批准。

第三十四条 【初步核实措施】核查组经批准可以采取必要措施收集证据，与相关人员谈话了解情况，要求相关组织作出说明，调取个人有关事项报告，查阅复制文件、账目、档案等资料，查核资产情况和有关信息，进行鉴定勘验。对被核查人及相关人员主动上交的财物，核查组应当予以暂扣。

需要采取技术调查或者限制出境等措施的，纪检监察机关应当严格履行审批手续，交有关机关执行。

第三十五条　【初步核实工作结束后的报告、处置及审批】 初步核实工作结束后，核查组应当撰写初步核实情况报告，列明被核查人基本情况、反映的主要问题、办理依据以及初步核实结果、存在疑点、处理建议，由核查组全体人员签名备查。

承办部门应当综合分析初步核实情况，按照拟立案审查调查、予以了结、谈话提醒、暂存待查，或者移送有关党组织处理等方式提出处置建议。

初步核实情况报告应当报纪检监察机关主要负责人审批，必要时向同级党委主要负责人报告。

第七章　审 查 调 查

第三十六条　【党委（党组）加强对审查调查工作领导总体要求】 党委（党组）应当按照管理权限，加强对党员、干部以及监察对象涉嫌严重违纪或者职务违法、职务犯罪问题审查调查处置工作，定期听取重大案件情况报告，加强反腐败协调机构的机制建设，坚定不移、精准有序惩治腐败。

第三十七条　【立案标准和立案条件】 纪检监察机关经过初步核实，对党员、干部以及监察对象涉嫌违纪或者职务违法、职务犯罪，需要追究纪律或者法律责任的，应当立案审查调查。

凡报请批准立案的，应当已经掌握部分违纪或者职务违法、职务犯罪事实和证据，具备进行审查调查的条件。

第三十八条　【立案报批程序】 对符合立案条件的，承办部门应当起草立案审查调查呈批报告，经纪检监察机关主要负责人审批，报同级党委主要负责人批准，予以立案审查调查。

立案审查调查决定应当向被审查调查人宣布，并向被审查调查人所在党委（党组）主要负责人通报。

第三十九条　【纪检监察机关主要负责人、相关负责人，监督检查、审查调查部门主要负责人，以及审查调查组组长审查调查权限划分】 对涉嫌严重违纪或者职务违法、职务犯罪人员立案审查调查，纪检监察机关主要负责人应当主持召开由纪检监察机关相关负责人参加的专题会议，研究批准审查调查方案。

纪检监察机关相关负责人批准成立审查调查组，确定审查调查谈话方案、外查方案，审批重要信息查询、涉案财物查扣等事项。

监督检查、审查调查部门主要负责人组织研究提出审查调查谈话方案、外查方案和处置意见建议，审批一般信息查询，对调查取证审核把关。

审查调查组组长应当严格执行审查调查方案，不得擅自更改；以书面形式报告审查调查进展情况，遇有重要事项及时请示。

第四十条　【审查调查措施使用及监督管理】 审查调查组可以依照党章党规和监察法，经审批进行谈话、讯问、询问、留置、查询、冻结、搜查、调取、查封、扣押（暂扣、封存）、勘验检查、鉴定，提请有关机关采取技术调查、通缉、限制出境等措施。

承办部门应当建立台账，记录使用措施情况，向案件监督管理部门定期备案。

案件监督管理部门应当核对检查，定期汇总重要措施使用情况并报告纪委监委领导和上一级纪检监察机关，发现违规违纪违法使用措施的，区分不同情况进行处理，防止擅自扩大范围、延长时限。

第四十一条　【采取留置措施按要求通知所在单位和家属并公

布】 需要对被审查调查人采取留置措施的，应当依据监察法进行，在24小时内通知其所在单位和家属，并及时向社会公开发布。因可能毁灭、伪造证据，干扰证人作证或者串供等有碍调查情形而不宜通知或者公开的，应当按程序报批并记录在案。有碍调查的情形消失后，应当立即通知被留置人员所在单位和家属。

第四十二条　【开展审查调查工作要求】 审查调查工作应当依照规定由两人以上进行，按照规定出示证件，出具书面通知。

第四十三条　【向被审查调查人宣布立案决定和保障被审查调查人权益】 立案审查调查方案批准后，应当由纪检监察机关相关负责人或者部门负责人与被审查调查人谈话，宣布立案决定，讲明党的政策和纪律，要求被审查调查人端正态度、配合审查调查。

审查调查应当充分听取被审查调查人陈述，保障其饮食、休息，提供医疗服务，确保安全。严格禁止使用违反党章党规党纪和国家法律的手段，严禁逼供、诱供、侮辱、打骂、虐待、体罚或者变相体罚。

第四十四条　【对被审查调查人开展思想政治工作】 审查调查期间，对被审查调查人以同志相称，安排学习党章党规党纪以及相关法律法规，开展理想信念宗旨教育，通过深入细致的思想政治工作，促使其深刻反省、认识错误、交代问题，写出忏悔反思材料。

第四十五条　【外查工作要求】 外查工作必须严格按照外查方案执行，不得随意扩大审查调查范围、变更审查调查对象和事项，重要事项应当及时请示报告。

外查工作期间，未经批准，监督执纪人员不得单独接触任何涉案人员及其特定关系人，不得擅自采取审查调查措施，不得从事与外查事项无关的活动。

第四十六条　【取证工作要求】 纪检监察机关应当严格依规依

纪依法收集、鉴别证据，做到全面、客观，形成相互印证、完整稳定的证据链。

调查取证应当收集原物原件，逐件清点编号，现场登记，由在场人员签字盖章，原物不便搬运、保存或者取得原件确有困难的，可以将原物封存并拍照录像或者调取原件副本、复印件；谈话应当现场制作谈话笔录并由被谈话人阅看后签字。已调取证据必须及时交审查调查组统一保管。

严禁以威胁、引诱、欺骗以及其他违规违纪违法方式收集证据；严禁隐匿、损毁、篡改、伪造证据。

第四十七条　【涉案财物查封、扣押、冻结、移交和保管】查封、扣押（暂扣、封存）、冻结、移交涉案财物，应当严格履行审批手续。

执行查封、扣押（暂扣、封存）措施，监督执纪人员应当会同原财物持有人或者保管人、见证人，当面逐一拍照、登记、编号，现场填写登记表，由在场人员签名。对价值不明物品应当及时鉴定，专门封存保管。

纪检监察机关应当设立专用账户、专门场所，指定专门人员保管涉案财物，严格履行交接、调取手续，定期对账核实。严禁私自占有、处置涉案财物及其孳息。

第四十八条　【对重要取证工作全过程录音录像要求】对涉嫌严重违纪或者职务违法、职务犯罪问题的审查调查谈话、搜查、查封、扣押（暂扣、封存）涉案财物等重要取证工作应当全过程进行录音录像，并妥善保管，及时归档，案件监督管理部门定期核查。

第四十九条　【审查调查谈话场所及相关要求】对涉嫌严重违纪或者职务违法、职务犯罪问题的审查调查，监督执纪人员未经批准并办理相关手续，不得将被审查调查人或者其他重要的谈话、询问对象带离规定的谈话场所，不得在未配置监控设备的场所进行审查调查谈话或者其他重要的谈话、询问，不得在谈话期间关闭录音录像设备。

第五十条　【加强对审查调查全过程监督】监督检查、审查调查部门主要负责人、分管领导应当定期检查审查调查期间的录音录像、谈话笔录、涉案财物登记资料，发现问题及时纠正并报告。

纪检监察机关相关负责人应当通过调取录音录像等方式，加强对审查调查全过程的监督。

第五十一条　【审查调查报告要求】查明涉嫌违纪或者职务违法、职务犯罪问题后，审查调查组应当撰写事实材料，与被审查调查人见面，听取意见。被审查调查人应当在事实材料上签署意见，对签署不同意见或者拒不签署意见的，审查调查组应当作出说明或者注明情况。

审查调查工作结束，审查调查组应当集体讨论，形成审查调查报告，列明被审查调查人基本情况、问题线索来源及审查调查依据、审查调查过程，主要违纪或者职务违法、职务犯罪事实，被审查调查人的态度和认识，处理建议及党纪法律依据，并由审查调查组组长以及有关人员签名。

对审查调查过程中发现的重要问题和意见建议，应当形成专题报告。

第五十二条　【审查调查结束后移送审理和归档】审查调查报告以及忏悔反思材料，违纪或者职务违法、职务犯罪事实材料，涉案财物报告等，应当按程序报纪检监察机关主要负责人批准，连同全部证据和程序材料，依照规定移送审理。

审查调查全过程形成的材料应当案结卷成、事毕归档。

第八章　审　　理

第五十三条　【审理工作要求和贯彻民主集中制原则】 纪检监察机关应当对涉嫌违纪或者违法、犯罪案件严格依规依纪依法审核把关，提出纪律处理或者处分的意见，做到事实清楚、证据确凿、定性准确、处理恰当、手续完备、程序合规。

纪律处理或者处分必须坚持民主集中制原则，集体讨论决定，不允许任何个人或者少数人决定和批准。

第五十四条　【审查调查与审理相分离原则、案件审理部门审核处理职责】 坚持审查调查与审理相分离的原则，审查调查人员不得参与审理。纪检监察机关案件审理部门对涉嫌违纪或者职务违法、职务犯罪问题，依照规定应当给予纪律处理或者处分的案件和复议复查案件进行审核处理。

第五十五条　【审理工作程序】 审理工作按照以下程序进行：

（一）案件审理部门收到审查调查报告后，经审核符合移送条件的予以受理，不符合移送条件的可以暂缓受理或者不予受理。

（二）对于重大、复杂、疑难案件，监督检查、审查调查部门已查清主要违纪或者职务违法、职务犯罪事实并提出倾向性意见的；对涉嫌违纪或者职务违法、职务犯罪行为性质认定分歧较大的，经批准案件审理部门可以提前介入。

（三）案件审理部门受理案件后，应当成立由两人以上组成的审理组，全面审理案卷材料，提出审理意见。

（四）坚持集体审议原则，在民主讨论基础上形成处理意见；对争议较大的应当及时报告，形成一致意见后再作出决定。案件审理部门根据案件审理情况，应当与被审查调查人谈话，核对违纪或者职务违法、职务犯罪事实，听取辩解意见，了解有关情况。

（五）对主要事实不清、证据不足的，经纪检监察机关主要负责人批准，退回监督检查、审查调查部门重新审查调查；需要补充完善证据的，经纪检监察机关相关负责人批准，退回监督检查、审查调查部门补充审查调查。

（六）审理工作结束后应当形成审理报告，内容包括被审查调查人基本情况、审查调查简况、违纪违法或者职务犯罪事实、涉案财物处置、监督检查或者审查调查部门意见、审理意见等。审理报告应当体现党内审查特色，依据《中国共产党纪律处分条例》认定违纪事实性质，分析被审查调查人违反党章、背离党的性质宗旨的错误本质，反映其态度、认识以及思想转变过程。涉嫌职务犯罪需要追究刑事责任的，还应当形成《起诉意见书》，作为审理报告附件。

对给予同级党委委员、候补委员，同级纪委委员、监委委员处分的，在同级党委审议前，应当与上级纪委监委沟通并形成处理意见。

审理工作应当在受理之日起 1 个月内完成，重大复杂案件经批准可以适当延长。

第五十六条　【审议审理报告、审理报告征求意见以及下达处分决定】审理报告报经纪检监察机关主要负责人批准后，提请纪委常委会会议审议。需报同级党委审批的，应当在报批前以纪检监察机关办公厅（室）名义征求同级党委组织部门和被审查调查人所在党委（党组）意见。

处分决定作出后，纪检监察机关应当通知受处分党员所在党委（党组），抄送同级党委组织部门，并依照规定在 1 个月内向其所在党的基层组织中的全体党员以及本人宣布。处分决定执行情况应当及时报告。

第五十七条　【职务犯罪案件移送司法机关】被审查调查人涉嫌职务犯罪的，应当由案件监督管理部门协调办理移送司法机关事宜。对于采取留置措施的案件，在人民检察院对犯罪嫌疑人先行拘留后，留置措施自动解除。

案件移送司法机关后，审查调查部门应当跟踪了解处理情况，发现问题及时报告，不得违规过问、干预处理工作。

审理工作完成后，对涉及的其他问题线索，经批准应当及时移送有关纪检监察机关处置。

第五十八条　【处理被审查调查人涉案财物】对被审查调查人违规违纪违法所得财物，应当依规依纪依法予以收缴、责令退赔或者登记上交。

对涉嫌职务犯罪所得财物，应当随案移送司法机关。

对经认定不属于违规违纪违法所得的，应当在案件审结后依规依纪依法予以返还，并办理签收手续。

第五十九条　【申诉、复议复查】对不服处分决定的申诉，由批准或者决定处分的党委（党组）或者纪检监察机关受理；需要复议复查的，由纪检监察机关相关负责人批准后受理。

申诉办理部门成立复查组，调阅原案案卷，必要时可以进行取证，经集体研究后，提出办理意见，报纪检监察机关相关负责人批准或者纪委常委会会议研究决定，作出复议复查决定。决定应当告知申诉人，抄送相关单位，并在一定范围内宣布。

坚持复议复查与审查审理分离，原案审查、审理人员不得参与复议复查。

复议复查工作应当在3个月内办结。

第九章　监督管理

第六十条　【强化自我监督】纪检监察机关应当严格依照党内法规和国家法律，在行使权力上慎之又慎，在自我约束上严之又严，强化自我监督，健全内控机制，自觉接受党内监督、社会监督、群众监督，确保权力受到严格约束，坚决防止“灯下黑”。

纪检监察机关应当加强对监督执纪工作的领导，切实履行自身建设主体责任，严格教育、管理、监督，使纪检监察干部成为严守纪律、改进作风、拒腐防变的表率。

第六十一条　【严格干部准入制度】纪检监察机关应当严格干部准入制度，严把政治安全关，纪检监察干部必须忠诚坚定、担当尽责、遵纪守法、清正廉洁，具备履行职责的基本条件。

第六十二条　【加强党的政治建设、思想建设、组织建设以及审查调查组设立临时党支部】纪检监察机关应当加强党的政治建设、思想建设、组织建设，突出政治功能，强化政治引领。审查调查组有正式党员3人以上的，应当设立临时党支部，加强对审查调查组成员的教育、管理、监督，开展政策理论学习，做好思想政治工作，及时发现问题、进行批评纠正，发挥战斗堡垒作用。

第六十三条　【加强干部队伍作风建设】纪检监察机关应当加强干部队伍作风建设，树立依规依法、纪律严明、作风深入、工作扎实、谦虚谨慎、秉公执纪的良好形象，力戒形式主义、官僚主义，力戒特权思想，力戒口大气粗、颐指气使，不断提高思想政治水平和把握政策能力，建设让党放心、人民信赖的纪检监察干部队伍。

第六十四条　【纪检监察干部打听案情、过问案件、说情干预，以及私自接触被审查调查人等情况的报告和登记备案】对纪检监察干部打听案情、过问案件、说情干预的，受请托人应当向审查调查组组长和监督检查、审查调查部门主要负责人报告并登记备案。

发现审查调查组成员未经批准接触被审查调查人、涉案人员及其特定关系人，或者存在交往情形的，应当及时向审查调查组组长和监督检查、审查调查部门主要负责人直至纪检监察机关主要负责人报告并登记备案。

第六十五条 【回避制度】 严格执行回避制度。审查调查审理人员是被审查调查人或者检举人近亲属、本案证人、利害关系人，或者存在其他可能影响公正审查调查审理情形的，不得参与相关审查调查审理工作，应当主动申请回避，被审查调查人、检举人以及其他有关人员也有权要求其回避。选用借调人员、看护人员、审查场所，应当严格执行回避制度。

第六十六条 【借调人员的选用和管理监督】 审查调查组需要借调人员的，一般应当从审查调查人才库选用，由纪检监察机关组织部门办理手续，实行一案一借，不得连续多次借调。加强对借调人员的管理监督，借调结束后由审查调查组写出鉴定。借调单位和党员干部不得干预借调人员岗位调整、职务晋升等事项。

第六十七条 【保密制度】 监督执纪人员应当严格执行保密制度，控制审查调查工作事项知悉范围和时间，不准私自留存、隐匿、查阅、摘抄、复制、携带问题线索和涉案资料，严禁泄露审查调查工作情况。

审查调查组成员工作期间，应当使用专用手机、电脑、电子设备和存储介质，实行编号管理，审查调查工作结束后收回检查。

汇报案情、传递审查调查材料应当使用加密设施，携带案卷材料应当专人专车、卷不离身。

第六十八条 【纪检监察干部脱密期管理和从业限制】 纪检监察机关相关涉密人员离岗离职后，应当遵守脱密期管理规定，严格履行保密义务，不得泄露相关秘密。

监督执纪人员辞职、退休3年内，不得从事与纪检监察和司法工作相关联、可能发生利益冲突的职业。

第六十九条　【开展谈话过程中应当注意的安全事项】纪检监察机关开展谈话应当做到全程可控。谈话前做好风险评估、医疗保障、安全防范工作以及应对突发事件的预案；谈话中及时研判谈话内容以及案情变化，发现严重职务违法、职务犯罪，依照监察法需要采取留置措施的，应当及时采取留置措施；谈话结束前做好被谈话人思想工作，谈话后按程序与相关单位或者人员交接，并做好跟踪回访等工作。

第七十条　【建立健全安全责任制、严重安全事故责任追究以及案件监督管理部门安全监督管理职责】建立健全安全责任制，监督检查、审查调查部门主要负责人和审查调查组组长是审查调查安全第一责任人，审查调查组应当指定专人担任安全员。被审查调查人发生安全事故的，应当在 24 小时内逐级上报至中央纪委，及时做好舆论引导。

发生严重安全事故的，或者存在严重违规违纪违法行为的，省级纪检监察机关主要负责人应当向中央纪委作出检讨，并予以通报、严肃问责追责。

案件监督管理部门应当组织开展经常性检查和不定期抽查，发现问题及时报告并督促整改。

第七十一条　【对纪检监察干部在监督执纪工作中违规违纪违法行为的严肃追责】对纪检监察干部越权接触相关地区、部门、单位党委（党组）负责人，私存线索、跑风漏气、违反安全保密规定，接受请托、干预审查调查、以案谋私、办人情案，侮辱、打骂、虐待、体罚或者变相体罚被审查调查人，以违规违纪违法方式收集证据，截留挪用、侵占私分涉案财物，接受宴请和财物等行为，依规依纪严肃处理；涉嫌职务违法、职务犯罪的，依法追究法律责任。

第七十二条　【对纪检监察机关在维护监督执纪工作纪律方面失职失责予以问责】 纪检监察机关在维护监督执纪工作纪律方面失职失责的，予以严肃问责。

第七十三条　【"一案双查"、建立办案质量责任制】 对案件处置出现重大失误，纪检监察干部涉嫌严重违纪或者职务违法、职务犯罪的，开展"一案双查"，既追究直接责任，还应当严肃追究有关领导人员责任。

建立办案质量责任制，对滥用职权、失职失责造成严重后果的，实行终身问责。

第十章　附　　则

第七十四条　【根据本规则制定实施细则或者相关规定的授权规定】 各省（自治区、直辖市）党委、中央和国家机关工委可以根据本规则，结合工作实际，制定实施细则。

中央军事委员会可以根据本规则，制定相关规定。

第七十五条　【本规则的具体执行】 纪委监委派驻纪检监察组、纪检监察工委除执行本规则外，还应当执行党中央以及中央纪委相关规定。

国有企事业单位纪检监察机构结合实际执行本规则。

第七十六条　【本规则的解释权】 本规则由中央纪律检查委员会负责解释。

第七十七条　【施行时间和效力】 本规则自 2019 年 1 月 1 日起施行。2017 年 1 月 15 日中央纪委印发的《中国共产党纪律检查机关监督执纪工作规则（试行）》同时废止。此前发布的其他有关纪检监察机关监督执纪工作的规定，凡与本规则不一致的，按照本规则执行。

纪检监察机关处理检举控告工作规则

（2020年1月2日中共中央政治局常委会会议审议批准　2020年1月21日中共中央办公厅发布）

第一章　总　　则

第一条　【制定目的和依据】为了规范纪检监察机关处理检举控告工作，保障党员、群众行使监督权利，维护党员、干部合法权益，根据《中国共产党章程》、《中国共产党党内监督条例》等党内法规和《中华人民共和国宪法》、《中华人民共和国监察法》等法律，制定本规则。

第二条　【指导思想】坚持以马克思列宁主义、毛泽东思想、邓小平理论、“三个代表”重要思想、科学发展观、习近平新时代中国特色社会主义思想为指导，增强“四个意识”、坚定“四个自信”、做到“两个维护”，深入推进全面从严治党，贯彻纪律检查委员会和监察委员会合署办公要求，依规依纪依法处理检举控告，完善党和国家监督体系，强化对权力运行的制约和监督。

第三条　【纪检监察机关职责定位】纪检监察机关应当认真处理检举控告，回应群众关切，发挥党和国家监督专责机关作用，保障党的理论和路线方针政策以及重大决策部署贯彻落实，为党风廉政建设、社会和谐稳定服务。

第四条　【有权提出检举控告的情形】任何组织和个人对以下行为，有权向纪检监察机关提出检举控告：

（一）党组织、党员违反政治纪律、组织纪律、廉洁纪律、群众纪律、工作纪律、生活纪律等党的纪律行为；

（二）监察对象不依法履职，违反秉公用权、廉洁从政从业以及道德操守等规定，涉嫌贪污贿赂、滥用职权、玩忽职守、权力寻租、利益输送、徇私舞弊以及浪费国家资财等职务违法、职务犯罪行为；

（三）其他依照规定应当由纪检监察机关处理的违纪违法行为。

第五条 【处理检举控告工作原则】纪检监察机关处理检举控告工作应当遵循以下原则：

（一）实事求是。以事实为依据处理检举控告，鼓励支持检举控告人客观真实地反映情况。

（二）依规依纪依法。按照党章党规党纪和宪法法律以及信访工作有关规定处理检举控告，引导检举控告人依规依法、理性有序地反映问题。

（三）保障合法权利。贯彻“三个区分开来”要求，既保障检举控告人的监督权利，又查处诬告陷害行为，保护党员、干部干事创业积极性。

（四）分级负责、分工处理。按照管理权限受理检举控告，建立信访举报、监督检查、审查调查、案件监督管理等部门相互配合、相互制约的工作机制。

第六条 【建设检举举报平台、畅通检举控告渠道】建设覆盖纪检监察系统的检举举报平台，运用互联网技术和信息化手段，畅通检举控告渠道，规范处理检举控告工作，及时发现问题线索，科学研判政治生态，更好服务群众。

第二章 检举控告的接收和受理

第七条 【应当接收以法定方式提出的检举控告】纪检监察机关应当接收检举控告人通过以下方式提出的检举控告：

（一）向纪检监察机关邮寄信件反映的；

（二）到纪检监察机关指定的接待场所当面反映的；

（三）拨打纪检监察机关检举控告电话反映的；

（四）向纪检监察机关的检举控告网站、微信公众平台、手机客户端等网络举报受理平台发送电子材料反映的；

（五）通过纪检监察机关设立的其他渠道反映的。

对其他机关、部门、单位转送的属于纪检监察机关受理范围的检举控告，应当按规定予以接收。

第八条　【信访举报工作职责部门、人员和检举控告渠道及处理】县级以上纪检监察机关应当明确承担信访举报工作职责的部门和人员，设置接待群众的场所，公开检举控告地址、电话、网站等信息，公布有关规章制度，归口接收检举控告。

巡视巡察工作机构对收到的检举控告，按有关规定处理。

第九条　【认真接访要求及纪检监察干部定期接访制度】纪检监察机关应当负责任地接待来访人员，耐心听取其反映的问题，做好解疑释惑和情绪疏导工作，妥善处理问题。

建立纪检监察干部定期接访制度，有关负责人应当接待重要来访、处理重要信访问题。

第十条　【受理检举控告的编号登记及定期梳理汇总报告制度】纪检监察机关信访举报部门对属于受理范围的检举控告，应当进行编号登记，按规定录入检举举报平台。

对涉及同级党委管理的党员、干部以及监察对象的检举控告，应当定期梳理汇总，并向本机关主要负责人报告。

第十一条　【检举控告工作按照管理权限实行分级受理】检举控告工作按照管理权限实行分级受理：

（一）中央纪委国家监委受理反映中央委员、候补中央委员，中央纪委委员，中央管理的领导干部，党中央工作机关、党中央批准设立的党组（党委），各省、自治区、直辖市党委、纪委等涉嫌违纪或者职务违法、职务犯罪问题的检举控告。

（二）地方各级纪委监委受理反映同级党委委员、候补委员，同级纪委委员，同级党委管理的党员、干部以及监察对象，同级党委工作机关、党委批准设立的党组（党委），下一级党委、纪委等涉嫌违纪或者职务违法、职务犯罪问题的检举控告。

（三）基层纪委受理反映同级党委管理的党员，同级党委下属的各级党组织涉嫌违纪问题的检举控告；未设立纪律检查委员会的党的基层委员会，由该委员会受理检举控告。

各级纪委监委按照管理权限受理反映本机关干部涉嫌违纪或者职务违法、职务犯罪问题的检举控告。

第十二条　【对党员、干部、监察对象的检举控告的管辖】对反映党的组织关系在地方、干部管理权限在主管部门的党员、干部以及监察对象涉嫌违纪或者职务违法、职务犯罪问题的检举控告，由设在主管部门、有管辖权的纪检监察机关受理。地方纪检监察机关接到检举控告的，经与设在主管部门、有管辖权的纪检监察机关协调，可以按规定受理。

第十三条　【不予受理的事项】纪检监察机关对反映的以下事项，不予受理：

（一）已经或者依法应当通过诉讼、仲裁、行政裁决、行政复议等途径解决的；

（二）依照有关规定，属于其他机关或者单位职责范围的；

（三）仅列举出违纪或者职务违法、职务犯罪行为名称但无实质内容的。

对前款第一项、第二项所列事项，通过来信反映的，应当及时转有关机关或者单位处理；通过来访、来电、网络举报受理平台等方式反映的，应当告知检举控告人依规依法向有权处理的机关或者单位反映。

第三章 检举控告的办理

第十四条 【属于本级纪检监察机关受理的检举控告的受理程序】纪检监察机关信访举报部门经筛选，对属于本级受理的初次检举控告，应当移送本机关监督检查部门或者相关部门，并按规定将移送情况通报案件监督管理部门；对于重复检举控告，按规定登记后留存备查，并定期向有关部门通报情况。

承办部门应当指定专人负责管理，逐件登记、建立台账。

第十五条 【属于上级纪检监察机关受理的检举控告的报送程序】纪检监察机关信访举报部门收到属于上级纪检监察机关受理的检举控告，应当径送本机关主要负责人，并在收到之日起5个工作日内报送上一级纪检监察机关信访举报部门；收到反映本机关主要负责人问题的检举控告，应当径送上一级纪检监察机关信访举报部门。

对属于上级纪检监察机关受理的检举控告，不得瞒报、漏报、迟报，不得扩大知情范围，不得复制、摘抄检举控告内容，不得将有关信息录入检举举报平台。

第十六条 【属于下级纪检监察机关受理的检举控告的转送程序】纪检监察机关信访举报部门收到属于下级纪检监察机关受理的检举控告，应当及时予以转送。

下一级纪检监察机关对转送的检举控告，应当进行登记，在收到之日起5个工作日内完成受理或者转办工作。

第十七条 【监督检查部门对收到的检举控告进行甄别和处

理】纪检监察机关监督检查部门应当对收到的检举控告进行认真甄别，对没有实质内容的检举控告或者属于其他纪检监察机关受理的检举控告，在沟通研究、经本机关分管领导批准后，按程序退回信访举报部门处理。

监督检查部门对属于本级受理的检举控告，应当结合日常监督掌握的情况，进行综合分析、适当了解，经集体研究并履行报批程序后，以谈话函询、初步核实、暂存待查、予以了结等方式处置，或者按规定移送审查调查部门处置。

第十八条 【监督检查、审查调查部门每季度向信访举报部门反馈处理结果】纪检监察机关监督检查、审查调查部门应当每季度向信访举报部门反馈已办结的检举控告处理结果。

反馈内容应当包括处置方式、属实情况、向检举控告人反馈情况等。

第十九条 【案件监督管理部门加强对检举控告办理情况的监督】纪检监察机关案件监督管理部门应当加强对检举控告办理情况的监督。信访举报、监督检查、审查调查部门应当定期向案件监督管理部门通报有关情况。

第四章 检查督办

第二十条 【信访举报部门对属于下级纪检监察机关受理的检举控告的发函交办】纪检监察机关信访举报部门对属于下级纪检监察机关受理的检举控告，有以下情形之一，经本机关分管领导批准，可以发函交办：

（一）在落实党中央决策部署中，存在明显违纪违法问题的；

（二）问题典型、群众反映强烈的；

（三）对检举控告问题久拖不办，造成不良影响的；

（四）其他需要交办的情形。

第二十一条　【下级纪检监察机关接到交办的检举控告后的处理程序和期限】下级纪检监察机关接到交办的检举控告后，一般应当在3个月内办结，并报送核查处理情况；经本机关主要负责人批准，可以延长3个月，并向上级纪检监察机关报告。特殊情况需要再次延长办理期限的，应当报上级纪检监察机关批准。

第二十二条　【对交办的检举控告的督办】对交办的检举控告，有以下情形之一，经交办机关分管领导批准，可以采取发函、听取汇报、审阅案卷、检查督促等方式督办：

（一）超过期限仍未办结的；

（二）组织不力、核查处理不认真，或者推诿敷衍的；

（三）需要补充核查、重新研究处理意见或者补报有关材料的；

（四）其他需要督办的情形。

第二十三条　【承办机关对拟上报的核查处理情况的报送程序】检举控告承办机关对拟上报的核查处理情况，应当集体审核研究，经本机关主要负责人批准后，报上一级纪检监察机关。

第五章　实名检举控告的处理

第二十四条　【实名检举控告的定义】检举控告人使用本人真实姓名或者本单位名称，有电话等具体联系方式的，属于实名检举控告。

纪检监察机关信访举报部门可以通过电话、面谈等方式核实是否属于实名检举控告。

第二十五条　【提倡、鼓励实名检举控告】纪检监察机关提倡、鼓励实名检举控告，对实名检举控告优先办理、优先处置、给予答复。

第二十六条 【告知受理情况】纪检监察机关信访举报部门对属于本机关受理的实名检举控告，应当在收到检举控告之日起15个工作日内告知实名检举控告人受理情况。重复检举控告的，不再告知。

第二十七条 【反馈处理结果】承办的监督检查、审查调查部门应当将实名检举控告的处理结果在办结之日起15个工作日内向检举控告人反馈，并记录反馈情况。检举控告人提出异议的，承办部门应当如实记录，并予以说明；提供新的证据材料的，承办部门应当核查处理。

第二十八条 【特定情形下对检举控告人予以奖励】实名检举控告经查证属实，对突破重大案件起到重要作用，或者为国家、集体挽回重大经济损失的，纪检监察机关可以按规定对检举控告人予以奖励。

第二十九条 【匿名检举控告的受理】匿名检举控告，属于受理范围的，纪检监察机关应当按程序受理。

对匿名检举控告材料，不得擅自核查检举控告人的笔迹、网际协议地址（IP地址）等信息。对检举控告人涉嫌诬告陷害等违纪违法行为，确有需要采取上述方式追查其身份的，应当经设区的市级以上纪委监委批准。

第三十条 【视为匿名检举控告的情形】虽有署名但不是检举控告人真实姓名（单位名称）或者无法验证的检举控告，按照匿名检举控告处理。

第六章 检举控告情况的综合运用

第三十一条 【定期研判检举控告情况、提出工作建议、开展专题分析】纪检监察机关应当定期研判所辖地区、部门、单位检举控告情况，对反映的典型性、普遍性、苗头性问题提出有针对性的工作建议，形成综合分析报告，报上一级纪检监察机关，必要时向同级党委报告。

纪检监察机关应当根据全面从严治党、党风廉政建设和反腐败工作重点以及检举控告反映的热点问题，开展专题分析。

对问题集中、反映强烈的地区、部门、单位，可以将相关分析情况向有关党组织通报。

第三十二条　【配合巡视巡察工作机构要求及时提供相关检举控告情况】纪检监察机关应当根据巡视巡察工作机构要求，及时提供涉及被巡视巡察地区、部门、单位的检举控告情况。

第三十三条　【日常监督工作中收集、研判检举控告情况】纪检监察机关在开展日常监督工作中应当对检举控告情况进行收集、研判，综合各方面信息，全面掌握被监督单位政治生态情况和被监督对象的思想、工作、作风、生活情况，提高监督的针对性和实效性。

第三十四条　【提出纪律检查建议或监察建议并督促整改落实】对检举控告较多的地区、部门、单位，纪检监察机关经了解核实后，发现有关党组织或者单位党风廉政建设和履行职责存在问题的，应当向其提出纪律检查建议或者监察建议，并督促整改落实。

第七章　当事人的权利和义务

第三十五条　【检举控告人的权利】检举控告人享有以下权利：

（一）对党组织和党员、干部以及监察对象涉嫌违纪违法的行为提出检举控告；

（二）申请与检举控告事项相关的工作人员回避；

（三）对受理机关以及处理检举控告工作人员的失职渎职等违纪违法行为提出检举控告；

（四）因检举控告致其合法权利受到威胁或者侵害的，可以提出保护申请；

（五）检举控告严重违纪违法问题，经查证属实的，按规定获得表扬或者奖励；

（六）党内法规和法律法规规定的其他权利。

第三十六条 【检举控告人的义务】检举控告人应当履行以下义务：

（一）如实提供所掌握的全部情况和证据，对检举控告内容的真实性负责，不得夸大、歪曲事实，不得诬告陷害他人；

（二）自觉维护社会公共秩序和信访秩序，不得损害党、国家和人民的利益以及公民个人的合法权利；

（三）接受党组织、单位的正确处理意见，不得提出党内法规和法律法规规定以外的要求；

（四）对反馈的处理结果等情况予以保密；

（五）党内法规和法律法规规定的其他义务。

第三十七条 【被检举控告人的义务】被检举控告人应当履行以下义务：

（一）正确对待检举控告，有则改之、无则加勉，习惯在受监督和约束的环境中工作生活；

（二）相信组织、依靠组织，配合做好了解核实工作，实事求是说明问题，不得对抗审查调查；

（三）尊重检举控告人和处理检举控告工作人员，不得进行打击报复；

（四）党内法规和法律法规规定的其他义务。

第三十八条　【被检举控告人的权利】被检举控告人享有以下权利：

（一）对被检举控告的问题作出说明、辩解；

（二）基层党组织讨论决定对自身处理、处分时，可以参加和进行申辩；

（三）申请反馈核查处理结论；

（四）对所受处理、处分不服的，可以申诉或者申请复审；

（五）对受理机关以及处理检举控告工作人员的失职渎职等违纪违法行为提出检举控告；

（六）党内法规和法律法规规定的其他权利。

第八章　诬告陷害行为的查处

第三十九条　【诬告陷害的定义和认定】采取捏造事实、伪造材料等方式反映问题，意图使他人受到不良政治影响、名誉损失或者责任追究的，属于诬告陷害。

认定诬告陷害，应当经设区的市级以上党委或者纪检监察机关批准。

第四十条　【严肃处理诬告陷害行为】纪检监察机关应当加强对检举控告的分析甄别，注意发现异常检举控告行为，有重点地进行查证。属于诬告陷害的，依规依纪依法严肃处理，或者移交有关机关依法处理。

第四十一条　【应当从重处理的诬告陷害情形】诬告陷害具有以下情形之一，应当从重处理：

（一）手段恶劣，造成不良影响的；

（二）严重干扰换届选举或者干部选拔任用工作的；

（三）经调查已有明确结论，仍诬告陷害他人的；

（四）强迫、唆使他人诬告陷害的；

（五）其他造成严重后果的。

第四十二条　【通报曝光诬告陷害典型案例】纪检监察机关应当将查处的诬告陷害典型案件通报曝光。

第四十三条　【对通过诬告陷害获得的利益建议予以纠正】纪检监察机关对通过诬告陷害获得的职务、职级、职称、学历、学位、奖励、资格等利益，应当建议有关组织、部门、单位按规定予以纠正。

第四十四条　【对被诬告陷害的党员、干部、监察对象开展思想政治工作】对被诬告陷害的党员、干部以及监察对象，纪检监察机关、所在单位党组织应当开展思想政治工作，谈心谈话、消除顾虑，保护干事创业积极性，推动履职尽责、担当作为。

第四十五条　【区分诬告陷害和错告】纪检监察机关应当区分诬告陷害和错告。属于错告的，可以对检举控告人进行教育。

第九章　工作要求和责任

第四十六条　【纪检监察机关及其工作人员的工作要求】纪检监察机关及其工作人员在处理检举控告工作中，应当强化宗旨意识，改进工作作风，注意工作方法，对于不予受理事项或者不合理诉求做好解释说明，不得自以为是、盛气凌人，不得漠视群众疾苦、对群众利益麻木不仁。

第四十七条　【建立健全检举控告保密制度】纪检监察机关应当建立健全检举控告保密制度，严格落实保密要求：

（一）对检举控告人的姓名（单位名称）、工作单位、住址等有关情况以及检举控告内容必须严格保密；

（二）严禁将检举控告材料、检举控告人信息转给或者告知被检举控告的组织、人员；

（三）受理检举控告或者开展核查工作，应当在不暴露检举控告人身份的情况下进行；

（四）宣传报道检举控告有功人员，涉及公开其姓名、单位等个人信息的，应当征得本人同意。

第四十八条　【回避制度】处理检举控告工作人员有以下情形之一，应当主动提出回避，当事人有权要求其回避，回避决定由纪检监察机关作出：

（一）本人是被检举控告人或者其近亲属的；

（二）本人或者近亲属与被检举控告问题有利害关系的；

（三）其他可能影响检举控告问题公正处理的情形。

第四十九条　【对检举控告人及其近亲属的人身、财产安全的保护】检举控告人及其近亲属的人身、财产安全因检举控告而受到威胁或者侵害，并提出保护申请的，纪检监察机关应当依法、及时提供保护。必要时，纪检监察机关可以商请有关机关予以协助。

被检举控告人有危害人身安全和损害财产、名誉等打击报复行为的，依规依纪依法严肃处理。

第五十条　【对失实检举控告的澄清方式】纪检监察机关核查认定检举控告失实、有必要予以澄清的，经本机关主要负责人批准后，可以采取以下方式予以澄清：

（一）向被检举控告人所在地区、部门、单位党委（党组）主要负责人以及本人发函说明或者当面说明；

（二）向被检举控告人所在地区、部门、单位党委（党组）通报情况；

（三）在一定范围内通报。

第五十一条　【对因失实检举控告而错误处理、处分的纠正】

对因检举控告失实而受到错误处理、处分的，纪检监察机关应当在职权范围内予以纠正，或者向有权机关提出纠正建议。

第五十二条 【纪检监察机关及其工作人员的违规违纪违法行为及责任追究】纪检监察机关及其工作人员有以下情形之一，依规依纪严肃处理；涉嫌职务违法、职务犯罪的，依法追究法律责任：

（一）私存、扣压、篡改、伪造、撤换、隐匿、遗失或者私自销毁检举控告材料的；

（二）超越权限，擅自处理检举控告材料的；

（三）泄露检举控告人信息或者检举控告内容等，或者将检举控告材料转给被检举控告的组织、人员的；

（四）隐瞒、谎报、未按规定期限上报重大检举控告信息，造成严重后果的；

（五）其他违规违纪违法的情形。

利用检举控告材料谋取个人利益或者为打击报复检举控告人提供便利的，应当从重处理。

第十章 附 则

第五十三条 【监督检查部门、审查调查部门的定义】本规则所称监督检查部门、审查调查部门，指的是纪检监察机关中履行监督检查、审查调查职能的部门和跨部门组建的审查调查组。

第五十四条 【有关问题线索处理的相关规定】对纪检监察机关在监督检查、审查调查中发现的问题线索，审计机关、执法部门、司法机关等单位移交的信访举报以外的问题线索的处理，其他党内法规和法律法规另有规定的，从其规定。

第五十五条 【除执行本规则外还应执行党中央以及中央纪委国家监委相关规定】纪委监委派驻（派出）机构和国有企业、高校等企事业单位纪检监察机构除执行本规则外，还应当执行党中央以及中央纪委国家监委相关规定。

第五十六条 【中央军事委员会可以根据本规则制定相关规定】中央军事委员会可以根据本规则，制定相关规定。

第五十七条 【本规则的解释权】本规则由中央纪委国家监委负责解释。

第五十八条 【施行时间和效力】本规则自发布之日起施行。此前发布的其他有关纪检监察机关处理检举控告工作的规定，凡与本规则不一致的，按照本规则执行。

纪检监察机关派驻机构工作规则

（2022年6月2日中共中央政治局常委会会议审议批准 2022年6月22日中共中央办公厅发布）

第一章 总 则

第一条 为了加强和规范纪检监察机关派驻机构工作，根据《中国共产党纪律检查委员会工作条例》和《中华人民共和国监察法》，制定本规则。

第二条 派驻机构工作坚持以习近平新时代中国特色社会主义思想为指导，增强“四个意识”、坚定“四个自信”、做到“两个维护”，坚持自我革命，坚持敢于斗争，坚持实事求是，深入贯彻全面从严治党战略方针，坚定不移推进党风廉政建设和反腐败斗争，建立健全系统集成、协同高效的派驻监督体制机制，增强“派”的权威和“驻”的优势，一体推进不敢腐、不能腐、不想腐，充分发挥监督保障执行、促进完善发展作用。

第三条 在党中央集中统一领导下，中央纪律检查委员会国家监察委员会向中央一级党和国家机关以及其他组织派驻纪检监察机构，地方各级纪律检查委员会监察委员会向本级党和国家机关以及其他组织派驻纪检监察机构。派驻机构是派出机关的组成部分，与驻在单位是监督和被监督的关系。

派驻机构应当强化政治监督，把坚持和加强党的领导贯穿工作全过程各方面，推动驻在单位切实做到“两个维护”，贯彻党的理论和路线方针政策，落实党中央决策部署。

第四条 派驻机构遵循以下原则开展工作：

（一）坚持党中央集中统一领导，强化组织自上而下的监督功能；

（二）坚持民主集中制，重要事项集体研究决定；

（三）坚持敢于善于监督，完善常态化监督工作机制；

（四）坚持职责定位，依规依纪依法履行职责；

（五）坚持各项监督统筹衔接，推动全面从严治党主体责任和监督责任一体落实；

（六）坚持监督与被监督相统一，自觉接受各方面监督。

第五条 派驻机构应当持续深化转职能、转方式、转作风，聚焦全面从严治党、党风廉政建设和反腐败工作，强化监督职责，突出工作重点，创新履职方式，有效运用“四种形态”，增强派驻监督全覆盖的有效性，推动派驻监督工作高质量发展。

第二章 组织设置

第六条 中央纪律检查委员会国家监察委员会向中央一级党和国家机关、中管金融企业派驻纪检监察组。地方各级纪律检查委员会监察委员会向本级党和国家机关、所管辖的国有金融企业派驻纪检监察组。

中央纪律检查委员会国家监察委员会、地方各级纪律检查委员会监察委员会按照规定向国有企业、普通高等学校等单位派驻纪检监察组；或者依法派驻监察机构，派驻监察专员并设立监察专员办公室，与该单位党的纪律检查机构合署办公。

对系统规模大、直属单位多、监督对象多的单位，可以单独派驻纪检监察组；对业务关联度高，或者需要统筹力量实施监督的相关单位，可以综合派驻纪检监察组。

第七条 派驻机构主要负责人按照规定担任驻在单位的党组（党委）成员，履行监督专责，不分管驻在单位工作。

派驻机构主要负责人实行交流任职、定期轮岗。

第八条 派驻机构的领导机构是组务会。组务会由派驻机构正职、副职组成。组务会会议学习贯彻落实党中央决策部署，贯彻中央纪委国家监委工作部署，落实派出机关工作安排，研究讨论管辖范围内纪检监察工作的重要问题、重要事项，按照权限讨论或者决定党纪政务处分等事项。

派驻机构应当健全组务会会议以及组长办公会议、专题会议等会议制度，完善议事决策机制。

第九条 派驻机构应当按照信访举报、监督检查、审查调查、案件监督管理、案件审理相互协调、相互制约的原则，结合实际设置内设机构或者明确人员分工。

第三章 领导体制

第十条 各级党委应当加强对纪检监察机关派驻机构工作的领导，健全机构设置、干部管理、工作保障等机制，听取纪律检查委员会监察委员会关于派驻监督工作的汇报，推动派驻机构履职尽责。

第十一条　驻在单位应当支持配合派驻机构工作，主动及时通报重要情况、重要问题，根据派驻机构工作需要提供有关材料，为派驻机构开展工作创造条件、提供保障。

第十二条　派驻机构由派出机关直接领导、统一管理，向派出机关负责，受派出机关监督。

各级纪律检查委员会常务委员会应当定期听取派驻监督工作情况报告。派出机关分管领导应当定期召开派驻机构负责人会议，经常同派驻机构主要负责人研究工作。

第十三条　派出机关相关部门根据职能职责，加强对派驻机构的指导、联系、服务和保障。

监督检查部门协助分管领导联系派驻机构日常工作：

（一）指导督促派驻机构履行职责；

（二）对派驻机构请示报告的问题、事项进行审核把关；

（三）对派出机关交办的重要案件、事项进行督促办理；

（四）办理派驻机构提请支持、协调的重要事项；

（五）向派驻机构通报驻在单位领导班子及其成员、驻在单位上级党委管理的其他人员的一般性问题和谈话提醒、批评教育、责令检查、诫勉谈话等情况；

（六）联系开展其他工作。

第十四条　派出机关相关部门应当会同派驻机构联合开展以下监督工作：

（一）开展专项检查，推动驻在单位落实党中央决策部署；

（二）研判驻在单位政治生态，有针对性地开展监督；

（三）开展专题调查研究，查找分析利用公共权力和资源设租寻租、离职后违规从业等行业性、系统性廉洁风险，向驻在单位提出意见建议或者督促开展专项治理；

（四）支持配合派出机关同级党委巡视巡察机构开展工作，对整改情况进行监督；

（五）推动驻在单位落实纪检监察建议；

（六）其他需要联合开展的监督工作。

第十五条 派出机关监督检查部门、审查调查部门对于派驻机构管辖的重大、复杂案件，经批准可以直接办理或者组织、指挥办理。

第十六条 派出机关相关部门应当指导、协调派驻机构与地方纪律检查委员会监察委员会协作开展以下工作：

（一）协同开展专项检查、专项监督，推动解决有关系统和领域的突出问题；

（二）协作采取监督检查、审查调查措施；

（三）协商确定驻在单位党员、干部以及监察对象涉嫌违纪和职务违法、职务犯罪案件的管辖，或者由派驻机构报请派出机关指定有关地方纪委监委管辖；

（四）联合审查调查驻在单位党员、干部以及监察对象涉嫌违纪和职务违法、职务犯罪案件；

（五）其他需要协作开展的工作。

第十七条 派出机关相关部门应当组织、指导各派驻机构之间协作配合开展以下工作：

（一）针对共性或者关联性问题同步开展专项监督；

（二）对重大、复杂案件进行联合审查调查；

（三）协作开展案件审理、复议复查和复审工作；

（四）对派出机关部署的重要工作落实情况开展交叉检查或者联合检查；

（五）联合开展调研、培训；

（六）其他需要协作配合开展的工作。

第十八条 派驻机构应当加强对驻在单位内设纪检机构及直属单位纪检机构的业务指导和监督检查，督促、支持其发挥职能作用，推动纪检干部队伍建设，加强政治教育和业务培训，协调人员力量开展监督执纪工作。

第十九条 派驻垂直管理单位的纪检监察组应当加强对驻在单位的下一级单位纪检机构的业务指导和监督检查，对驻在单位各级纪检机构的工作进行统筹，推动层层落实监督责任。下一级单位纪检机构的监督执纪工作以派驻纪检监察组领导为主，线索处置和案件查办在向同级党组（党委）报告的同时应当一并向派驻纪检监察组报告。

实行双重领导并以上级单位领导为主的单位，国有企业、国有金融企业的派驻机构工作，参照前款规定执行。

第二十条 各级纪律检查委员会监察委员会派出的机关纪检监察工作委员会，按照规定审理有关派驻机构审查调查的案件，定期向派出机关报告案件审理工作情况。在派出机关领导下，建立健全案件质量评查机制，向派驻机构反馈评查结果。

机关纪检监察工作委员会应当加强与派驻机构的沟通协调，对本级党和国家机关部门机关纪委的执纪审查工作进行协同指导。

第二十一条 派驻国有资产监管机构、教育行政部门等的纪检监察组，按照规定协助派出机关加强对国有企业、普通高等学校等单位派驻机构工作的指导，形成监督合力。

派驻国有资产监管机构的纪检监察组，应当加强对驻在单位党组（党委）管理领导班子的国有企业纪检机构监督执纪工作的领导。相关国有企业纪检机构的线索处置和案件查办在向同级党委报告的同时，应当一并向派驻纪检监察组报告。

第四章　工 作 职 责

第二十二条　派驻机构依规依纪依法履行监督执纪问责和监督调查处置职责。

第二十三条　派驻机构应当把监督作为基本职责，结合驻在单位实际，重点监督检查以下情况：

（一）对党忠诚，践行党的性质宗旨情况；

（二）贯彻党的理论和路线方针政策、落实党中央决策部署、践行“两个维护”情况；

（三）落实全面从严治党主体责任、加强党风廉政建设和反腐败工作情况；

（四）贯彻执行民主集中制、依规依法履职用权、廉洁自律等情况。

第二十四条　派驻机构应当重点监督以下对象：

（一）驻在单位领导班子及其成员特别是主要负责人；

（二）驻在单位上级党委管理的其他人员；

（三）驻在单位党组（党委）管理的领导班子及其成员；

（四）其他列入重点监督对象的驻在单位人员。

第二十五条　派驻机构应当支持和督促驻在单位党组（党委）落实全面从严治党主体责任，协助其开展内部巡视巡察，推动驻在单位深化改革、健全制度、完善治理、防控风险。

第二十六条　派驻机构应当结合派驻监督工作情况，推动驻在单位党组（党委）开展全面从严治党、党风廉政建设和反腐败工作的形势任务教育，强化纪法教育、警示教育，推进廉洁文化建设，教育引导党员、干部以及监察对象修身律己，筑牢思想道德防线。

第二十七条 派驻机构对反映驻在单位党组织和党员、干部以及监察对象问题的检举控告，按照规定受理和处置。

第二十八条 派驻机构对驻在单位领导班子及其成员、驻在单位上级党委管理的其他人员涉嫌违纪和职务违法、职务犯罪问题线索，经批准可以参与派出机关的初步核实、审查调查工作。

第二十九条 派驻机构负责审查以下党组织和党员涉嫌违犯党纪的案件：

（一）驻在单位党组（党委）直接领导的党组织；

（二）驻在单位党组（党委）管理的领导班子成员；

（三）本规则第二十四条第四项规定的人员。

派驻机构必要时可以审查驻在单位党组（党委）管理的其他党组织和党员涉嫌违犯党纪的案件。

派驻机构根据派出机关授权，依法调查驻在单位监察对象涉嫌职务违法、职务犯罪案件。

第三十条 派驻机构按照管理权限，对违纪违法的驻在单位党组织和党员、干部以及监察对象进行处理处分，对不履行或者不正确履行职责的驻在单位党组织和领导干部进行问责。

第三十一条 派驻机构负责受理和处置以下申诉或者复审申请：

（一）党组织和党员对派驻机构所作处理决定不服的申诉；

（二）监察对象对派驻机构所作处理决定不服的复审申请；

（三）被调查人及其近亲属对派驻机构及其工作人员侵害被调查人合法权益行为的申诉。

对于派驻机构立案审查调查后由驻在单位作出处理决定案件的申诉或者复核申请，派驻机构应当协助驻在单位做好有关处置工作。

第五章　履 职 程 序

第三十二条　派驻机构开展日常监督应当深入实际、深入群众，监督方式包括：

（一）参加会议。参加或者列席驻在单位领导班子会议等重要会议，了解学习贯彻党中央决策部署以及上级党组织决定情况和班子成员的意见态度，“三重一大”决策制度执行情况，按照规定向派出机关报告。

（二）谈心谈话。同党员、干部和群众广泛谈心谈话，听取对监督对象的反映，发现监督对象存在苗头性、倾向性问题的，进行谈话提醒、批评教育。

（三）听取汇报。听取驻在单位党组（党委）管理的领导班子及其成员履行管党治党责任情况的汇报，发现责任落实不到位的，进行提醒纠正。

（四）查阅资料。按照规定查阅、复制驻在单位有关文件、资料、数据等材料，了解核实有关情况。

（五）沟通情况。加强与驻在单位机关党委、党委办公室和组织人事、巡视巡察、法规法务、财务审计等部门的沟通，及时发现和通报问题。

（六）分析研判。分析信访举报、党风廉政等情况，对典型性、普遍性问题向驻在单位提出意见建议。

（七）廉政把关。建立健全、动态更新驻在单位党组（党委）管理的领导干部廉政档案，严把党风廉政意见回复关。

（八）实地调查。开展驻点调研、现场核查，精准发现驻在单位存在的突出问题。

（九）其他开展日常监督的方式。

第三十三条　派驻机构应当严格执行报告制度，发现驻在单位领导班子及其成员重要问题、重要事项及时向派出机关报告。

派驻机构应当经常对驻在单位领导班子及其成员坚持党的领导、加强党的建设、履行全面从严治党主体责任情况以及党风廉政状况进行分析，每年向派出机关提交专题报告。

第三十四条　派驻机构应当定期会同驻在单位党组（党委）专题研究全面从严治党、党风廉政建设和反腐败工作。派出机关监督检查部门根据情况派员参加。

派驻机构主要负责人应当经常与驻在单位党组（党委）主要负责人就政治生态、作风建设、廉洁风险等情况交换意见，提出工作建议，督促完善有关制度措施。

第三十五条　派驻机构应当向驻在单位领导班子成员通报其分管部门和单位领导干部遵守党章党规党纪、廉洁自律等情况，推动领导班子成员落实“一岗双责”要求，抓好分管部门和单位的党风廉政建设工作。

第三十六条　派驻机构对驻在单位开展内部巡视巡察提供以下协助：

（一）通报监督执纪执法中发现的问题；

（二）处置内部巡视巡察移交的问题线索；

（三）检查整改责任落实情况；

（四）其他协助内部巡视巡察的工作。

第三十七条　派驻机构应当指定专人负责管理涉嫌违纪和职务违法、职务犯罪问题线索，逐件编号登记，建立管理台账。

派驻机构应当结合日常监督掌握的情况，对问题线索进行综合分析、适当了解，采取谈话函询、初步核实、暂存待查、予以了结等方式进行处置。线索处置意见应当自收到线索之日起1个月内提出。

处置问题线索应当报派驻机构主要负责人审批，并按照规定报派出机关备案。

第三十八条 派驻机构经过初步核实，需要进行立案审查调查的，应当报派驻机构主要负责人审批。其中，对驻在单位党组（党委）直接领导的党组织、党组（党委）管理的领导班子成员中的正职领导干部立案和副职领导干部涉嫌严重职务违法、职务犯罪立案的，应当报派出机关审批。

派驻机构在立案前应当征求驻在单位党组（党委）主要负责人意见，对于有不同意见的应当报派出机关决定。确因安全保密等特殊情况，经派出机关同意，也可以在立案后及时向驻在单位党组（党委）主要负责人通报。

第三十九条 派驻机构按照规定报批后，可以依规依纪依法采取谈话、讯问、询问、留置、查询、冻结、搜查、调取、查封、扣押（暂扣、封存）、勘验检查、鉴定措施。对依法应当交有关机关执行的措施，报派出机关审批并以派出机关名义办理。

派驻机构应当对审查调查措施进行严格监管，建立措施使用台账，定期将有关情况报派出机关案件监督管理部门、监督检查部门备案。

第四十条 派驻机构审查调查工作结束后，应当按照规定进行审理，提出纪律处理或者党纪处分建议、拟作出的政务处分决定或者处分建议，通报驻在单位党组（党委）。

第四十一条 驻在单位党组（党委）按照权限和程序，对违纪的党组织、党员作出纪律处理或者党纪处分决定。

派驻机构按照管理权限，对违法的监察对象依法作出政务处分决定；建议驻在单位处分的，由驻在单位依法依规作出处分决定。

派驻机构提出的处理处分建议与驻在单位党组（党委）的意见不同又不能协商一致的，由派驻机构报派出机关研究决定。

第四十二条 派驻机构发现驻在单位党组（党委）管理的党组织和领导干部失职失责造成严重后果或者恶劣影响，需要进行问责调查的，应当报派驻机构主要负责人审批后，启动问责调查程序。

派驻机构应当依规依纪依法开展问责调查，查明失职失责问题，按照管理权限作出问责决定，或者向有权作出问责决定的党组织（单位）提出问责建议。

对党组织采取改组方式问责的，按照党章和其他党内法规规定的权限、程序执行。对领导干部采取党纪政务处分方式问责的，按照本规则第三十八条、第四十条、第四十一条办理。

第四十三条 派驻机构对调查的监察对象和涉案人员涉嫌职务犯罪案件，经集体审议，认为犯罪事实清楚，证据确实、充分，需要追究刑事责任的，依法依规移送人民检察院审查起诉。

第四十四条 派驻机构发现驻在单位在贯彻党中央决策部署、落实全面从严治党主体责任、开展党风廉政建设以及决策机制、监督管理、制度执行等方面存在突出问题或者薄弱环节的，应当提出纪检监察建议。

派驻机构应当加强对驻在单位问题整改情况的监督检查，督促限期整改、反馈，推动纪检监察建议落实到位。

第六章 管理监督

第四十五条 派驻机构必须坚持以习近平新时代中国特色社会主义思想武装头脑、指导实践、推动工作，以党的政治建设为统领推进党的各方面建设，教育引导派驻机构干部忠于职守、履职尽责，不断提高政治判断力、政治领悟力、政治执行力，带头增强

“四个意识”、坚定“四个自信”、做到“两个维护”，发扬党的优良传统和作风，加强思想淬炼、政治历练、实践锻炼、专业训练，增强法治意识、程序意识、证据意识，建设政治素质高、忠诚干净担当、专业化能力强、敢于善于斗争的派驻机构干部队伍。

派驻机构党组织应当严格执行党的组织生活制度，推进党支部标准化规范化建设，增强党组织政治功能和组织力凝聚力，发挥战斗堡垒作用。

第四十六条 派出机关应当严把派驻机构干部入口关，按照干部管理权限统筹派出机关和派驻机构干部的选拔任用、人员交流、考核培训、监督管理，有计划地安排派驻机构干部参与派出机关工作、进行培养锻炼。

第四十七条 派出机关应当每年组织派驻机构主要负责人进行述责述廉。结合驻在单位特点，对派驻机构履行职责以及自身建设等方面情况进行考核。考核中，应当听取驻在单位领导班子和有关方面的意见，并将其作为考核的重要依据。

第四十八条 派驻机构应当加强规范化、法治化、正规化建设，明确职权范围，健全内控机制，规范工作流程和审批权限，完善回避、保密和过问、干预案件登记备案等管理制度，建立健全办案安全责任制，推动各项工作依规依纪依法进行。

第四十九条 派驻机构应当坚持打铁必须自身硬，坚持严的标准，勇于刀刃向内，牢固树立监督者更要自觉接受监督的意识，加强自我管理、自我约束，不断提高免疫力，切实防治“灯下黑”。

派驻机构应当接受派出机关同级党委巡视巡察监督和派出机关的管理监督，对所提监督意见进行整改落实，并报告整改情况。

派驻机构应当明确专门机构或者人员负责干部日常管理监督工作，及时汇总各方面意见，对自身权力运行的关键环节进行经常性检查，认真核查相关检举控告，按照规定将处置情况向派出机关干部监督部门报告。

派驻机构应当听取驻在单位领导班子对派驻机构工作的意见建议，认真研究处理，并及时反馈。自觉接受驻在单位党员、干部和群众的监督，畅通意见反映渠道，对反映的问题进行调查核实处置，不断完善制度、改进工作。

第五十条　派驻机构干部有跑风漏气、迟报瞒报、滥用职权、以案谋私以及其他违规违纪违法行为的，依规依纪依法严肃处理；构成犯罪的，依法追究刑事责任。

第五十一条　派驻机构及其领导干部不履行或者不正确履行职责，导致应当发现的问题没有发现，或者发现问题不报告不处置，执纪执法不严格不规范，造成严重后果或者恶劣影响的，予以严肃问责。

第七章　附　　则

第五十二条　本规则涉及的审批权限均指最低审批权限，工作中根据需要可以按照更高层级的审批权限报批。

第五十三条　派驻国有企业、普通高等学校的监察机构、监察专员（监察专员办公室）除执行本规则外，还应当执行中央纪律检查委员会国家监察委员会相关规定。

第五十四条　中央军事委员会可以根据本规则制定相关细则。

第五十五条　本规则由中央纪律检查委员会国家监察委员会负责解释。

第五十六条　本规则自发布之日起施行。此前发布的其他有关纪检监察机关派驻机构工作的规定，凡与本规则不一致的，按照本规则执行。

中国共产党处分违纪党员批准权限和程序规定

（2022年9月1日中共中央政治局常委会会议审议批准 2022年9月22日中共中央发布）

第一章 总 则

第一条 为了规范处分违纪党员批准权限和程序，根据《中国共产党章程》和有关党内法规，制定本规定。

第二条 坚持以习近平新时代中国特色社会主义思想为指导，坚持和加强党的全面领导，坚持党要管党，在党中央集中统一领导下，深入贯彻全面从严治党战略方针，严格按照处分违纪党员批准权限和程序实施党纪处分。

第三条 对违纪党员实施党纪处分实行分级负责制。处分违纪党员批准权限主要依据党员组织隶属关系和干部人事管理权限确定，其中系党员干部的，除本规定和有关党内法规规定的特殊情形外，优先依据干部人事管理权限确定。

第四条 对违纪党员实施党纪处分应当坚持党纪面前一律平等、实事求是、民主集中制和惩前毖后、治病救人原则，做到事实清楚、证据确凿、定性准确、处理恰当、手续完备、程序合规。

对违纪党员实施党纪处分应当按照规定程序，经党组织（含纪律检查机关，下同）集体讨论决定，不允许任何个人或者少数人擅自决定和批准。上级党组织对违纪党员作出的处理决定，下级党组织必须执行。

第五条 党纪处分决定自有处分批准权的党组织集体讨论决定之日起生效。

第二章 处分批准权限和程序一般规定

第六条 除本规定和有关党内法规另有规定外，给予各级党委管理的党员警告、严重警告处分，可以由同级纪委审查批准；给予其撤销党内职务、留党察看或者开除党籍处分，须经同级纪委审查同意后报请这一级党委审议批准。

第七条 给予担任两个以上职务（不含党代会代表）的违纪党员党纪处分，按照其中属于最高一级党组织管理的职务履行处分审批程序。

违纪党员所担任的职务中属于最高一级党组织管理的职务有两个以上的，区别下列情形履行处分审批程序：

（一）有一个职务系党的中央或者地方委员会（以下简称地方党委）委员、候补委员的，应当按照该职务对应的处分批准权限履行处分审批程序；

（二）除前项所列情形外，有一个职务系党的中央或者地方纪律检查委员会（以下简称地方纪委）委员的，应当按照该职务对应的处分批准权限履行处分审批程序；

（三）除前两项所列情形外，应当按照违纪党员所担任的最高一级党组织管理的多个职务分别对应的处分批准权限就高履行处分审批程序。

地方党委委员、候补委员或者地方纪委委员在接受审查期间，其所在的地方党委不得免去其上述职务，也不得接受其辞去上述职务的请求。

第八条 违纪党员系地方党委委员、候补委员或者地方纪委委员，同时担任上级党组织管理的职务的，由该上级党组织的同级纪委依照本规定履行处分审批程序。其中，受到撤销党内职务、留党察看或者开除党籍处分的，地方党委、纪委无需履行本规定第十八条第三款规定的追认程序。

第九条 对党员所作处分，需要变更或者撤销的，由原批准处分决定的党组织或者有处分批准权的党组织审批。原批准处分决定的党组织已撤销的，可以由继续行使其职权的党组织办理。

第十条 上级纪委提级审查的，经审理形成处置意见后，可以交由下级纪委履行处分审批程序；也可以经上级纪委常委会审议同意后，直接作出党纪处分决定，其中上级纪委拟给予提级审查的下级地方党委委员、候补委员撤销党内职务、留党察看或者开除党籍处分的，应当报请同级党委常委会审议批准。

上级纪委指定下级纪委审查的，被指定的下级纪委常委会审议后，按照程序将案件材料和处理意见转有监督执纪权限的纪委经审理后履行处分审批程序。

第十一条 对违纪党员免予党纪处分的，按照给予其警告处分的批准权限履行处分审批程序。

第十二条 对于应当受到撤销党内职务处分，但是本人没有担任党内职务的违纪党员，应当给予其严重警告处分，并按照给予其撤销党内职务处分的批准权限履行处分审批程序。

第十三条 对于各级纪委立案审查的党员，需要给予党纪处分的，除特殊情况外，一般由负责审查的纪委经审理后形成关于违纪事实和处分意见的通报材料，经下一级党组织交由被审查人所在党支部党员大会讨论形成决议，并由该下一级党组织报负责审查的纪委履行处分审批程序。被审查人所在党支部系负责审查的纪委下一级党组织的，由负责审查的纪委将关于违纪事实和处分意见的通报材料交由该党支部党员大会讨论形成决议后履行处分审批程序。

对各级纪委监委派出的纪检监察工作委员会（含纪律检查工作

委员会，下同）以及未设立纪委的党的基层委员会审查的党员给予党纪处分的，参照前款规定履行处分审批程序。

被审查人所在党支部党员大会讨论给予其党纪处分时，实际到会有表决权的党员人数必须超过全部应到会有表决权的党员的半数，且表决时必须经过全部应到会有表决权的党员过半数赞成，方可形成决议；被审查人有权参加和进行申辩。被审查人应当在党支部党员大会决议上签写意见；拒不签写意见或者因其他原因不能签写意见的，支部委员会（含未设支部委员会的支部书记）应当在决议上注明。

处分决定所依据的事实材料必须同被审查人本人见面，听取其陈述和申辩，并如实记录、及时核实，合理的予以采纳；不予采纳的，应当说明理由。该事实材料应当由被审查人签写意见，对签写不同意见或者拒不签写意见的，应当作出说明或者注明情况。

第十四条 有下列特殊情况之一，县级以上各级党委和纪委可以直接决定给予违纪党员党纪处分：

（一）案情涉密、敏感的；

（二）违纪案件跨地区跨部门跨单位的；

（三）违纪党员系县级以上各级党委管理的党员干部的；

（四）违纪党员所在的基层党组织无法正常履行职责、不正确履行职责或者其负责人同违纪问题有关联的；

（五）违纪党员所在党支部党员大会经讨论无法及时形成决议，或者因可到会有表决权的党员人数未超过全部应到会有表决权的党员半数，不能及时召开党支部党员大会讨论表决的；

（六）县级以上纪委提级审查下级党委（党组）管理的党员的；

（七）党章和有关党内法规规定的其他情况。

除本规定第二十九条、第三十一条、第三十八条第三款另有规定外，给予违纪党员开除党籍处分，须经县级以上纪委审查批准，或者经县级以上纪委审查同意后报请有处分批准权的党组织依照本规定履行处分审批程序。

第十五条 各级纪委拟在给予同级党委管理的党员干部党纪处分的同时，建议给予其组织处理的，应当依照本规定履行处分审批程序，并将组织处理建议通报同级党委组织部门依照规定办理；必要时也可以在书面征求同级党委组织部门意见后，一并报请同级党委审议批准。

第十六条 县级以上纪委依照本规定第十四条第一款规定直接决定给予其审查的党员党纪处分，须报请同级党委或者上级党组织审批的，应当在报批前以纪委办公厅（室）名义书面征求同级党委组织部门和被审查人所在党委（党组）意见。

被审查人所在党组织系接受归口领导、管理，或者接受归口指导、协调或者监督的单位党组织的，前款规定中的被审查人所在党委（党组）是指归口领导、管理单位，或者负有指导、协调或者监督职责的单位党组织。

党组（党委）、党的工作机关、中央和地方党委直属事业单位、由党的工作机关管理的机关以及所在机关党的基层委员会（以下简称机关党委）、机关党的基层纪律检查委员会（以下简称机关纪委）在作出党纪处分决定前，应当征求派驻纪检监察组意见。

第十七条 给予违纪党员党纪处分，依照本规定应当由党委审批的，须经本级纪委常委会（未设常委会的应当召开纪委全体会议，下同）审议通过后于15日内报请这一级党委审议；依照本规定应当由上级党组织审批的，还须经同级党委审议同意后，按照程序于15日内呈报上一级纪委审查批准；党委应当及时审议处分事项，对处分意见分歧较大且确有必要的，也可以先通过召开书记专题会议等形式进行酝酿。

党员严重违纪涉嫌犯罪的，原则上先作出党纪处分决定，再移送司法机关依法处理。案情疑难、复杂，对事实证据、行为性质的认定把握困难或者有重大争议，可能影响党纪处理结果的，或者因留置期限即将届满等原因急需移送司法机关依法处理的，负责审查的纪委监委经本级纪委常委会审议同意后，可以先行移送司法机关，并及时报上一级纪委监委备案；其中给予其党纪处分须报请同级党委或者上级党组织审批的，应当在移送司法机关之日起 15 日内报请同级党委审议，至迟不晚于司法机关决定提起公诉或者作出不起诉决定前。

给予地方党委委员、候补委员和地方纪委委员、监委委员党纪处分，依照本规定须呈报上级党组织审批的，在报请同级党委审议前，有监督执纪权限的纪委常委会审议通过后，应当于 3 日内形成书面情况报告与上级纪委沟通；上级纪委应当基于该书面情况报告载明的违纪事实和处分意见进行审核，并及时反馈处理意见。上级纪委受理该案件后，应当认真审核，不受此前已反馈处理意见的限制。

第十八条 经中央委员会全体会议应到会委员三分之二以上的多数赞成，可以对中央政治局在中央委员会全体会议闭会期间先行作出的给予中央委员会委员、候补委员撤销党内职务、留党察看或者开除党籍处分的处理决定予以追认。

经中央纪委全体会议应到会委员三分之二以上的多数赞成，可以对中央纪委常委会在中央纪委全体会议闭会期间先行作出的给予中央纪委委员撤销党内职务、留党察看或者开除党籍处分的处理决定予以追认。

地方各级党委、纪委全体会议对本级地方党委、纪委常委会在全体会议闭会期间先行作出的给予本级党委委员、候补委员和纪委委员撤销党内职务、留党察看或者开除党籍处分的处理决定予以追认，分别参照前两款规定的程序执行。

追认须待对前三款所涉人员作出党纪处分决定后，在下一次相应中央委员会、中央纪委全体会议或者地方党委、纪委全体会议上进行。

前三款所涉人员严重触犯刑律的，必须开除党籍。中央政治局、地方党委常委会分别依照本规定第二十四条第二项、第二十七条第一款第二项规定作出的给予严重触犯刑律的中央委员会委员、候补委员和地方党委委员、候补委员开除党籍处分的处理决定，无须履行本条第一款、第三款规定的追认程序。

第十九条 各级纪委依照本规定呈报同级党委或者上级党组织批准后作出党纪处分决定的，处分决定执行完毕后，应当按照程序于每季度首月 15 日前将上一季度的处分决定执行（含处分宣布）情况汇总呈报同级党委或者上级党组织。

第二十条 党组织批准的下列处分事项，应当在作出党纪处分决定后按照下列要求予以备案：

（一）中央纪委批准本规定第三十四条第一项至第三项所涉处分事项后，由中央纪委报党中央备案；

（二）省、自治区、直辖市党委（以下简称省级党委）批准本规定第二十七条第三款所涉处分事项后，由省、自治区、直辖市纪委（以下简称省级纪委）报中央纪委备案；

（三）地方党委批准本规定第二十七条第一款第一项所涉处分事项后，被处分人系按照规定需要报上一级党委备案的在职正职领导干部的，由地方纪委报上一级纪委备案；

(四) 地方纪委批准本规定第三十七条第一款第一项至第七项、第三款所涉处分事项后，由地方纪委报同级党委备案；其中本规定第三十七条第一款第三项所涉处分事项还须同时报上一级纪委备案；

(五) 党的基层纪律检查委员会（以下简称基层纪委)、党的街道纪检监察工作委员会等审查批准本规定第三十八条第一款、第二款所涉处分事项后，相应报具有审批预备党员权限的同级党的基层委员会（以下简称基层党委)、党的街道工作委员会等备案；

(六) 机关党委、机关纪委分别审议批准本规定第三十条第二款、第三十九条所涉处分事项后，相应报党组（党委)、党的工作机关备案；机关纪委审查批准本规定第三十九条所涉处分事项后，还须报机关党委备案。

前款规定中的备案工作，应当由负责报备的党组织于每季度首月 15 日前，将上一季度对在职党员干部已作出党纪处分决定的案件汇总报相应党组织。

第二十一条 受到留党察看处分的党员，确有悔改表现的，留党察看期满后，由其所在党支部党员大会讨论形成决议，经基层党委审议后层报原作出党纪处分决定的党组织的下一级党委（党组）审议批准。该党委（党组）同意按期恢复党员权利的，作出恢复党员权利决定并抄告原作出党纪处分决定的党组织。基层党委批准给予党员留党察看处分的，恢复党员权利由该基层党委批准，恢复党员权利决定由基层党委或者基层纪委下达。

受到留党察看处分一年的党员，留党察看期满后，原作出党纪处分决定的党组织的下一级党委（党组）审核认为其仍不符合恢复党员权利条件的，经报原作出党纪处分决定的党组织批准，作出延长一年留党察看期限的决定。

党员在留党察看期间，坚持不改或者又发现其他应当受到党纪处分的违纪行为的，应当开除党籍，并由有监督执纪权限的纪律检查机关履行处分审批程序。

受到留党察看处分的党员在留党察看期间转移党员组织关系的，由接收其党员组织关系的党组织分别参照本条第一款至第三款规定恢复其党员权利、延长一年留党察看期限或者给予其开除党籍处分，并抄告原作出党纪处分决定的党组织。

受到留党察看处分的党员所在党支部有本规定第十四条第一款第五项情形的，可以由基层党委直接审议后，依照本条第一款规定程序办理。

受到留党察看处分的党员组织关系隶属于党的工作委员会的，参照前五款规定执行。

第二十二条 党员经过留党察看，恢复党员权利后，又发现其在留党察看期间实施了新的应当受到党纪处分的违纪行为，或者发现其在受到留党察看处分前没有交代的其他应当受到党纪处分的违纪行为的，应当由作出恢复党员权利决定的党组织撤销原决定，由有监督执纪权限的纪律检查机关按照程序给予其开除党籍处分，并抄告原作出党纪处分决定的党组织。

第三章 党中央以及各级党委（党组）处分批准权限

第二十三条 在中央委员会全体会议期间，经中央委员会全体会议应到会委员三分之二以上的多数决定，可以给予中央委员会委员、候补委员撤销党内职务、留党察看或者开除党籍处分。

第二十四条 中央政治局批准下列处分事项：

（一）在中央委员会全体会议闭会期间，先行给予中央委员会委员、候补委员撤销党内职务、留党察看或者开除党籍处分；

（二）给予严重触犯刑律的中央委员会委员、候补委员开除党籍处分。

第二十五条　中央政治局常务委员会批准对有关党的领导干部的处分事项。

第二十六条　在地方党委全体会议期间，给予本级地方党委委员、候补委员撤销党内职务、留党察看或者开除党籍处分的，经地方党委全体会议应到会委员三分之二以上的多数决定，并按照程序呈报上一级纪委常委会审议同意后，由这一级纪委报同级党委常委会审议批准。

在地方党委全体会议闭会期间，地方党委常委会可以先行作出给予本级党委委员、候补委员撤销党内职务、留党察看或者开除党籍处分的处理决定，并依照前款规定履行处分审批程序。

第二十七条　地方党委常委会批准下列处分事项：

（一）给予本级党委讨论决定任免的党员干部撤销党内职务、留党察看或者开除党籍处分；

（二）给予严重触犯刑律的本级党委委员、候补委员开除党籍处分；

（三）给予严重触犯刑律的本级纪委委员开除党籍处分；

（四）给予下一级地方党委委员、候补委员撤销党内职务、留党察看或者开除党籍处分；

（五）给予下一级地方纪委书记、副书记撤销党内职务、留党察看或者开除党籍处分；

（六）党章和有关党内法规规定的其他处分事项。

党的地区委员会和相当于地区委员会的组织，以及设区的市级（不含直辖市的区，下同）以上地方党委在被赋予社会管理权限的开发区、国家级新区等特定地域派出的代表机关，参照前款规定行使处分违纪党员批准权限。

省级党委常委会批准给予省级纪委委员撤销党内职务、留党察看或者开除党籍处分。

新疆维吾尔自治区党委常委会批准给予新疆生产建设兵团党委委员、候补委员撤销党内职务、留党察看或者开除党籍处分。

第二十八条 经负责审查的基层纪委审议并报请，具有审批预备党员权限的基层党委可以批准给予被审查人留党察看以下处分，但被审查人涉及的问题比较重要或者复杂的除外。

党的街道工作委员会和县级地方党委在开发区等特定地域派出的代表机关，参照前款规定行使处分违纪党员批准权限。

第二十九条 基层党委具备下列条件之一，可以依照本规定第十四条规定直接决定给予违纪党员党纪处分，并可以批准给予违纪党员开除党籍处分：

（一）下级党组织具有审批预备党员权限的；

（二）所在党和国家机关机构规格为副厅局级以上的；

（三）上一级党委系设区的市级以上党委的。

第三十条 党组（党委）、党的工作机关根据干部人事管理权限对属于其管理的人员中的党员给予党纪处分，应当按照规定程序集体讨论决定。其中，党组（党委）会议、党的工作机关部（厅、室）务会或者委员会会议必须有三分之二以上成员到会，经超过应到会成员半数赞成为通过。

对未经党组（党委）会议、党的工作机关部（厅、室）务会或者委员会会议讨论决定任免，但属于党组（党委）、党的工作机关管理的人员中的党员给予党纪处分的，也可以由所在机关纪委报机关党委审议批准；给予开除党籍处分的，还须相应报党组（党委）会议、党的工作机关部（厅、室）务会或者委员会会议审议批准。

中央和地方党委直属事业单位、由党的工作机关管理的机关根据干部人事管理权限对属于其管理的人员中的党员给予党纪处分，参照前两款规定行使处分违纪党员批准权限。

中央和地方党委派出的代表机关中，不属于党的工作机关的，除本规定和有关党内法规另有规定外，可以参照党的工作机关行使处分违纪党员批准权限。

第三十一条 党组（党委）、党的工作机关、中央和地方党委直属事业单位、由党的工作机关管理的机关以及本规定第三十条第四款所涉中央和地方党委派出的代表机关，具备下列条件之一，可以依照本规定第十四条规定直接决定给予违纪党员党纪处分，并可以批准给予违纪党员开除党籍处分：

（一）所在单位基层党委具有审批预备党员权限的；

（二）所在党和国家机关机构规格为正县处级以上的；

（三）本级党委系设区的市级以上党委的。

第三十二条 实行党委领导下的行政领导人负责制的事业单位党委根据干部人事管理权限，可以批准给予其管理的人员中的党员党纪处分。

实行行政领导人负责制的事业单位党组织根据干部人事管理权限和党组织在选人用人中的职责作用，经党政主要领导充分沟通后，相应可以批准给予其管理的人员中的党员党纪处分。

事业单位未被赋予干部人事管理权限，由上级党组织统筹管理的，上级党组织可以批准给予该事业单位工作人员中的党员党纪处分。

本条第二款、第三款规定中的党组织，不含党总支和党支部。

第四章　纪律检查机关处分批准权限

第三十三条　在中央纪委全体会议期间，经中央纪委全体会议应到会委员三分之二以上的多数决定，可以作出给予中央纪委委员撤销党内职务、留党察看或者开除党籍处分的处理决定，并待报请中央政治局常务委员会批准后，由中央纪委作出党纪处分决定。

在中央纪委全体会议闭会期间，中央纪委常委会可以先行作出给予中央纪委委员撤销党内职务、留党察看或者开除党籍处分的处理决定，并待报请中央政治局常务委员会批准后，由中央纪委作出党纪处分决定。

第三十四条　中央纪委常委会批准下列处分事项：

（一）给予省部级以下（不含省部级）中管干部以及未明确行政级别的单位中的中管干部警告、严重警告处分；

（二）给予省级党委委员、候补委员警告、严重警告处分；

（三）给予省级纪委常委（不含书记、副书记，下同）、监委委员党纪处分；

（四）党章和有关党内法规规定的其他处分事项。

第三十五条　中央纪委办公会议批准下列处分事项：

（一）给予不是中管干部的中央纪委国家监委机关、直属单位的党员党纪处分；

（二）给予不是中管干部的中央纪委国家监委派驻、派出机构的党员党纪处分；

（三）给予不是中管干部且已离职的中央纪委国家监委机关、直属单位和派驻、派出机构的党员党纪处分。

前款第三项所涉人员违纪行为主要发生在其离职后，且与其离职前在前款所涉单位担任的职务没有关联的，依照本规定第三条规定履行处分审批程序。

第三十六条 在地方纪委全体会议期间，经地方纪委全体会议应到会委员三分之二以上的多数决定，可以作出给予本级纪委委员撤销党内职务、留党察看或者开除党籍处分的处理决定，并待报请本级地方党委常委会审议批准后，由地方纪委作出党纪处分决定，其中系设区的市级以下纪委委员的还须按照程序呈报上一级纪委常委会审查批准。

在地方纪委全体会议闭会期间，地方纪委常委会可以先行作出给予本级纪委委员撤销党内职务、留党察看或者开除党籍处分的处理决定，并依照前款规定履行处分审批程序后，由地方纪委作出党纪处分决定。

第三十七条 地方纪委常委会批准下列处分事项：

（一）给予本级地方党委讨论决定任免的党员干部警告、严重警告处分；

（二）给予未经本级地方党委讨论决定任免、但属于本级地方党委管理的党员干部党纪处分；

（三）给予本级纪委委员警告、严重警告处分；

（四）给予下一级地方党委委员、候补委员警告、严重警告处分；

（五）给予下一级地方纪委书记、副书记警告、严重警告处分；

（六）给予下一级地方纪委常委、监委委员党纪处分；

（七）给予下一级地方纪委委员撤销党内职务、留党察看或者开除党籍处分；

（八）给予本级纪委管理的纪委监委机关、直属单位和派驻、派出机构的党员党纪处分；

（九）党章和有关党内法规规定的其他处分事项。

地区纪委和相当于地区纪委的其他纪律检查机关，以及设区的市级以上地方纪委监委在被赋予社会管理权限的开发区、国家级新区等特定地域派出的纪检监察工作委员会，参照前款规定行使处分违纪党员批准权限。

新疆维吾尔自治区纪委常委会批准给予新疆生产建设兵团党委委员、候补委员警告、严重警告处分，新疆生产建设兵团纪委委员撤销党内职务、留党察看或者开除党籍处分，新疆生产建设兵团纪委常委、监委委员党纪处分。

第三十八条 基层纪委可以批准给予其审查的案件中的被审查人警告、严重警告处分；如果涉及的问题比较重要或者复杂的，应当经同级党委审议同意后，按照程序报有处分批准权的县级以上纪委审查批准。

党的街道纪检监察工作委员会和县级纪委监委在开发区等特定地域派出的纪检监察工作委员会，参照前款规定行使处分违纪党员批准权限。

符合本规定第二十九条规定的基层党委，其同级纪委可以依照本规定第十四条规定直接决定给予违纪党员党纪处分，并可以批准给予违纪党员开除党籍处分。

第三十九条 对未经党组（党委）会议、党的工作机关部（厅、室）务会或者委员会会议讨论决定任免，但属于党组（党委）、党的工作机关管理的人员中的党员给予警告、严重警告处分的，可以由机关纪委审查批准。

第五章 处分批准权限和程序特殊情形

第四十条 违纪党员系实行垂直管理或者实行双重领导并以上级单位领导为主的单位的干部，同时担任地方党委委员、候补委员或者地方纪委委员职务的，由地方纪委依照本规定履行处分审批程序，并将党纪处分决定抄告主管单位党组（党委）。其中，地方纪委立案审查的，应当通过有监督执纪权限的相应派驻纪检监察组或者主管单位内设纪检组织征求主管单位党组（党委）意见后履行处分审批程序。

第四十一条 给予党员组织关系转入援派或者挂职单位，但不改变与原单位人事关系的违纪党员干部党纪处分的，一般应当按照所任原单位职务、职级等对应的干部人事管理权限确定处分批准权限、履行处分审批程序。违纪问题与援派或者挂职期间挂任职务有密切关联的，必要时也可以按照该职务对应的干部人事管理权限确定处分批准权限、履行处分审批程序，但在作出处分决定前，应当按照所任原单位职务、职级等对应的干部人事管理权限征求原单位意见。

给予上级党委委托下级党委管理的党员干部党纪处分的，下级党委、纪委可以依照本规定履行处分审批程序。

第四十二条 给予组织关系转出但尚未被接收的党员党纪处分，由其原所在党组织依照本规定履行处分审批程序。该党组织已撤销的，由继续行使其职权的党组织或者其上一级党组织办理。

给予没有转移组织关系的流动党员和已停止党籍的党员党纪处分，由其组织关系所在党组织依照本规定履行处分审批程序。

第四十三条 给予辞去公职等原因离开公职岗位或者退休的党员干部党纪处分，一般按照其在职时的干部人事管理权限确定处分批准权限、履行处分审批程序。违纪问题发生在离开公职岗位后，且与所任原单位职务、职级等没有关联的，由其组织关系所在党组织依照本规定履行处分审批程序。离开公职岗位后又重新担任公职的，依照本规定第三条规定履行处分审批程序。党纪处分决定作出后，应当抄告违纪党员所在党组织予以执行。

第四十四条 给予党员组织关系转入相应党的街道工作委员会和所辖社区（村）党组织并实行社会化管理的国有企业退休人员党纪处分，按照党员组织隶属关系，由党的街道纪检监察工作委员会审查批准，其中给予撤销党内职务、留党察看或者开除党籍处分的还须报同级党的街道工作委员会审议批准，给予开除党籍处分的还须依照本规定呈报派出党的街道纪检监察工作委员会的地方纪委常委会审查批准。

前款规定的国有企业退休人员，其违纪行为主要发生在在职期间或者与在职期间的职务有密切关联的，有监督执纪权限的相应纪委监委、派驻纪检监察组或者国有企业内设纪检组织审查后认为应当给予党纪处分的，可以按照其退休前的干部人事管理权限确定处分批准权限、履行处分审批程序。党纪处分决定作出后，应当抄告相应党的街道工作委员会、党的街道纪检监察工作委员会予以执行。对于受到留党察看处分的，由党的街道纪检监察工作委员会依照本规定第二十一条第一款至第三款规定的条件，经其所在党支部党员大会讨论形成决议，报请党的街道工作委员会审议同意后，作出恢复其党员权利、延长一年留党察看期限或者给予其开除党籍处分的决定，并抄告原作出党纪处分决定的党组织；其中给予开除党籍处分的还须依照本规定呈报派出党的街道纪检监察工作委员会的地方纪委常委会审查批准。

给予党员组织关系转入相应乡镇（街道）党委和所辖村（社区）党组织并实行社会化管理的国有企业退休人员党纪处分，参照前两款规定执行。

第四十五条 给予以退休方式移交人民政府安置的退役军官中的党员党纪处分，一般可以根据其退役前的职级或者军衔等级（适用于实行军衔主导的军官等级制度改革后的退役军官，下同)，由相应的地方纪委常委会审查批准，其中给予撤销党内职务、留党察看或者开除党籍处分的还须报同级地方党委常委会审议批准。

退役前系师职军官（大校军官以及相应职级文职干部)、团职军官（上校、中校军官以及相应职级文职干部）的，一般应当分别由省级纪委、设区的市级纪委负责履行处分审批程序；系营职以下军官（少校以下军官以及相应职级文职干部）的，由县级纪委负责履行处分审批程序。

第四十六条 给予以逐月领取退役金或者自主择业方式安置且未被停发退役金的退役军官中的党员党纪处分，由其组织关系所在地的县级纪委常委会审查批准，其中拟给予撤销党内职务、留党察看或者开除党籍处分的还须报同级地方党委常委会审议批准。

给予以复员方式退役的退役军官，以及采取以逐月领取退役金、自主就业、退休或者供养方式安置的退役军士中的党员党纪处分，由其组织关系所在党组织依照本规定履行处分审批程序。

第四十七条 本规定第四十五条、第四十六条规定中的退役军官、军士的违纪行为主要发生在服役期间或者与服役期间的职务有密切关联，由军队纪律检查机关审查的，军队纪律检查机关可以依照其退役前的职务对应的处分批准权限履行处分审批程序并作出党纪处分决定，抄告退役军官、军士组织关系所在地县级党委、纪委予以执行。

前款规定中的违纪行为由地方纪律检查机关立案审查的，地方纪律检查机关可以依照本规定第四十五条、第四十六条规定履行处分审批程序。

第四十八条 有监督执纪权限的纪律检查机关审查认为预备党员违犯党纪，情节较轻，可以保留预备党员资格的，可以直接给予其批评教育或者按照程序延长一次预备期；情节较重的，应当按照程序取消其预备党员资格。

延长预备期、取消预备党员资格，由有监督执纪权限的纪律检查机关向预备党员所在党组织提出书面建议，预备党员所在党组织无正当理由应当采纳并交由预备党员所在党支部党员大会讨论形成决议，呈报有审批预备党员权限的基层党委批准后作出处理决定。

预备党员组织关系隶属于党的工作委员会的，参照前款规定执行。

第六章　附　　则

第四十九条　本规定所确定的权限，均系应当遵照的最低权限。

第五十条　本规定所称以上、以下，除有特别标明外均含本级、本数。

第五十一条　本规定所称严重触犯刑律，是指因犯罪被人民法院判处刑罚。

第五十二条　本规定所称履行处分审批程序，是指依照本规定确定的处分批准权限和程序，对处分事宜进行审议、报批并按照程序作出党纪处分决定。

第五十三条　本规定所称有监督执纪权限，是指按照监督执纪工作实行分级负责制的规定，对涉嫌违纪党员有权行使监督执纪职责，有权对其违纪问题予以立案审查，有权对其提出党纪处分建议或者按照程序作出党纪处分决定。

第五十四条　军队处分违纪党员批准权限和程序规定，由中央军委根据本规定制定。

第五十五条　本规定由中央纪委负责解释。

第五十六条　本规定自发布之日起施行。中央纪委 1983 年 7 月 6 日印发的《关于处分违犯党纪的党员批准权限的具体规定》和 1987 年 3 月 28 日印发的《关于修改〈关于处分违犯党纪的党员批准权限的具体规定〉的通知》同时废止。此前有关规定与本规定不一致的，以本规定为准。

图书在版编目（CIP）数据

执纪执法工作手册 / 中国法制出版社编. —北京：中国法制出版社，2024.4

ISBN 978-7-5216-4153-0

Ⅰ. ①执… Ⅱ. ①中… Ⅲ. ①中国共产党-纪律检查-工作-手册②行政-监察-工作-中国-手册 Ⅳ. ①D262.6-62②D630.9-62

中国国家版本馆 CIP 数据核字（2024）第 032514 号

责任编辑：李宏伟　　封面设计：李　宁

执纪执法工作手册

ZHIJI ZHIFA GONGZUO SHOUCE

经销/新华书店
印刷/三河市紫恒印装有限公司
开本/880 毫米×1230 毫米　32 开　　印张/ 13.25　字数/ 270 千
版次/2024 年 4 月第 1 版　　2024 年 4 月第 1 次印刷

中国法制出版社出版
书号 ISBN 978-7-5216-4153-0　　定价：45.00 元

北京市西城区西便门西里甲 16 号西便门办公区
邮政编码：100053　　传真：010-63141600
网址：http：//www.zgfzs.com　　**编辑部电话：010-63141804**
市场营销部电话：010-63141612　　**印务部电话：010-63141606**

（如有印装质量问题，请与本社印务部联系。）